W0205481

BROT – TEIL DES LEBENS

DEN LESACHTALERINNEN UND LESACHTALERN GEWIDMET.

Eiko Funada

BROT – TEIL DES LEBENS

Mit Hausrezepten aus dem Lesachtal

mitteldeutscher verlag

Inhalt

Inhalt

Vorwort

Wenn ich an den Duft des Brotes denke, das gerade aus dem Ofen kommt, läuft mir das Wasser im Mund zusammen. Für uns Lesachtaler ist Brot mehr als nur ein Lebensmittel. Das ganze Jahr hindurch „Vom Korn bis zum Brotlaib", begleitet Brauchtum rund um das Brot die Menschen. Auf jeden Brotlaib wird vor dem Anschnitt mit dem Messer ein Kreuz gezeichnet. Damit wird die große Ehrfurcht vor diesem wertvollen Nahrungsmittel bekundet und Gott für die Mahlzeit gedankt.

Das Brot rückte in den Mittelpunkt. In einem umgebauten alten Gasthof, der heutigen Volksmusikakademie, wurde ein Backofen errichtet, in dem nicht nur zur Zeit des „Dorf- und Brotfestes", sondern auch das Jahr hindurch öfters Brot gebacken wird. Die Veranstalter des Festes verfolgen das Ziel, das Lesachtaler Brot wieder mehr ins Bewusstsein zu rücken. Bereits einige Tage vor dem Fest beginnen die Bäuerinnen des Tales mit dem Brotbacken, um am ersten Wochenende im September alle Besucher zufriedenstellen zu können. Aber nicht nur zum Fest, sondern das ganze Jahr darf das Brotkörberl am Tisch nicht fehlen. Die Liesinger Wirte haben sich zu den Brotwirten zusammengeschlossen und bieten neben frisch gebackenem Brot auch verschiedene Brotgerichte an. Diese Initiative wurde 2009 sogar mit einem Kärntner Tourismusaward ausgezeichnet. Anlässlich der Eröffnung des Brotbackofens in Tokio wurde eine weitere Idee geboren, die zeigt, dass die Lesachtaler sehr wohl auch den Blick hinaus über die engen Grenzen des Tales werfen: die Aktion „Brot fürs Leben", die anläßlich des letztjährigen Dorf- und Brotfestes präsentiert wurde. Dahinter verbirgt sich ein Spendenaufruf, organisiert von den Vorreitern der „Brotidee". Die Initiative „Brot fürs Leben" unterstützt damit Karl Heinz Böhms „Menschen für Menschen".

Ein glücklicher Zufall brachte mich mit Frau Eiko Funada zusammen. Der Gedanke einer kleinen Broschüre über das Lesachtaler Brot war unser Gesprächsthema. Man stelle sich vor, eine Professorin für Volkskunde an der Universität in Japan soll ein Buch über das Lesachtaler Brot schreiben. Das klingt im ersten Moment nicht ganz einleuchtend, lässt sich aber leicht erklären. Professor Funada hält sich seit 1978 immer wieder im Lesachtal auf und betreibt intensive Forschungen rund um das Brot. Wohl kein Backofen im Tal ist von ihr nicht genau unter die Lupe genommen worden. Frau Funada war begeistert von der Idee einer Broschüre und das Dorf- und Brotfestkomitee war erfreut, eine Kennerin des heimischen Brotes gewonnen zu haben. Die Idee eines kleinen Schriftstückes wurde nach kurzer Zeit über Bord geworfen und ein umfangreiches Buch ins Auge gefasst. Der Autorin ist es mit ihrer Arbeit gelungen, ein Stück Lesachtaler Brauchtum und Geschichte festzuhalten.

Hans Guggenberger
Mitglied des Dorf- und Brotfestkomitees

Empfehlung

Als ich kürzlich auf einem Ethnologenkongress einen Kollegen aus Japan traf, lief das Gespräch – für mich völlig überraschend – schnell auf Österreich und Maria Luggau zu. Maria Luggau und das Lesachtal sind in Japan keine unbekannten Orte, sondern als Plätze einer besonderen Brotkultur bekannt geworden: Eine Kenntnis, die Eiko Funada mit ihren vielen Fernseh-Dokumentationen dort verbreitet hat.

In besonderer Hinsicht kann hier das Wort Nachhaltigkeit verwendet werden. Die Autorin, Eiko Funada, ist seit vielen Jahren immer wieder mit Kamerateams im Lesachtal gewesen. Sie hat dort Dokumentationen über die häusliche Herstellung des Brotes aufgenommen. Sie hat mit den Menschen über Brot und Brotbacken gesprochen und insbesondere über die besondere Bedeutung, die das Brot bei uns zum Inbegriff der Ernährung schlechthin werden lässt. Diese Gespräche hat sie vor allem mit Frauen geführt, denn Männer spielen bei dieser Arbeit meist nur eine Nebenrolle. Was dabei herauskam, sind Bilder und Texte aus einer ungewöhnlichen Perspektive. Der Blick aus einer anderen, „fremden" Nahrungskultur, in der Brot und Getreide keine Rolle spielen, ist ein nicht nur neugieriger, sondern auch ein erstaunter. Man kann darüber nachdenken, warum in unserer Kultur sich in alltäglicher wie in symbolischer und religiöser Hinsicht so viele Bedeutungsebenen um das Brot angelagert haben.

Eiko Funadas Studie zeichnet sich durch mehrere Merkmale aus. Sie kennzeichnet durch die verschiedenen Zeitschnitte ihrer Untersuchungen einen bemerkenswerten Bedeutungswandel. Die rasante Modernisierung der Gesellschaft mit ihren technischen Neuerungen hat auch den alltäglichen Umgang mit Brot und dessen Bedeutung nicht unberührt gelassen. Man kann von einer nachhaltigen Forschung reden, wie sie heute nicht mehr möglich ist. Das betrifft die zeitliche Dauer ihrer Studien, und es betrifft auch die Intensität dieser Langzeitstudien, die so heute in kein Programm mehr passen. Immerhin sind es etwa 30 Jahre gewesen, in denen sich Frau Funada immer wieder von Neuem mit dem Brotbacken in Maria Luggau und dem Lesachtal befasst hat. Und in diesen letzten 30 Jahren ist viel passiert. Zwar handeln ihre Beobachtungen und Gespräche vor allem von den Veränderungen in diesem Bereich des Brotbackens. Doch die Erinnerungen, die in diesen Gesprächen wach werden, sind damit auch Bewertungen des Früheren und des Heutigen. Solche lange dauernde Feldforschung lässt auch Nähe und Vertrautheit entstehen, lädt zum Mittun ein.

Bisher hatten derartige wissenschaftlichen Studien vor allem Männer unternommen, denn „unser täglich Brot" ist immer heilig gehalten worden; und weil dies so ist, haben Männer sich über diese Ikone unserer Kultur Gedanken gemacht, haben Studien geschrieben und haben Filme gedreht. Männer waren in unserer Brot-Gesellschaft lange Zeit auch die Ideologen des Brotes.

Eiko Funada aber ist vor allem eine Frau. Sie hat mit den Frauen des Lesachtales gesprochen und, unbelastet von den Bedeutungen des Brotes in unserer Kultur, *ihre* Fragen gestellt. Und die Frauen haben ihr nicht nur erzählt, wie sie das Brot backen, sondern sie haben ihr auch erzählt, was sie in das Brot hineinbacken, mit welchen Gedanken sie es backen und wie sie dazu gekommen sind. So sind „Brotgeschichten" entstanden. Die sind nicht immer lustig, aber doch manchmal, und sie werden dann doch auch lustig erzählt. Daneben blitzen immer wieder Schlaglichter auf die eben zurückliegende Geschichte des Tales auf – Geschichten, die sich Frauen beim Brotbacken erzählen.

Die Frauen haben ihr, der Fremden, mehr und gewiss anderes erzählt, als sie das einer Wissenschaftlerin aus Österreich oder gar einem Mann erzählt hätten. So gibt es nicht nur Informationen über das Früher und Heute des Backens, die Beziehung zu den Vorbildern beim Backen – Mutter, Großmutter oder Schwiegermutter –, sondern ganz nebenbei blitzen scheinbar zufällig Informationen auf, die diese „Brotgeschichten" zu einer Geschichte der letzten 30 Jahre machen und vieles über die Beziehungen im Ort, in der Familie, über die Rolle der Männer, auch der Mächtigen aussagen. Selbst der Krieg und die Nachkriegszeit kommen – immer noch – zur Sprache. So lässt das alltägliche Wissen im Tal als eine Art des lokalen Erbes erkennen: was man sich so erzählt, was man so weiß. Was in das Brot eingebacken ist, ist also manchmal auch hochpolitisch, betrifft das Verhältnis zwischen den Generationen, den Geschlechtern, und den Orte zueinander. Und vieles steht zwischen den Zeilen.

Das Brot wird in diesem Buch erneut zu einem Medium, über das sich Geschichte erzählt, auch wenn sich seine alltägliche Bedeutung verändert hat. Früher war es üblich, das Brot selbst zu backen. Heute bekommt das selbstgebackene Brot vor dem Horizont der breiten Verfügbarkeit des in den Fabriken hergestellten und im Supermarkt gekauften Brotes eine neue Kontur. Es wird zu etwas Besonderem, das man ausdrücklich benennt.

So lehrt dieses Buch auch, über Veränderungen und Festsitzendes in unseren Köpfen nachzudenken. Für eine europäische Leserschaft ist sein Reiz durch seine ungewöhnliche und doch einfühlsame Perspektive bestimmt: Von außen und doch mit Verständnis und Sympathie für das Innen, das sich der Autorin in so vielen Gesprächen erschlossen hat. Ich wünsche dem ungewöhnlichen, anregenden Buch eine neugierige Leserschaft.

O. Univ.-Prof. Dr. Konrad Köstlin
Institut für Europäische Ethnologie
der Universität Wien

Prolog

Ein kleiner Ort inmitten der Bergwelt des südlichen Österreichs. Gerade habe ich das eigentliche Dorf verlassen und strebe zu Fuß den vereinzelten Häusern an der durch unbebautes Gelände vom Ortskern abgesetzten Peripherie zu. Dahinter beginnt bereits Osttirol. Um mich herum steile, von herbstgrünen Wiesen bedeckte Hänge. Wie eine Rampe aus Beton windet sich die Straße durch die weiche, sonnseitige Flanke dieses schmalen Kärntner Hochtales. Tief unten im Graben hat sich der Bach längst schon in die sanften Schatten der hereinbrechenden Dämmerung gehüllt. Nur die Straße, auf der ich unterwegs bin, wirft mir noch den Widerschein der Abendsonne entgegen.

Das war im Jahre 1978, als ich hier, im Lesachtal, meine ersten Erhebungen zur Tradition des Brotbackens anstellte. Ich bin eine japanische Ethnologin und Europaspezialistin. Mein Fachgebiet könnte man als „Europäische Brotkultur" bezeichnen. Denn während die japanische Ernährungstradition auf den Lebensmitteln Sojabohnen, Fisch und Reis basiert, ist sie in Europa auf Milch, Fleisch und Brot gegründet. Letzteres hat vor allem in der christlichen Tradition eine Bedeutung, die weit über die bloße Nahrungsfunktion hinausgeht. Dem Brot als lebenserhaltendem Hauptnahrungsmittel schlechthin kommt ein Symbolwert zu, der weit in kultische und spirituelle Domänen hineinreicht. Der gesamte Werdegang des Brotes, vom Ackern des Kornfeldes über die Getreideernte bis zum Anschnitt eines frischen Brotlaibs, war in dieses Symbolsystem eingebettet. Das Kärntner Lesachtal und Osttirol gehören zu jenen ländlichen Regionen, in denen auf vielen Höfen bis heute noch das Brot im eigenen Backofen gebacken wird. Deshalb kann man hier auch viel über uralte Gewohnheiten, Tabus oder symbolische und rituelle Aspekte erfahren, die bis zum Beginn der Moderne mit dem Thema „Brotbacken" verknüpft waren.

Alte Lesachtaler erzählen heute noch oft: Es gab früher in ihrem Tal Hunderte von Mühlen an den Bächen, und überall hörten die Dorfleute das rhythmische Drehen der Wasserräder. So steil sind die Hänge des Hochtals, dass alle kleinen Hausmühlen, die von oben nach unten in einer Reihe an den Bächen entlang standen, das Fließwasser gemeinsam nutzen konnten. Groß ist der Wasserreichtum, denn allein an der Sonnseite rinnen 72 Bäche mit steilem Gefälle zur Gail, die das Tal durchfließt und bei Villach in die Drau mündet. Und auf der Schattseite gibt es zehn wasserreiche breite Bäche. Also bauten die Bauern in nächster Nähe des Hofes eine Mühle für den Eigenbedarf und waren nicht auf Wartezeiten beim Mahlen angewiesen.

Das Lesachtal liegt am südwestlichen Rand von Kärnten. Die oberste Ortschaft des Tales, Maria Luggau, grenzt an Osttirol und auch an Italien. Diese geografische Lage an der Landes- und Staatsgrenze lässt leicht erklären, warum das Hochtal in den Ostalpen bis zur Mitte des 20. Jahrhunderts

Die heutige St. Nikolaus Kirche als Pfarrkirche Liesing, die jüngstens seit 1400 existiert. (2005)

als verlassen gegolten hat. Durch die tiefen Bäche und die hohen Berge war das Tal von der Außenwelt abgeschnitten. Die Dorfleute gingen zu Fuß über Pässe in die Stadt, aber auch das höchst selten. Das Leben dort war hart.

Matthias Lexer (1830–1892), der in Klebas bei Liesing / Lesachtal geboren wurde, beschrieb seine Reise in die Heimat folgendermaßen: „Der wolbekannte Weg im oberen Drauthale führte mich über Sachsenburg, Greifenburg nach Oberdrauburg, von dort über den Gailberg ins Gailthal nach Kötschach und weiter steil ansteigend ins Lesachthal nach Liesing, meinem Geburtsorte. Die theuere Mutter, die einst den armen Knaben in drei mühevollen Tagreisen auf die Schule nach Klagenfurt gebracht und für denselben mit grosser Geduld und vielen Thränen bei wohlthätigen Bürgern freien Mittagstisch erbeten hatte, war inzwischen ins bessere Jenseits gegangen.“[1]

Mit zwölf Jahren setzte der Junge – für die damalige Zeit ungewöhnlich – seine Ausbildung nach der Grundschule in Liesing und in Maria Luggau in Klagenfurt fort, wie es die Luggauer Patres seinen Eltern geraten hatten. Nach einem Jahr beendete er mit Vorzug die Hauptschule[2] und ging dort weiter ins Gymnasium. Aber wie schwer war für das Wunderkind das Schulleben in der fernen Stadt ohne Geld! Er war so arm, dass er auf dem Gemüsemarkt die leeren Nussschalen auflas, sie mit gefundenem Talg ausgoss, einen Fetzen als Docht hineinsteckte und bei diesem Licht nachts lernte, da er am Tag arbeiten musste, um seinen Lebensunterhalt zu verdienen.[3] Er wurde später ein hervorragender Germanist seines Jahrhunderts und gilt heute noch als anerkannter Lexikograf für Mittelhochdeutsch und Dialekt. Er ist von Liesing weit hinaus in die wissenschaftliche Welt gegangen.

Das Lesachtal wurde vor etwa 520 Jahren im Reisetagebuch von Paolo Santonino, dem italienischen Sekretär des Bischofs Pietro von Caorle beschrieben, der nach dem Einfall der Türken die Kirchen in der Diözese Aquileia wieder weihen wollte.[4] Lesen wir also diese Szene und erfahren so, welchen Eindruck das Lesachtal von damals auf einen Fremden gemacht hat. Hier der vollständige Bericht aus dem Jahr 1485 von Paolo Santonino über das Lesachtal: „Aus dem erwähnten Gasthaus von Mauthen schieden wir nach der ersten Hauptmahlzeit, zu der wir – weil sie vor dem regulären Zeitpunkt erfolgte – nahezu rohe Speisen hatten. Die wollte man im Hinblick auf die Beschaffenheit der Reise nicht anders zubereitet wissen. Und wir schlugen den Weg durch das Lesachtal ein [*Lessach-Tal*], das im Vergleich zu den Tälern der Gail und der Drau enger ist. Mittendurch fließt der Fluss Gail, und es ist ständig nach Westen gerichtet. Beiderseits befinden sich, ein wenig über dem Fuß des gebirgigen Talsaumes, mehrere Weiler, wobei nur Heu und Feldfrüchte reichlich vorhanden sind, entsprechend der rauen Gegend. Tannen und Lärchen wachsen überall und ragen hier und da empor in riesige Höhe.

1 Lexer (1862): S. VI.

2 Czeppan u. Guggenberger (1991): S. 173.

3 Kärntner Bauer (1993): S. 58.

4 Wir können der Spur von P. Santonino durch eine DVD nachfolgen: s. Glantschnig (2007).

Unsere Reiseetappe war widriger, schwieriger und steiler als die anderen [*Ein schwieriger Weg voller Mühsal*]: Denn bevor wir zum Bestimmungsort kamen, erklommen wir unter Mühen 17 Bergstrecken und stiegen in ebenso viele Täler hinunter, von denen jeweils jedes einzelne Wasserläufe hatte, die in den Fluss Gail hinabfließen. Endlich gelangten wir, durch göttliche Hilfe beschützt und unterstützt zum Dorf Liesing [*Der Weiler Luessing*], das von Mauthen zwölf Meilen entfernt ist, und wir stiegen in ein bäuerliches Haus ab. Dessen ungeachtet sind wir in städtischer Manier aufgenommen worden: Zur zweiten Hauptmahlzeit wurden wir nämlich, über zahlreiche Gänge hinaus, sehr wohl bedacht mit Wachteln, Fisch und ausgezeichnetem Backwerk sowie mit Weißwein, der ganz nach der Art der Speisen war [*Wachteln*]. Aber unser Gefährte aus Österreich, der das dermaßen mühselige Auf und Ab des Weges nicht reitend zurückgelegt hatte und keine Trinkflasche zur seelischen Erquickung über die Schulter hängen hatte, hat ein ungemein hartes Martyrium durchlitten [*Das Martyrium des Österreichers aufgrund seines Durstes*]. Aufgrund dessen verkündete er, nachdem er zur Trophäe [für sein Martyrium] gelangt war, so viel Freude und Gotteslob, dass er – entrückt von der Welt und ganz ins Ewige Jerusalem dahingeschmolzen – auf die Frage nach irdischen Belangen ausschließlich über himmlische Belange zu disputieren wusste [*Der aus einem Trunk bestehende Preis des Österreichers für sein Martyrium*]. Das Dorf selbst, wo wir übernachtet haben, ist nicht mehr als zwei Meilen entfernt von der sprudelnden Quelle der Gail, wo ein weiteres Dorf liegt, Kartitsch mit Namen auf der einen [Tal-]Seite, gegenüber Tilliach. Und zwischen diesen liegt der Quellsprudel [*Die Quelle des Gail-Flusses zwischen den Weilern Kartitsch und Tilliach*]. Hingegen ist die Grenze der Diözese Aquileia nicht mehr als fünf Meilen entfernt. Der die besagte Diözese von der Brixener [Diözese] trennende Ort heißt Tiefenbach, und in unserer Muttersprache nennt er sich tiefes Tal oder tiefer Felsabgrund oder tiefer Fluss [*Der Endpunkt der Diözese Aquileia*]. Außerdem gibt es ein Dorf oder besser einen Markt mit Namen Toblach [*Toblac*], gelegen auf einer an die 20 Meilen von Liesing entfernten Anhöhe. Dieser Ort liegt höher als alle anderen Orte der [aquileiensischen Kirchenprovinz] Germania Superior [*Ein Ort, höher gelegen als die übrigen Orte der Germania Superior*]. Und jenseits von dieser Anhöhe ergießen sich alle Flüsse und ganzjährigen Wasser hinab zum Unteren Meer. Jedoch diesseits von ihr fließen sie ins Obere Meer. Beachte auch und merk Dir, dass die Flüsse Gail und Drau bis Villach in separaten Flussbetten fließen und sich bei Villach oder ein wenig unterhalb vereinigen [*Über den getrennten Lauf der Flüsse Drau und Gail*]. Und den Namen Gail absorbiert die Drau, die sich daraufhin mit größerer Wucht und unter Fortbestand ihres Namens zur Donau bewegt, von der Ungarn bewässert wird [*Wie der Fluss Gail seinen Namen verliert*].

Am 18. Tag [des Monats Oktober] konsekrierte dortselbst der hochwürdigste Herr Bischof den neu erbauten Chor der Kirche des heiligen Nikolaus und drei Altäre [*Die Kirche des St. Nikolaus*]. Deren erster war unter dem Patrozinium des heiligen Nikolaus, der zweite, auf der rechten Seite, [unter dem Patrozinium] des Heiligen Kreuzes, des heiligen Wolfgang und der heiligen Katharina, der dritte, auf der linken Seite, zum Lobpreis der Seligen Jungfrau. Und nach Abschluss der ersten Hauptmahlzeit erteilte er etlichen die Firmung. Wenig später sind wir von dort aufgebrochen und kamen in einer Entfernung von einer Meile oder etwas mehr zum Dorf St. Lorenzen, wo sich eine Kirche des heiligen Laurentius befindet, die dem Dorf den Namen gegeben hat und die – in diesem Bereich – die entfernteste der Diözese Aquileia ist [*Das Dorf St. Laurentius, in diesem Bereich das entfernteste der Diözese Aquileia*]. Diese ist gemeinsam mit der Kirche St. Nikolaus in Liesing, mit der Kirche des heiligen Jakobus Maior in Pofrisach [= St. Jakob] und mit der Kirche der Heiligen Martin und Ulrich in Podlanig Filialkirche der schon oben erörterten Pfarre St. Daniel [*Pofrisach, Podlanig*]. Ungeachtet [der Randlage] haben sie, angesichts der Abgeschiedenheit und Rauheit der Gegend sowie des im ganzen Winter infolge der Schneemassen unpassierbaren Weges, ihre eigenen Priester und [ihren eigenen]

Kirchlein St. Radegund bei St. Lorenzen, geweiht im Jahr 1058, das älteste Bauwerk im Lesachtal. Die Lesachtaler verehren hier die Heilige als Brotmutter: „St. Radegund, wir brauchen Brot, für Leib und für die Seele. Bleib, Helferin in jeder Not, an altehrwürdiger Stelle!" (2006)

Sakramentempfang. Der erwähnten Kirche des heiligen Nikolaus steht Andreas Partlingl vor, der ein anderes Kirchlein des heiligen Johannes Baptista im Dorf von Kornat innehat [*Carnat*], und der Kirche des heiligen Laurentius der geistliche Herr Hartwig, der ein weiteres Kirchlein der heiligen Radegund innehat. Die Kirchen der Heiligen Jakobus und Martin hingegen haben als Rektor Herrn Rupert, [in] Pofrisach. Und alle sind gelegen im Lesachtal und auf jener Berglehne, die der Sonne zugewandt ist. Obwohl das Tal selbst in einer unwirtlichen und äußerst kalten Region liegt, sind dennoch die hier geborenen Menschen fast alle von Natur aus – wie sie sagen und wie ich selbst zum Teil nachvollzogen habe – Zister- und Lyraspieler [*Hier werden die Menschen von Natur aus als Zister-Spieler geboren*].

Weiters sagen die dortigen Bergbewohner, die schon am Lebensabend stehen, dass es unter den Lebenden keinen gibt, der in der dortigen Gegend irgendeinen Bischof gesehen hätte [*Hier ist zur Zeit der Lebenden kein anderer Bischof gesehen worden*]. Und das ist, wie ich glauben würde, davon gekommen, dass alle [Bischöfe] durch die Enge und Beschwerlichkeit der Wege abgeschreckt worden sind. Wenn diese Verhältnisse uns bekannt gewesen wären, hätten wir jedenfalls vom Betreten des Tales Abstand genommen.

Am 19. des Monats [Oktober] konsekrierte er [= Bischof Pietro Carlo] im besagten Dorf St. Lorenzen den Chor der Kirche mit drei Altären. Deren ersten weihte er den Heiligen Laurentius, Kanzian, Florian, Katharina und Barbara. Den zweiten [den Heiligen] Bartholomäus, Ludwig und Anna. Den dritten der Seligen Jungfrau und der [heiligen] Dorothea. Nach der ersten Hauptmahlzeit überwanden wir dieselben Berge und Täler wieder in der Gegenrichtung und stiegen in das Tal der Gail hinab, und wir kehrten beim gewohnten Gasthaus ein. Wir hatten Bedenken, zu lange drinnen im Lesachtal zu verweilen, um Schneefällen zu entgehen, die uns das veränderte Aussehen des Himmels androhte." (Übersetzung von Helmut Hundsbichler)[5]

5 Anmerkungen von Helmut Hundsbichler (Österreichische Akademie der Wissenschaften, Institut für Realienkunde, Krems): Grundlage dieser Übersetzung ist die Edition des mittellateinischen Originaltexts laut Giuseppe Vale (Hrsg.), Itinerario di Paolo Santonino in Carintia, Stiria e Carniola negli anni 1485–1487 (Studi e testi 103) Vatikan 1943, 148–151. Kursive Textpassagen geben die im Originaltext enthaltenen Randbemerkungen wieder. Sonstige Textstellen in eckigen Klammern sind Ergänzungen des Übersetzers. Die mittellateinischen Begriffe villa und rus wurden in der Übersetzung (vereinfachend) unterschieden als „Dorf" bzw. „Weiler". Die damaligen Essenszeiten entsprechen nicht dem

Im Tal gab es bis gegen Ende des 15. Jahrhunderts nur einen Reit- und Saumpfad ohne richtige Brücken. Dank diesem Reisetagebuch erfahren wir die geografische Lage des Tals und die damalige Lebensweise der Bewohner. Über die zweite Mahlzeit – „Cena" – in Liesing wurde beispielsweise berichtet, dabei werden verschiedene Speisen erwähnt: „sehr wohl bedacht mit Wachteln, Fisch und ausgezeichnetem Backwerk sowie mit Weißwein"; also wurde die Gesellschaft mit mehreren Gängen bewirtet.[6] Diese waren damals keine auf den Bauernhöfen üblichen Speisen. Zwar bleibt uns der Gastgeber unbekannt, doch dürfte diese Mahlzeit für den Bischof außergewöhnlich gut zubereitet worden sein. Auffallend ist allerdings, dass in den Aufzeichnungen weder Rind- noch Schweinefleisch aufscheinen. Am Ende der Reise durch das Lesachtal schrieb der Verfasser: „Wenn diese Verhältnisse uns bekannt gewesen wären, hätten wir jedenfalls vom Betreten des Tales Abstand genommen." Trotz „dieser Verhältnisse" war das Tal zu diesem Zeitpunkt bereits mehr als vierhundert Jahre lang Besuch gewohnt.[7]

Nachdem der Bischof die Kirchen in St. Lorenzen geweiht hatte, kehrte er um. Damals wurde diese Ortschaft als

„Luggau" in Topographia Archiducatus Carinthiae. Nürnberg. (1688)

„Endstation" und Grenzort der Diözese Aquileia betrachtet, denn im dahinterliegenden Ort Maria Luggau gab es noch keine Kirche. Eine Kapelle wurde in Maria Luggau erst nach Helenas Traum vom Jahr 1513 erbaut. In diesem Traum hatte ihr die Mutter Gottes auf einem Kornfeld den Auftrag erteilt, hier eine Kirche zu bauen. Und aufgrund dieser Kapelle wurde die Ortschaft später ein bekannter Wallfahrtsort.

1688 gab Johann Weichard Valvasor ein wichtiges Buch mit dem Titel „Topografia Archiducatus Carintiae" heraus, in dem zum ersten Mal ein Bericht über den Wallfahrtsort Maria Luggau veröffentlicht wurde. Darin sind folgende Zeilen zu lesen: „Man schlägt allhier das Getreide / samt dem Stroh nur zwischen Steinen / oder mit einem Hammer auf einem Brett / zu Meel / und knettet es mit Wasser zusamm / woraus dann endlich dieses Brot gebacken wird / welches die fremde Leute / so hiehero Kirchfahrten kommen / eigenes Fleiß kauffen / zum Denckzeichen / daß sie in der Luggau gewesen seynd."[8]

Aus dieser Schilderung geht hervor, dass in Luggau damals ein besonderes Brot aus dem mit der Hand gemahlenen Getreide als Andenken an die Wallfahrt gebacken und verkauft wurde.

heutigen Usus, auch existieren im Deutschen keine sprachlich adäquaten Bezeichnungen: Die erste Hauptmahlzeit (prandium) erfolgte schon am Vormittag, die zweite (cena) am späten Nachmittag. Zu den Übersetzungsmöglichkeiten für obige „Zister- und Lyraspieler" vgl. Hellmut Federhofer, Beiträge zur älteren Musikgeschichte Kärntens, in: Carinthia I, 145 (1955) 372–409 (hier 373 ff.). Die angegebenen Meilen entsprechen rund 1,6 Kilometern. Santoninos Meilenangaben sind in der Regel sehr exakt, nur hat er die gebirgigen Wegstrecken (aufgrund der Mühsal) in der Regel etwas zu lang eingeschätzt. Außerdem ist zu berücksichtigen, dass einzelne Altwege aufgrund des gebirgigen Landschaftscharakters sicher länger waren als die heutigen Straßenverbindungen. Vgl. an Übersetzungen weiters: Egger, Reisetagebücher; italienische Übersetzung von Roberto Gagliardi in: Fabio Cavalli (ed.), Paolo Santonino, Itinerario in Carinzia, Stiria e Carniola (1485–1487). Pisa, Roma 1999; slowenisch: Paolo Santonino, Popotni dnevniki. Privedel Primož Simoniti. Celovec, Dunaj, Ljubljana 1991; japanisch: Eiko Funada (ed.), Ein mittellateinisches Reisetagebuch aus den Ostalpen. 1485. 1486. 1487, von Paolo Santonino. Tokyo 1987.

6 Siehe auch Hundsbichler (1979): Beilage VIII a) 1. sowie Belege X, Nr. X/22.

7 Es ist möglich, dass die Anfänge der deutschen Kolonisation bis vor 1100 zurückgehen. Siehe Neumann (1977): S. 51.

8 Valvasor (1688): S. 123.

Dieser Bäcker ist in der Handschrift Porcia vom Jahr 1689 als „Josef Rauter, Päck in der Luggau“ erwähnt.[9] Später hieß diese Bäckerei *Bäckwirt*. Hier wurde bis in die 1980er Jahre Brot an Wallfahrer verkauft. Die Lesachtaler Bauern kauften aber im Allgemeinen kein Brot beim *Bäckwirt*, da sie selber Brote aus eigenem Korn buken. Sie bauten Brot- und Futtergetreide an und züchteten Vieh für Milch, Wolle und auch für Dünger. Ihre Selbstversorgungswirtschaft bestand also hauptsächlich aus Getreideanbau und Viehzucht, wie sie überall in den Alpenregionen üblich war. Aber der Anbau hatte nur regionale Bedeutung, denn die steilen Gebirgshänge waren für den Getreideanbau nicht geeignet. Auch ist das Klima dieses Hochtals – in einer Seehöhe von über 1 000 m – oft zu kalt für das Wachstum des Getreides. Also baute man an relativ niedrigen, klimatisch milden Orten Korn an, weil man ohne Brot, ohne Mehl nicht leben konnte. In höheren Lagen mähte man die Bergwiesen und fütterte mit dem Bergheu das Vieh. Aus Milch wurde Butter und Topfen (= Quark) hergestellt. Der Roggen wurde zu Mehl gemahlen und daraus Brot gebacken. Der Weizen, der in diesem Gebiet nicht so glutenreich war, wurde zu Mus (Brei aus Mehl und Milch) gekocht. Die Milch konnte nicht verkauft werden, da es noch keine entsprechenden Transportwege gab. Höchst selten, nur zu besonderen Anlässen, kam ein Fleischgericht auf den Tisch.

So ernährten sich die Luggauer in diesem geschlossenen Wirtschaftskreislauf von eigenen Produkten, fertigten ihre warme Kleidung aus der eigenen Schafwolle, die sommerliche Kleidung und die Wäsche aus Leinen von selbst angebautem Flachs, selbst gesponnen und gewoben. Sie bauten ihre Häuser aus Holz und Steinen – was eben die Natur in ihrer Umgebung hergab. Der Heiratskreis war so eng, dass fast zwei Drittel der Hausfrauen innerhalb der Ortschaft geboren wurden. Ein Drittel kam aus anderen Ortschaften, jedoch aus demselben Tal. Der Verkehr der Bewohner beschränkte sich nur darauf, die Gail entlang hinab und hinauf zu gehen.

Das Ende der Selbstversorgungswirtschaft hat meines Erachtens hauptsächlich drei wesentliche Gründe: Die Bahn wurde in Oberkärnten zwischen Villach und Franzenfeste 1870/71, zwischen Arnoldstein und Hermagor 1894/95, und zwischen Hermagor und Kötschach-Mauthen von 1915 bis 1917 als Nachschubbahn für die Front gebaut. Dadurch wurde die Lesachtaler Straße an die Bahn angebunden. Nach dem Ersten Weltkrieg – 1928 – wurde die Straße, die Lebensader des Tales, für den Postautoverkehr ausgebaut. Die alten Leute erzählen mir gern von der ersten, Staubwolken aufwirbelnden Postautofahrt. Ferner wurde diese Straße nach dem Zweiten Weltkrieg im Jahr 1957 als Bundesstraße verbreitert und asphaltiert.[10] Nach Fertigstellung der modernen Straße begann die Motorisierung. Die Transportmöglichkeiten auf der Straße belebten die Wirtschaft des Tales – man transportierte Holz und Milch, und auch der Fremdenverkehr verstärkte sich. Die Landwirtschaft war nicht mehr die einzige Lebensquelle. Der kleine Handel neben der Landwirtschaft und die neu eingeführte Kinderbeihilfe brachten die Geldwirtschaft mit sich.

Fast gleichzeitig mit der modernen Bundesstraße, also ab Mitte der 1950er Jahre, wurde das ganze Tal nach und nach mit Elektrizität versorgt, was die Lebensweise der Lesachtaler erheblich veränderte. Der elektrische Backofen trat an die Stelle des Holzbackofens sowie verschiedene elektrische Geräte an die Stelle der handwerklichen Geräte. Dieser Elektroofen, die Waschmaschine und später auch die Gefriertruhe waren die drei größten Innovationen des Arbeitslebens für die Frauen.

Für die Modernisierung des Lesachtals spielte auch die Änderung des Schulwesens eine große Rolle. Nun bekamen die ab 1955 geborenen Lesachtaler Kindern die Möglichkeit, das letzte Pflichtschuljahr in einer städtischen Schule zu absolvieren. So konnten sie das Stadtleben kennenlernen. Das erleichterte ihnen das weitere Studium in der Stadt, wodurch ihr Lebenskreis vom Dorf zur Stadt erweitert wurde.

9 Handschrift Porcia, Handschrift 176, S. 146.

10 Tiefenbacher (1964): S. 2.

Die Hauptfaktoren für die Modernisierung waren im Lesachtal also folgende: Straßenbau, Einführung der Elektrizität und das neue Schulwesen. Dies geschah 120 Jahre nachdem das Kind Matthias Lexer vom Lesachtal zu Fuß zur Schule nach Klagenfurt gewandert war.

Als ich 1978 das erste Mal im Lesachtal Feldforschung betrieb, lebten noch mehrere alte Leute, die das Dorfleben vor dem Ersten Weltkrieg kannten und mir durch ihre Erzählungen einen Überblick ihres Lebens vom Anfang bis zum Ende des 20. Jahrhundert gaben. Im Tal wurde damals noch hie und da Brot im Holzofen gebacken, und die Bäuerinnen, die Brot buken, stammten aus denselben Weilern, in denen sie dann auch gemeinsam mit ihren Männern lebten. Dieser enge Heiratskreis bildete in der Ortschaft zahlreiche Verwandtschaftsverbindungen. Oft haben Schwestern im selben Dorf eingeheiratet, wo sie geboren wurden. Es lebte also sowohl ihre leibliche Mutter als auch die Schwiegermutter in ihrer Nähe. Diese Tatsache, dass sich die Verwandtschaft in einem Dorf konzentrierte und sehr alte und junge Frauen aus einem Hof nahe beieinander wohnten, ermöglichte mir, die Brotkultur am Frauenstammbaum kennenzulernen, wie sie in den Generationen überliefert bzw. in der Familie weiterentwickelt wurde und wird oder bei welchen Anlässen sie aufgehört hat.

Meine Recherche über Brotkultur im Lesachtal begann damit, beim Brotbacken auf den Bauernhöfen zuzuschauen. Diese Backarbeit meist bald in der Früh und dauerte in allen Fällen bis in den Nachmittag hinein. Während die Brote im Ofen waren, antworteten die Bäuerinnen gern auf meine Fragen. Dabei gingen sie nicht nur auf den Bereich „Brot" ein, sondern erzählten auch ganz allgemein aus ihrem Leben. Da wurde mir überaus deutlich: Wer vom Brot erzählt, erzählt vom Leben, denn „Brot backen" bedeutet „leben können".

Unsere Unterhaltung wurde meistens in der Küche geführt, während die Bäuerin Geschirr abspülte oder am Herd das Mittagessen kochte. Ich kenne deshalb jede Küche in jedem Haus, in dem ich auf Besuch war, jeden Esstisch und jede Schublade und sogar ihren Inhalt. Oft kam der Mann in der Küche vorbei, um *Nainan* [Zwischenmahlzeit um 9 Uhr] zu essen oder seine Schuhe umzuziehen, weil seine Bergschuhe unter der Küchenbank lagen. In solchen Fällen nahm er an unserem Gespräch teil. Ich bemerkte bald, dass sich die Männer in der einheimischen Brotkultur bei offiziellen festlichen Gelegenheiten besser auskannten als die Frauen, da sie beim Fest selbst mitwirkten. Die Frauen hingegen wussten über die familiäre Brotkultur besser Bescheid. Doch hängt ja der ganze Arbeitsvorgang „Vom Korn zum Brot" auch vom Zusammenwirken zwischen Mann und Frau ab. Daher habe ich die Erzählungen der Männer wie der Frauen gern aufgenommen.

In diesem Buch versuche ich den Lesern eine Vorstellung davon zu geben, wie man sich im Lesachtal in der Vergangenheit ernährt hat, vor allem, wie man für seine eigene Familie gesorgt hat – durch den gesamten mühsamen Arbeitsvorgang: vom Korn, das ins Feld gesät, geerntet, getrocknet, gedroschen, dann zum Mehl gemahlen und schließlich zu Brot gebacken und verzehrt wurde. Für jeden Arbeitsgang gab es Überlieferungen der Vorfahren, dazu kamen auch die eigene Erfahrung und Weisheit. So haben die Lesachtalerinnen und Lesachtaler ihre Brotkultur bewahrt und eigene festlichen Bräuche entwickelt, die in diesem Buch festgehalten sind.

Philomena mit ihrem Kind beim Brotbacken. (1984)

Brot im Jahreskreis

Im *Långas*.
Bei der Segnung der
Palmzweige. (1989)

Frühling

Långas – Die Zeit des neuen Lebens

Pålmkhatzlan

Zu der Zeit, wo die wolligen Palmkätzchen bereits wie silberne Kulleraugen blühen, liegt an der Gail meist noch unberührter Schnee. So spät kündigt der Frühling den Lesachtalern sein Kommen. Vor den Menschen aber erkennen die Bienen, dass die Weiden schon süße Kost bieten. Palmkätzchen sind für die Bienen die erste Nahrung des Jahres.

Am Palmsonntag bringen die Leute ihre Palmzweige in die Kirche. Der Priester segnet sie mit einem Segensspruch, mit Weihwasser und Weihrauch. So beginnt die Karwoche. Nach der Messe bringen die Leute die Palmzweige nach Hause, als Segenszeichen und Symbol für die Wiederkehr neuen Lebens im neuen Jahr. Die Lesachtaler nennen die Palmkätzchen *Pålmkhatzlan*. Diese „Palmkätzlein" werden in der Küche ans Kreuz im Herrgottswinkel gesteckt und begleiten die Familie bei allen Mahlzeiten durch das Jahr.

Am Karfreitag – „vor Sonnenaufgang muss es sein", heißt es – hört man bereits im Morgengrauen Hämmern. Jeder Bauer nagelt zuerst einmal ein fingerlanges Kreuzchen aus den gesegneten Palmzweigen an die Eingangstür seines Hauses: *„Tonn, tonn, tonn! Tonn, tonn, tonn …!"* Dann geht er zum Stall und nagelt ein zweites Kreuzchen an die Stalltür. Schließlich steigt er den Bach entlang hinauf zur Wassermühle. Dort nagelt er wieder ein Kreuzchen an die Tür. Die Kreuze bleiben jahrelang an ihrer Stelle und werden immer mehr. Denn jeden Karfreitag nagelt man ein neues Kreuz neben das alte vom Vorjahr. Ein Bauer erklärte mir: „Ein Kreuz wird auch mitten in den Acker gesteckt. Das soll das Unheil abwehren, im Sommer dann. Damit halt alles gut gedeiht und wächst und kein Hagel und kein Unwetter oder kein Schnee drauf fällt, ja."

Auf einem Bauernhof habe ich eine alte Holztür mit zahlreichen Palmkreuzchen gesehen. Dort war es aber nicht die Haustür, sondern die *Khåschtntür* (die Tür des Getreidekastens). Wenn man von der Straße durch die Eingangstür ins Haus tritt, sieht man gleich in der *Laawe* („Laube", Vorhaus) die „Kastentür" mit den vielen Palmkreuzchen. Hinter der Tür befindet sich ein dunkler Raum mit nur einem kleinen Fenster, in dem früher Korn im *Grånt* und Brot in der *Proatruume* aufbewahrt wurden. Wie alt sie ist, die dunkle, abgenutzte Holztür des Kastens – das weiß man nicht. Aber von der Außenseite des Hauses her erkennt man, dass dieser Kasten einst getrennt vom Wohnhaus gestanden ist und früher erbaut worden sein muss als der Teil, in dem sich heute der Hauseingang befindet. Erst in späterer Zeit sind beide Teile, Wohnhaus und Getreidekasten, verbunden worden. Doch das Annageln der Palmkreuzchen an jene Tür, die einst der Eingang zum Kasten war, hat man stets beibehalten.

Im Jahr 2004 wurde der genannte *Khåschtn* zu einem modernen Zimmer umgebaut, weil sein ursprünglicher Zweck weggefallen ist – im Tal wird ja, bis auf wenige Ausnahmen, kein Korn mehr angebaut. Das neue, ebenerdig gelegene Zimmer wurde der alten Tante angeboten, die nicht mehr über die Stiege zu ihrem Schlafzimmer hinaufgehen konnte.

Links: Sepp nagelt das Palmkreuzchen an die alte Holztür des ehemaligen Getreidekastens. (1989); rechts: Die hölzerne Eingangstür des Hofes *Niggl* in Salach mit mehreren Palmkreuzchen. (2006)

Eine moderne Zimmertür ersetzte da die alte *Khåschtntür* aus Holz. An diese neue Zimmertür nagelt man nun nichts mehr. Auch wenn man es wollte – es ist nicht möglich, an eine Tür aus modernen Baustoffen etwas zu nageln. Dieser von den Vorfahren übernommene alte Brauch wird also vermutlich nicht mehr lange ausgeübt werden.

Die Vegetationskraft der Palme und der Palmzweige

Palmzweige spielen in der österlichen Liturgie und in den Frühjahrsbräuchen eine große Rolle. In der westlichen Kirche sind sie schon für die Mitte des 8. Jahrhunderts belegt.[11] Diese für Ostern unentbehrlichen Palmen, *Palmae Arecaceae*, wachsen aber nicht in Gebieten nördlich der Alpen. Daher werden dort die Palmzweige durch Ruten der Salweide ersetzt, deren Blütenstände „Palmkätzchen“ genannt werden. Die Weide wächst sehr gut und sprießt im Frühling als Erste. In diesem Sinn sind die Palmkätzchen mit Recht ein Zeichen der Wiedergeburt der Natur. Der Brauch, an jede Eingangstür ein Kreuzchen aus solchen geweihten Zweigen zu nageln, bedeutet eine Bitte, wie „Gott möge uns alle, unser Haus, unseren Hof, unser Vieh, unser Korn, unser Mehl vor allem Unheil schützen!“ Am Karfreitag, an dem in der Kirche das heilige Kreuz verehrt und der Kreuzigung Christi gedacht wird, nagelt man draußen in der profanen Welt das Palmkreuz an die Eingänge zum Schutz vor Unheil. So gesehen werden weltliche Bräuche in Verbindung mit dem Volksglauben parallel zu den Riten der katholischen Kirche ausgeführt.

Die *Waiche*

„Am Karsamstag kommen die Leut aus jedem Haus mit dem Korb in die Kirche. Da gibt's Speisenweihe“, so wurde mir berichtet. Am Nachmittag habe ich einen Bauernhof

11 Kirchhoff (1995): S. 101.

Verschiende Kornkästen im Freien

❶ Kornkasten in Seire. Im Lesachtal findet man stellenweise noch Getreidekästen, feste Bauwerke mit wenigen Fenstern. (2006)
❷ Kornkasten in Liesing. (2006) ❸ Kornkasten in Klebas. (2006) ❹ Getreidekasten in Maria Luggau. (2000)

Zur *„Waiche"* brachte man die Speisen in die Kirche. (1989)

In der *„Waiche"* (= Korb) ist auch das Kuchenlamm zu sehen. (1989)

besucht. Das war derjenige Hof, in dem viele Kreuzchen an der Kastentür angenagelt waren. Thresile (geb. 1931) ist in der *Khuchl* mit den verschiedenen Lebensmitteln auf dem Esstisch beschäftigt. Sie packt die Osterspeisen in den Henkelkorb. „Das ist ein Brot, das habe ich gestern gebacken. Das ist ein *Raindling*[12] [= Reinling], der ist auch mitgebacken worden, da ist die Wurst, der Osterschinken, Kren, davon muss man auch ein wenig hineintun, dann Ostereier und Speck, die sind auch vom Haus." Sie legt alles schön in den Korb hinein, macht ein zufriedenes Gesicht und sagt zu mir: „Das heißt ‚*Waiche*' [„Weihe"]!" Sie bedeckt den Korb mit einem Tuch, bestickt mit christlichen Symbolen. Die Lebensmittel im Korb, die man dann zur „*Waiche*" bringt, nennt man auch „*Waiche*". Statt „Segnung" verwenden die Lesachtaler nach alter Sprachgewohnheit noch immer das Wort „Weihe" für diesen Brauch.

Thresile bringt den Korb in die Kirche. Auch von den anderen Häusern kommen die Einheimischen mit ihren Körben den Berg herab, oder über die Gail herüber und dann den Bach herauf, zur Kirche. Die Körbe werden vor den Altar gestellt. In einigen Körben sieht man einen Kuchen in Lammform. – Eine Lesachtalerin erzählte mir ihre Kindheitserinnerung an die „*Waiche*". Es war gleich nach dem Zweiten Weltkrieg: „An ein ‚Osterlamm' [Kuchen] kann ich mich erinnern. Wie ich ein Kind war, hab ich das bei der ‚*Waiche*' gesehen, nur in einem Korb des Nachbarn. Das weiße Lamm hat den Kopf heraußen gehabt und sich die Welt angeschaut. Ich war der Tochter des Nachbarn sehr neidisch, weil die das Osterlamm dann bekommen hat. – Heute backen viele Mütter im Lesachtal schon Osterlämmchen. Es ist aber noch nicht lange üblich, dass die Kinder das Lämmchen zu Ostern bekommen. Es ist erst nach dem Zweiten Weltkrieg gekommen."

Nach der Segnung nehmen alle die gesegneten Speisen wieder mit heim. Man sagt: „Wer zuerst daheim ist mit dem geweihten Korb, der wird im Sommer das Heu als Erster fertig haben." Sie eilen darum mit dem Auto oder zu Fuß nach Hause. Und so wird es wieder ruhig auf dem Kirchplatz.

Wieder in der *Khuchl* bei Thresile. Sie wohnt im Haus mit dem Seppel und mit der Tante ihres verstorbenen Mannes. Heute sind die zwei anderen Söhne auch da, die sonst in Städten leben. Thresile genießt gemeinsam mit ihnen etwas Gutes aus dem „*Waichkorb*" als Kostprobe. Das Übrige kommt erst am Ostersonntag auf den Tisch. Dann geht Thresile mit dem gesegneten Brot in den Stall. Davon gibt sie jeder Kuh und jedem Ochsen ein Stück, wobei sie den Tieren die Stirn streichelt.

12 Über die Bezeichnung von Reinling siehe Kranzmayer (1949): S. 454.

Oben: Die „*Waiche*" mit einem traditionellen Reinling, gebacken in der Reine, und einem Osterlämmchen. (um 1985); darunter: Moderner Reinling aus der Gugelhupfform und Ostereier. (1989)

Die Speisensegnung in früherer Zeit

Thresiles Mutter Josefa (1892–1986) hat in der Nähe der Kirche von Maria Luggau gewohnt. In den frühen 1980er Jahren war sie im Dorf die letzte Bäuerin im klassischen Bekleidungsstil: Josefa trug ein blaues knöchellanges Dirndl aus Baumwolle mit vielen kleinen Knöpfen vorne und einer langen Schürze. Ihr weißes Haar hatte sie zu Zöpfen geflochten, die kranzförmig um den Kopf gelegt waren. In den Ohren hingen kleine goldene Ohrringe. Ihre Füße steckten in warmen Filzschuhen, und wenn sie außer Haus ging, etwa bei ihrem allmorgendlichen Weg zur Kirche, trug sie immer ein Kopftuch. Man kannte sie als die Älteste im Dorf und als die Einzige, die noch vom Leben im 19. Jahrhundert erzählen konnte. Außerdem war sie als Mutter von 14 Kindern auch „Rekordhalterin" im Dorf. Josefa, in Maria Luggau geboren, erzählte mir, während ihre Brote im Ofen gebacken wurden, wie sie als Kind die „*Waiche*" erlebt hat: „Wie ich ein Kind war [um die Jahrhundertwende], habe ich kein Schwein gesehen, bis nach dem ersten Krieg. Fleisch war damals von Geißen und Schafen. *Gaaße* [= Ziegen] sind erst gesalzen, nachher geselcht worden. Dann hat man ein kleineres Stück davon genommen und ganz klein geschnitten und in die *Kneedl* gemischt. Schaffleisch ist mit vielen Gewürzen eingesalzen, nachher gesotten worden. Von beiden hat man je ein oder zwei Stück im Jahr gegessen. ‚Braten' aus dem frischen Fleisch hat man nur beim Schlachten gemacht. Aber es gibt keine *Gaaße* und Schafe mehr, weil Schwein schmeckt viel besser. Heute isst man nur Schwein, [man schlachtet] ein Stück im Jahr. Schwein wird auch gesalzen, geselcht und zu den Knödeln gegeben.

Als ich 1920 eingeheiratet habe, hat man zu Ostern Schafe oder *Gaaße* geschlachtet. Zur *Oaschtowaiche* [Osterweihe] – die war nicht am Samstag wie heute, die war am Ostersonntag – geselchtes gesottenes Fleisch [von Ziege oder Schaf], Brot, Reinling, gekochte Eier und Kren hat man mit dem Tuch, je zwei Zipfel zusammengebunden, in die Kirche getragen. Man hat früher keinen Kuchen von Osterlamm gemacht. Das ist erst nach dem Zweiten Krieg gekommen. Vom geweihten Brot hat man nachher auch den Kühen, den Hühnern und dem Schwein [in der späteren Zeit] gegeben."

Sie fährt fort: „*Raindling* hat man nur zu Ostern gebacken. Das war weißes Brot aus Weizenmehl mit viel eingeknetetem Butterschmalz. Der Teig war nicht gesüßt wie heute.

Speisensegnung in der Kirche Maria Luggau. (1989)

Aufs Brot hat man nur Zuckerwasser gestrichen, drinnen war sonst nichts. Jeder hat ein Stück gekriegt. Und *Khitzlanprååtn* [= Zickleinbraten] hat man gegessen."

Dieser „Zeitzeugenbericht" Josefas über das vergangene Leben im oberen Lesachtal zeigt uns Folgendes: Man betrieb bis zum Ersten Weltkrieg noch keine Schweinehaltung. Und zur Speisensegnung hat man geselchtes Ziegenfleisch oder gesottenes Schaf- oder Lammfleisch eingepackt. Zu Ostern hat man Reinling und Zickleinbraten gegessen.

Die Leute im Tal erzählen auch: „Im Herbst hat man Schafe geschlachtet und Fleisch gegessen und mit dem restlichen Fleisch und Knochen *Måchate* (Eingemachtes) gemacht. Das war sehr gut." Das Schaffleisch wurde mitsamt den Knochen eingestampft, mit Knoblauch, Gewürzen und viel Salz vermengt und in einem großen Gefäß drei Monate lang, mit Steinen beschwert, mariniert.

Und man hat auch den Rindern von dem gesegneten Brot gegeben. Diese Maulgabe für das Vieh ist anderorts, z. B. in Oberösterreich und zum Teil in der Steiermark, als *Viechschtöri* zur Weihnachtszeit bekannt.[13] Im Lesachtal ist der Brauch hingegen zur Osterzeit üblich, es gibt dafür aber keine besondere Bezeichnung. Josefas Tochter Thresile erzählt, dass nicht nur ihre Mutter daheim das geweihte Brot an die Rinder verfütterte, sondern auch ihre Schwiegermutter im selben Ort diesen Brauch ausführte. Mit dieser gesegneten Brotgabe wird der Wunsch ausgedrückt, das Vieh möge gesund bleiben, trächtig werden und reichlich Milch geben.

Fleisch im Lesachtal

Die Speisensegnung galt ursprünglich dem Fleisch, dessen Genuss in der langen Fastenzeit früher verboten war. Erst zu Ostern durfte man Fleischspeisen wieder essen. Es gab die Auffassung, dass das Fleisch in der Kirche gesegnet werden musste, um etwaige schädliche Wirkungen des lang entbehrten Genusses zu verhindern.[14] Lammfleisch war im Frühling besonders begehrt und daher auch traditionell ein wichtiger Bestandteil bei der Speisensegnung. Zusätzlich hat das Lamm von alters her als Opfertier Symbolcharakter und wird mit religiösen Bräuchen verbunden. Das junge Schaf ist gegen Raubtiere und Räuber wehrlos und gibt sich dem Schlächter willig hin. Daher ist das Lamm im Alten Testament ein typisches Brand- und Schlachtopfer. Dieses Bild vom opferbereiten Lamm wurde im Neuen Testament auf Jesus Christus übertragen als „Lamm Gottes, das die Sünde der Welt hinweg nimmt." (Johannes 1, 29) Seit frühchristlicher Zeit gab es aus diesem Grund den Brauch, dass zu Ostern ein Lamm geschlachtet, vor den Altar gelegt und mit besonderen Segensworten geweiht wurde; dieses Fleisch aß man am Ostersonntag, dem Auferstehungstag, vor jeder anderen Speise.[15] Theologisch gesehen war Lammfleisch jedoch zu keiner Zeit Teil der Eucharistie, der Wandlung von Brot und Wein in Leib und Blut Christi. Die Speisenweihe zu Ostern mag daher auch die Bedeutung haben, die Konsekration von Brot und Wein und die Segnung von (Lamm-)Fleisch voneinander zu

13 Burgstaller (1983): S. 102 f.

14 Sartori (1949): 3. Teil, S. 156.

15 Handwörterbuch des deutschen Aberglaubens (1927–1942): Bd. 6, Sp. 1339.

unterscheiden. In einem Bericht aus dem Jahr 1911 heißt es: „Noch jetzt spielt Lamm [zu Ostern] eine besondere Rolle."[16] Aus dieser Zeit gibt es mehrere solcher Nachrichten.

Es wird im Lesachtal daher keine Ausnahme gewesen sein, dass man um das Jahr 1920 herum zur Speisensegnung Schaf- oder Ziegenfleisch zur Kirche trug und *Khitzlanprååtn* aß, wie aus Josefas Erzählung hervorgeht. Außerdem ist bemerkenswert, dass in Maria Luggau bis zum Ersten Weltkrieg keine Schweine gezüchtet wurden. Eine andere Bäuerin, Anna (1903–1982), ebenfalls aus Maria Luggau, erzählte mir Folgendes: „1918 haben wir als Erste im Dorf ein Schwein gekauft. Ich bin mit dem Vater über den Kofelpass zu Fuß nach Lienz gegangen. Wir haben dort ein Schweinchen gekauft, das haben wir in einem Sack aus Leinen auf dem Rücken getragen und sind damit wieder über den Pass zurückgekommen. Im Dorf gab es noch kein *Schweindl*, darum haben wir in die Stadt müssen kaufen gehen. Ich war fünfzehn Jahre damals. Früher haben wir zwei Stück Schafe im Jahr gegessen. Schwein oder Schafe, es hat mir alles gut geschmeckt, alles, was man nur hat essen können." – Wir gewinnen hier den folgenden Eindruck: Man hatte immer Hunger und war mit allem Genießbaren zufrieden – und Fleisch war immer etwas Besonderes.

Schweine werden im Görzer Urbar von 1387 häufig im Zusammenhang mit Zinsleistungen erwähnt, z. B.: It(em) dez ersten Ulr(ich) am Gukenpg(er) dint von dem iar xi pft / ein grasfriß(ling), hab(er) 1 hofmez dem Richt(er) ii schult(ern), ob er swein slecht[17] [Weiters, des ersten: Ulrich am Guggenberg zinst pro Jahr 11 Pfund; ein Grasfrischling (= ein junges Schaf, das sich aber bereits ausschließlich von Gras ernährt: Weidelamm); Hafer 1 Hofmaß; dem Richter 2 Schultern, wenn er ein Schwein schlachtet].

Aber das Abliefern der „zwei Schultern" war nur dann verpflichtend vorgeschrieben, wenn (tatsächlich) ein Schwein geschlachtet worden war, während das Schaf (= Grasfrischling) verbindlich war. Zudem waren „zwei Schultern" als Zins eine hochwertige Abgabe. Auch findet sich in einer Urkunde aus späterer Zeit, im Inventarium von 1778, das auf dem Hof „Gobos" in Schade überliefert ist, der folgende Eintrag: „1 galtes [nicht trächtiges] und 1 trächtiges Fackl: 3 f 15 kr [3 Gulden 15 Kreuzer]".[18] Das bezeugt die Schweinehaltung auf einem Bauernhof im Lesachtal. (Zum Vergleich: Der Wert von „1 Kuh samt 1 Tutl-Kalbl" wird im selben Inventar mit 18 Gulden angegeben.)

Die Gesamtzahl der Schweine im ganzen Lesachtal wird von Dieter Neumann für 1831 mit 360 Stück angegeben, für 1938 mit 660, für 1947 mit 500 und für 1962 mit 800 Stück.[19] Somit entfiel auch noch nach der Modernisierung des Tals auf jeden der ca. 1 000 Lesachtaler Betriebe durchschnittlich weniger als ein Schwein. Anton (geb. 1927), der ehemalige Wirt vom Gasthof Sonnsteinhof, erzählte mir: „Ein Schwein von ca. 10 kg hat um 1930 bis 38 so viel wie ein Kalb von 70 bis 80 kg gekostet. Schweine waren sehr teuer."

Oswald Sint (1900–1992) berichtet über sein Leben am Anfang der 1900er Jahre im „Tiroler-Gailtal" (Tilliacher Tal, Verlängerung des Lesachtales nach Westen): „In unserem Haushalt gab es nämlich damals und noch lange nachher kein Schwein und keine Hennen."[20]

Es wäre daher möglich, dass Schweine im obersten Teil des Tals, wo Getreide und Kartoffeln selbst für die Menschen nicht in ausreichender Menge produziert werden konnten, oft wegen des Futtermangels kaum gehalten wurden.

Ziegen und Schafe konnten demgegenüber kontinuierlich gehalten werden. Besonders Ziegen gab es in jedem Betrieb, weil sie die Gräser in den höheren Almregionen, wo Ochsen und Kühe nicht mehr hinaufgehen, fressen können. Sie dienten zur Milchversorgung der Kleinhäusler und auch

16 Sartori (1949): 3. Teil, S. 156.
17 Görzer Urbar (1381): Fol. 5.
18 Im Besitz von Herrn Gabriel Strieder in Schade / Maria Luggau / Lesachtal.
19 Neumann (1977): S. 216 f.
20 Sint (1986): S. 41.

den größeren Bauern bei der Heuarbeit auf den Bergwiesen im Sommer [siehe das Kapitel „Die Erzählung des kleinen *Gaaßa*", ab S. 67].

Seit der Einführung der Schweinehaltung ging die Haltung von Schafen und Ziegen immer weiter zurück und verschwand fast ganz im Dorf. Auf diese Weise hat bei der Speisensegnung das Schweinefleisch als Speck und Osterschinken das Fleisch von Schafen und Ziegen allmählich ersetzt. Aber die Speisensegnung blieb nicht auf die in der Fastenzeit verbotenen Speisen beschränkt, sondern sie wurde auf verschiedene andere Lebensmittel ausgedehnt. Und viel später kam im Lesachtal erst dann das Backwerk Osterlamm hinzu. Die vorhin genannte Tochter, die das erste Osterlamm im Dorf von der „*Waiche*" bekommen hat, wofür sie von den anderen beneidet wurde, erzählte mir später, dass ihre Mutter durch eine Südtirolerin das Gebäck kennengelernt und von dieser auch die Backform erhalten hatte. Nach dem Krieg, etwa seit den 50er Jahren, verbreitete sich das Osterlamm von der Stadt allmählich bis hierher. Das war gerade um die Zeit, in der Schafe und Ziegen aus dem Dorf verschwanden.

Gebildbrot

Heute backen viele Mütter, vor allem, wenn sie noch kleinere Kinder haben, den beliebten Kuchen, das Osterlamm, in dem dafür vorgesehenen Model. Dann begleiten die Kinder die Mütter gern zur Weihe und wollen sogar das Osterlamm selbst tragen. Im Gotteshaus sind zur Osterzeit die Darstellungen des „Lamm Gottes" mit Siegesfahne und Wundmalen zu sehen. Aber man bringt zur Weihe heute nicht mehr echtes Schaf-, Lamm- bzw. Ziegenfleisch. Stattdessen steht stellvertretend das weiße Lämmchen aus Kuchenteig im Weihkorb.

Hier ist also bei der Speisenweihe im Lesachtal ein kulturelle Übergang zu verzeichnen: vom echten Schaf bzw. Lamm im Zusammenhang mit dem „Lamm Gottes" hin zur Backware. Die Backware in Form von symbolischen Figuren oder Ähnlichem, die vor allem zu bestimmten Festtagen, z. B. Neujahr, Fastnacht, Ostern, gebacken wird, heißt Gebildbrot.[21]

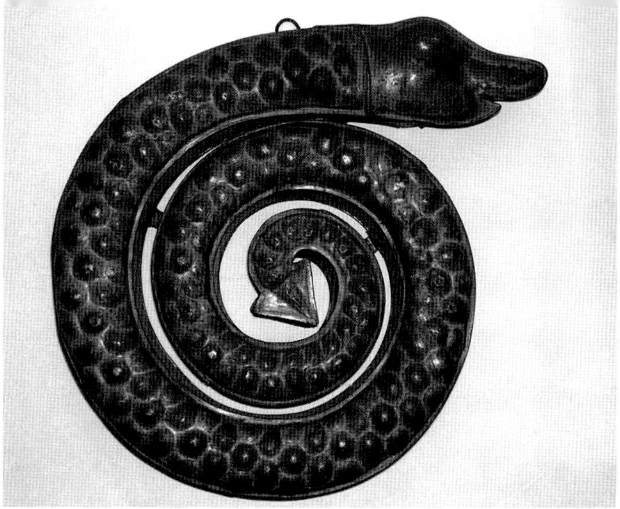

Schlangenförmige Backform aus Blech.

Das Osterlamm wurde in Europa durch ein Gebildbrot ersetzt, als der Brauch verschwand, zu Ostern ein Lamm oder Lammfleisch als das Sinnbild des „Lamm Gottes" in natura vor den Altar zu legen. Die Gebildbrote entstanden aber nicht nur als Ersatz, sondern wurden bei den verschiedenen feierlichen Anlässen als Symbol für das jeweilige Fest betrachtet. In Österreich sind auch Gebildbrote wie Vögel, Hasen, Krampusse usw. häufig.[22] Aber im Lesachtal gab es, wie dem Österreichischen Volkskundeatlas zu entnehmen ist, vor dem Osterlamm kein anderes Gebildbrot.[23] Zwei im Lesachtal durchaus übliche Gebäcke könnte man aber doch zu den Gebildbroten zählen. Darüber werden wir im Kapitel „Herbst" Näheres erfahren [siehe S. 115]. Trotzdem stellt das Lesachtal mit seinen relativ wenigen Gebildbrots-

21 Gebildbrote in unzähligen Formen sind heute in ganz Europa zu finden. Die Gründe für die Entstehung der Gebildbrote sind unterschiedlich. Ein wichtiger Grund ist der Ersatz für Naturalien, meist für verschiedene Tiere. (Siehe Handwörterbuch des Aberglaubens (1927–1942): Bd. 3, Sp. 373 ff., unter *Gebildbrot.*)

22 Siehe Burgstaller (1983): Tafel 1–32.

23 Siehe Österreichischer Volkskundeatlas (1959) unter Festtagsgebäcke. Figürliche Gebäcke im Jahres- u. Lebensbrauchtum.

orten eine Ausnahme innerhalb Österreichs dar, zumal im benachbarten Pustertal durchaus einiges von diesem Gebäcktypus zu finden ist. Im Museum Schloss Bruck Lienz fand ich in den 1980er Jahren entsprechende Ausstellungsstücke, nämlich Backformen, in denen „Schlangenkuchen" gebacken wurden. Die Formen zeigen ineinandergeringelte Schlangen. Schlangen kriechen ohne Gliedmaßen rasch auf der Erde dahin, sie umschlingen ihre Beute, die Schädlinge des Ackers, und erwürgen oder verschlingen diese lebendig. Daher dürfen diese Schädlingsbekämpferinnen auch als Bewahrerinnen der Erde betrachtet werden. Ich vermute, dass die Pustertaler Bauern Schlangen darstellten, in der Hoffnung, die Erde somit vor Schädlingen schützen zu können und fruchtbar werden zu lassen.

Reinling

Der Reinling ist das eigentliche, richtige Ostergebäck des Lesachtals. So meinte etwa ein Lesachtaler: „Reinling und Osterschinken, das sind für uns unentbehrliche Osterspeisen. Sie passen nicht geschmacklich zusammen. Trotzdem verspeisen wir den Osterschinken zusammen mit dem Reinling gern am Abend nach der Weihe und essen uns ungewöhnlicherweise so spät am Abend satt." Der Reinling ist also das in ganz Kärnten verbreitete typische Ostergebäck.[24]

Kommen wir nun zu Josefa zurück. Aus ihrer Erzählung wird klar, dass der Reinling schon üblich war, als man das Kuchen-Osterlamm im Lesachtal noch kaum kannte. Aber der Reinling war nicht immer eindeutig so, wie wir ihn heute kennen. Heute bäckt man ihn aus Weizenmehl, Milch, Eiern, Butter, Rosinen, Zucker, Zimt und etwas Rum nach Belieben, ein reichhaltiges Gebäck. Hingegen war er früher einfacher, ohne Rosinen, ohne Zimt, ohne Eier. War denn der frühere Reinling keine besondere Kost, ohne Rosinen? Um das beantworten zu können, müssen wir uns in die Lebensumstände früherer Zeiten hineindenken.

Das Lesachtal gehört, so wie ganz Österreich und auch die anderen Länder nördlich der Alpen, hinsichtlich der Brot-Geografie zum Roggenbrotgebiet, während z. B. Italien oder Spanien zum Weizenbrotgebiet gehören. Im Roggenbrotgebiet hat man Tag für Tag Roggen- oder Haferbrot gegessen. Damals gab es natürlich noch keine Tiefkühltruhe. Man hat die Brotlaibe in der „Brotrahme", die meistens in der Speisekammer an der Decke aufgehängt war, zum Trocknen aufbewahrt. Das Brot wurde bald hart. Man aß also fast immer hartes, dunkles, sogenanntes „strenges" Brot. Weizenbrot wurde früher selten gebacken. Außer dem Knödelbrot (Brot, mit dem man Tiroler Knödel macht) buk man nur zweimal im Jahr Brot aus Weizen, nämlich den Reinling zu Ostern und die *Schtockplattlan* („Stockblättlein", siehe S. 121) am Heiligen Abend. Man wollte bei diesen festlichen Anlässen gerne etwas nicht Alltägliches essen. Da in einigen Gegenden Österreichs der Weizen aus klimatischen Gründen nicht so gut gedeiht, war dort das Weizenbrot auch etwas Luxuriöses. Das weiche und weiße Brot mag im Vergleich zum gewöhnlichen harten, dunklen Brot etwas Besonderes und Feierliches gewesen sein, zumal es mit etwas Zuckerwasser bestrichen wurde.

Thresile bäckt ihren Reinling in einer Reine aus Email. Das Wort „Reinling" stammt von der „Reine" (flache Schüssel).[25] Die meisten älteren Lesachtalerinnen backen den Reinling noch in der Reine. Junge Bäuerinnen backen ihn heute lieber in der Gugelhupfform. Im Lesachtal lebt eine Keramikerin, deren Gugelhupfformen man auch im Bauerladen in Maria Luggau kaufen kann. Eine Frau aus dem Dorf erzählte mir im Bauerladen: „Ich möchte eine der Schwiegertochter schenken, weil sie noch keine Gugelhupfform hat." So wird die Gugelhupfform für den Reinling unter den jungen Frauen verbreitet.

Der heutige Reinling kommt fast jeden Sonntagnachmittag zum Kaffee auf den Tisch. Lesachtaler Reinling schmeckt bei jeder Bäuerin sehr köstlich, weil Milch und Butter in die-

24 Siehe Österreichischer Volkskundeatlas (1959) unter Festtagsgebäcke. Ostern.

25 Kranzmayer (1949): S. 454.

Rezept Reinling

Auf jedem Hof hat man ein spezielles Rezept für den Reinling. Hier zitiere ich nur ein Beispiel: das Rezept von Thresiles Tochter Regina. Das Originalrezept für den Teig lernte sie in der Schule für Familienhilfe kennen und variierte es, das Rezept für die Fülle (= Füllung) übernahm sie von ihrer Mutter.

Zutaten

Für den Teig:
250 g Mehl (glatt)
250 g Mehl (griffig)
1/2 Würfel Germ (= Hefe, 20–25 g)
2 Esslöffel Kristallzucker
250–300 g Milch (nach Gefühl)
1 gestrichener Teelöffel Salz
2 Eidotter
50–80 g Butter

Für die Fülle:
Kristallzucker nach Belieben
Rosinen nach Belieben
Zimt nach Belieben
Rum nach Belieben

Zum Bestreichen:
Zerlassene Butter ca. 1 Esslöffel

Zubereitung

1 In einer ersten (kleinen) Schüssel: Germ + ein wenig Zucker (mischen) + lauwarme Milch (ca. 150 g) + etwas Mehl + 2 Eidotter (weiter mischen, umrühren, bis Bläschen entstehen, gehen lassen).

2. In einer zweiten (großen) Schüssel: Mehl, in der Mitte eine kleine Vertiefung machen und die Masse aus der ersten Schüssel hineingießen.

3 In einer dritten (kleinen) Schüssel: erwärmte Milch (ca. 100 g) + Salz + Butter (sie schmilzt in der warmen Milch!). Dann die Masse in die zweite Schüssel auf die Außenseite (Achtung!) der Vertiefung gießen.

4 Fest durchkneten, bis sich der Teig von der Schüssel löst.

5 Eine gute Stunde zugedeckt gehen lassen.

6 Das Nudelbrett mit Mehl bestreuen, den Teig mit dem Walker dünn ausrollen.

7 Auf die ganze Fläche des Teiges gleichmäßig Zucker, Rosinen, Zimt streuen, nur am oberen Rand einen Streifen von einigen Zentimetern freilassen.

8 Die ganze Teigfläche mit Rum beträufeln.

9 Von vorne her den Teig fest einrollen.

10 Die Backform innen mit einem Pinsel mit zerlassener Butter bestreichen.

11 Den eingerollten Teig rundherum mit zerlassener Butter bestreichen (damit die Rosinen am Teig besser haften), dann in die Form hineinlegen.

12 Im Backrohr bei 170 °C mit Unter- und Oberhitze ca. 1 Stunde backen.

Oben ist der ursprüngliche Reinling in der Reine, unten in der Gugelhupfform. (1985)

sem Hochtal von einmalig guter Qualität und die Eier von den freilaufenden Hühnern besonders schmackhaft sind. Wenn Besuch erwartet wird, bäckt man mit Recht Reinling, weil er die beste Lesachtaler Spezialität ist. Fast könnte man vergessen, dass der Reinling ursprünglich ein Osterbrot war, das als wesentlicher Bestandteil der „Weihe" galt.

Stellenwert der Speisensegnung

In der katholischen Kirche feiert man die Abendmesse am Gründonnerstag besonders anschaulich. Die Messe erinnert uns an das letzte Abendmahl Jesu, Ursprung der Eucharistie, wobei sich das Brot nach dem Wort der Heiligen Schrift in den Leib Christi verwandelt. Und nachdem man in der Eucharistie am Gründonnerstag die geistige Nahrung empfangen hat, folgt die *Waiche* für die leibliche Nahrung, wodurch diese an Bedeutung gewinnt.

Wie wir bereits wissen, war der Hauptbestandteil der Speisenweihe ursprünglich Fleisch, und zwar vom Lamm, woraus das Wort „Osterlamm" entstand. Die Urform der Speisensegnung war die Fleischweihe, denn man wollte vor dem Fleischessen zu Ostern, nach der so langen Fastenzeit, jeder gesundheitlichen Schädigung vorbeugen und ließ daher das Fleisch segnen. So wurde die Fleischweihe getrennt von der Eucharistie ausgeführt. Im Laufe der Zeit kamen zur Speisensegnung andere Lebensmittel hinzu. Daher wird sich der Sinn der Segnung verändert haben.

In den heutigen „Weihkorb" kommt eine Mischung aus allerlei Osterspeisen und der alltäglichen wichtigen Nahrung.

Das Fastengebot wurde nach dem Zweiten Vatikanischen Konzil (1962–65) gelockert. An gesundheitliche Schädigungen denkt man heute nur noch wenig. Trotzdem bringen die Lesachtaler ohne Ausnahme die Speisen zum Segnen. Worin liegt dann der Sinn der Segnung? Gehen wir vom Zeitpunkt der Osterfeier aus: Das christliche Fest, die Auferstehungsfeier Christi, findet am ersten Sonntag nach dem „Frühlingsvollmond", nach der Frühlings-Tag-und-Nachtgleiche statt. Dieses Fest wird bewusst am Beginn des Frühlings gefeiert. Es ist sehr sinnvoll, dass der Auferstehung Christi vom Tod am Beginn des Frühlings gedacht wird, zu einer Zeit, in der das Leben in der Natur nach dem Winter wiedergeboren wird. Gerade dann hatten die Menschen das Bedürfnis, sich mit den gesegneten Speisen auch körperlich zu stärken, um gekräftigt die ersten Schritte in den neuen Jahreskreislauf zu tun. Es wird darum wohl auch heute noch bedeutungsvoll sein, dass man in der Kirche mit der Eucharistie die geistige Nahrung empfängt und dann durch die gesegneten Speisen die körperliche Nahrung.

Osternestl-Suche

Am Samstagabend wird in der Kirche der Auferstehungsgottesdienst gefeiert. Die Glocken läuten nach drei Tagen der Stille wieder und verkünden dem Tal die Auferstehung Jesu. Am Ostersonntag suchen die Kinder im sanften Grün der Frühlingswiesen die versteckten Osternester, das Geschenk der Eltern. Wer ein Nest findet, darf es behalten. Heutzutage bekommen die Kinder in einem kleinen Korb in Vogelnestform allerlei Süßigkeiten und etwas zum Spielen, zum Lesen oder zum Anziehen. Natürlich sind gefärbte Eier, ein gebackener Hase oder ein gebackenes Osternest in Kranzform aus der Bäckerei dabei.

Hören wir nun Helena (geb. 1953) zu, wie sie sich ans „Osternestl" ihrer Kindheit erinnert: „Gleich da oben ist der Waldrand, da bin ich als Kind hinaufgegangen und habe ganz viel gespielt. Im Frühjahr ist da oben der Schnee immer zuerst weggegangen, und da ist es schon ein bissl grün geworden. Ich habe da eine kleine Grube gemacht, ins Gras hinein oder halt, wo es angefangen hat zum Wachsen. Ich bin gegangen Moos klauben [pflücken] und habe die Grube schön mit Moos ausgekleidet. So habe ich mein Osternestl selber vorbereitet. Und dann sind die ersten Blümlein gekommen – da waren die Krokusse, bei uns sagt man die ‚Kasablümlein', und die Huflattich, das sind bei uns die ‚Bachröslein', also die wachsen so im März. Manchmal war noch Schnee, hat man müssen suchen, ob schon ein paar Blümchen blühen. – Und dann habe ich ganz schön geschmückt das Nestl. Das ist schon ein paar Tage vor Ostern gewesen.

Dann habe ich immer Wasser mit hinaufgenommen, noch begossen, dass es schön grün bleibt. Dann der *Mamme* werd ich's wohl verraten haben, wo ich's hab. Sie hat mir dann ein paar gefärbte Eier und die kleinen Ostereier – aus Zucker und gefärbt in allen Farben, die hat's damals auch schon gegeben [hineingelegt]. Und nachher bin ich wieder voll Spannung hinaufgegangen, schauen, ob was drin ist, und war halt was drin! Das war eine Mordsfreude. Ich denk, ich war zwischen fünf und acht Jahre. Und am Ostersamstag ist ja das *Oaschtograbl* [„Ostergräblein"], wo man hinuntergeht in die Kirche zum Heiligen Grab. Das Gebet dauert eine Stunde. Als Kind ist eine Stunde halt lang. Ich habe da immer an das Osternestl gedacht, wie ich's gerichtet hab, und am Ostersonntag, wie wird das nachher herrlich sein, wenn die Eier drinnen sein und wenn halt dann der Osterhase auch was hineingetan hat. Das *Oaschtograbl* mit den vielen bunten Lichtern von Kugeln, und das Osternestl – das war einfach Ostern!"

Mit dieser Erzählung schließen wir die Osterszene, denn der Schnee am Bach beginnt zu tauen, „Kasablümlein" und „Bachröslein" blühen am Waldrand. *Långas*, der Lenz, die Zeit des neuen Lebens, ist schon da.

Kornsäen

An einem sonnigen Morgen im April geht Leopold mit seinem kleinen Sohn auf das Feld. Man sagt: Man soll beim abnehmenden Mond Korn säen. Die Pflugschar hat die nackte dunkelbraune Erde schon aufgelockert. Anders als sonst hat Leopold eine schneeweiße Schürze aus Leinen angelegt anstatt der alltäglichen indigoblauen. Auf dem Kopf trägt er einen grauen Filzhut wie immer. Heute wird er Korn aussäen.

Ich gehe schnell mit der Kamera den südlichen Abhang zu ihm hinunter. Er nimmt Saatkorn aus dem Sack, den er auf die Erde gestellt hat, und zeigt es mir in seiner knochigen Hand. Das sind Roggenkörner in länglicher Form und in der Farbmischung hell- und dunkelbraun, sogar purpurfarben. Er fasst mit der linken Hand die beiden unteren Schürzenzipfel, füllt Korn hinein und hält sie so zusammen, dass er die Kornsaat mit der rechten Hand streuen kann.

Er steht an einer Ecke des Ackers. Nun geht's los. Sein Bub im Volksschulalter will ganz nahe dabei sein. Er geht neben seinem Papa und blickt nach vorne. Der Vater macht einen Schritt auf die Ackererde, dabei streut er unzählige Körner aus seiner großen rechten Hand hinaus in die Luft. Parallel

Kornsäen, *Suumegång*. (1989)

mit dem Vater läuft auch das Kind nach vorn. Dann macht der Vater den nächsten Schritt. Keine Samen fallen zusammen auf die Erde. Aus Leopolds Hand springen alle Körner im rechten Abstand auseinander und finden ihren Platz in der Ackererde. Da hüpft der Kleine weiter nach vorn, dorthin, wohin die Samen am weitesten gefallen sind. Der Vater sät, das Kind springt. Das heißt *Suumegång* („Samengang"). Der Vater weiß damit, bis wohin er gesät hat. So geht er Schritt für Schritt in einer geraden Linie, und bei jedem seiner Schritte fällt Korn zur Erde.

Den *Suumegång* macht nicht immer ein Kind, oft geht der Sämann mit seiner Frau. In einem Bild von Egger Lienz aber macht ein Teufel den *Suumegång*. Der Sämann hat gerade die Saat ausgeworfen; man sieht, dass seine rechte Hand noch nach vorne ausgestreckt ist. Der nackte, dunkle Teufel geht barfuß direkt hinter ihm; man kann sehen, wie er mit der Hand gerade weit auszuholen beginnt. Eben dorthin, wo der Sämann voll Hoffnung auf gute Ernte ausgesät hat, will der Teufel seine bösen Samen säen. Der Sämann bemerkt den hinter ihm schleichenden Teufel nicht, weiß auch noch nicht, dass ihm die Zukunft Hungersnot bringen wird. Das Bild „Sämann und Teufel" will uns das Paradoxon des Lebens aufzeigen, wie die Verzweiflung hinter dem Rücken der Hoffnung verborgen ist, oft ohne unser Wissen.

Der Sämann wurde oft gemalt, so auf dem Bild „Sämann" von Jean François Millet, auf dem ein Mann Korn aussät. Der Maler hat es einmal in Öl (im Jahr 1850) und ein anderes Mal mit Bleistift und in Pastell (im Jahr 1865–66) unter demselben Titel ausgeführt. Dort hat der Sämann den weißen Sack mit der Saat schräg um die Schulter gehängt und schreitet mit großen Schritten in der Frühlingszeit über die weite Ackerebene von Barbizon. Das Saatgut in seiner nach hinten ausgestreckten Hand haltend, ist er gerade im Begriff, seinen Arm mit weit ausholender Bewegung nach vorne zu schwingen und die Saat weit auf den Acker zu streuen. Der Sämann von 1865–66 zeigt einen kräftigen Schritt und ein fröhliches Gesicht.

Egger Lienz „Sämann und Teufel", wohl 1923, Majolika, 76 x 76 cm.

22 Jahre später erscheint wieder ein „Sämann" – diesmal von Vincent van Gogh. Der silhouettenhaft gemalte Sämann will gerade aus seiner nach hinten gehaltenen Hand das Korn in den Acker auswerfen, durch das violette Licht der Morgendämmerung bricht der Schein der golden aufgehenden Sonne in die Landschaft von Arles.

Bemerkenswert ist, dass die beiden großen Meister das gleiche Thema vom Sämann gemalt haben, sogar nicht nur einmal. Der Bauer sät – das ist Männer- und nicht Frauenarbeit. Dabei zeigt der Künstler zum einen die malerisch-schöne Gestalt, in der Dynamik des Arbeitsvorgangs, zum anderen ist die Erwartung des Keimens spürbar, die Hoffnung auf Wachsen und Ernten des Korns, obwohl die Erde derzeit noch so kahl ist. Gerade deswegen wirkt die Hoffnung umso größer. Die Kornaussaat ist mit großer Erwartung verbunden und so auch ein Gleichnis für das Weiterleben der Menschen.

Wenn Leopold alles ausgesät hat, holt er aus dem *„Zuähaisl"* eine Egge, aus dem Stall eine Kuh. Diese zieht die Egge langsam über den Acker, damit die Erde die Samen bedeckt. Dann steckt er ein Kreuzchen aus den geweihten Palmzweigen in einer Ecke des Ackers in die Erde und besprengt es mit Weihwasser aus einer Flasche. Nun ist die Arbeit der Aussaat zu Ende. Mit zufriedenem Gesicht legt er die weiße Schürze ab. „Ich habe nur diese eine weiße. Ich trage sie sonst in der Mühle", sagt er. Er macht einen Unterschied zwischen dieser weißen Schürze und den anderen. Die weiße scheint ihm wohl ein Zeichen für die „heilige" Arbeit des Kornsäens zu sein.

Am Nachmittag desselben Tages traf ich dann eine Frau, die ebenfalls absolut der Meinung war, dass ein Sämann schön aussieht. Das war die Frau von Leopold. Brigitte (geb. 1944 in Thörl-Maglern) erzählte, nachdem ich ihr den Ablauf der Aussaat und die Tätigkeit ihres Mannes geschildert hatte: „Ich war noch eine neue junge Lehrerin. Eines Tages hab ich in der Schule vom Fenster aufs Feld hinuntergeschaut. Da hat der *Pold* gerade Korn gesät. Seine Haltung beim Säen war wunderschön! Es hat mich tief beeindruckt, wie er langsam über den Acker gegangen ist, um für unser tägliches Brot zu sorgen. Ich habe mich in dem Moment in ihn verliebt, das weiß ich noch." Ein Sämann gefällt also nicht nur den Malern, er ist auch bei den Frauen sehr beliebt. Wenn ein Bauer nichts sät und nichts anbaut, ist er kein Bauer. Das Säen ist eine grundlegende Handlung für seine Existenz, für unsere Existenz.

„Ich bin geborener Bauer und wirklich gern Bauer", sagt Leopold (geb. 1935). „Erstens ist man ein freier Mensch, man kann sich die Arbeit einteilen, man ist Herr über Haus und Hof. Und wenn ich einmal weniger tue, ist es auch nicht so tragisch, wenn ich mehr tue, geht's auch in meinen Sack, und ich habe wirklich die ganzen Arbeitsweisen gern gemacht, ob im Sommer oder Winter. Ich tue heute noch sehr viele Bergwiesen mähen, wir bauen noch Korn an, damit wir ein gutes Mehl haben, wir haben selber eine Mühle und das ist uns alles wichtig. Wir sind ein Biobetrieb, wir tun eben viel selber erzeugen, und das ist einfach viel wert."

Beim Eggen. (1989)

Palmkreuzchen im Acker. (1989)

Das Korn – Roggen und Weizen

„Korn“ nennt man das Hauptgetreide eines Gebiets, das unter den jeweiligen klimatischen und botanischen Bedingungen bzw. bei der jeweiligen Bodenbeschaffenheit am besten wächst. Wenn die Lesachtaler von „Korn“ sprechen, meinen sie meistens Roggen. Der Roggen ist von allen Getreidesorten am wenigsten frostempfindlich und sehr winterhart. Daher wird er als typisches Wintergetreide betrachtet. Er keimt noch bei Bodentemperaturen, die nur knapp über dem Gefrierpunkt liegen.[26] Vor allem im feuchtkühlen Norddeutschland, in Osteuropas winterkalten Regionen sowie in vielen Gebirgsgegenden wächst er besser als der Weizen. Daher war Roggen auch das traditionelle Brotgetreide der Lesachtaler. Man sät außer dem Winterroggen im Herbst auch einen Sommerroggen im Frühling.

Im Lesachtal wurde das tägliche Brot gewöhnlich aus Roggen gebacken. Roggen ist das Hauptgetreide dieses Tales; daraus wurde traditionell das schwarze Bauernbrot mit Sauerteig durchschnittlich alle zwei, drei Wochen auf jedem Hof von der Bäuerin gebacken. Aber selbst Roggen wuchs im oberen Teil des Tales nicht immer genügend, sodass man die Alltagsmahlzeit zumeist mit Haferbrot ergänzen musste. Hingegen war im unteren Teil des Tales, z. B. in Wodmaier / Birnbaum, der Getreideertrag höher, wie Erna (geb. 1932, geheiratet 1958) erzählt: „Hier gedeihen Roggen und Weizen beide sehr gut. Das ist fast so gut wie gekauftes Mehl, obwohl wir schon lange kein Korn mehr anbauen, seit dem Heiraten.“

Weizen wurde generell im ganzen Lesachtal angebaut, aber nur selten für Brot verwendet, außer für Reinling zu Ostern und – auf manchen Höfen – das ganze Jahr hindurch auch für Knödelbrot. Das Tal war traditionell ein Mus-Gebiet. Der Weizen wurde also hauptsächlich für Mus verwendet: Man kochte Weizenmehl mit Milch in der Pfanne und aß das Mus morgens und abends mit dem Löffel. Der Grund dafür ist wahrscheinlich, dass der regional angebaute Weizen zum Brotbacken wenig geeignet war, denn er enthielt nicht genug Eiweiß, das sich beim Kneten in Gluten (= Kleber) verwandelt und den Brotteig zum Aufgehen bringt.

Gerste

Gerste wurde hauptsächlich als Futtermittel angebaut. Die Ausnahme war ihre Verwendung für Gerstensuppe und Gerstenkaffee (= Bauernkaffee). Für Gerstensuppe hat man Gerste, Speck, Sauerkraut und Wasser in den „Dreifuß“ (= eiserner Topf mit drei Beinen) gefüllt, dann den Topf in den Stubenofen hineingestellt und das Gericht langsam kochen lassen. Gerstenkaffee wurde laut einer alten Lesachtalerin, Agnes (1906–2001), folgendermaßen gekocht: „Wie unsere Kinder noch klein sein gewesen, haben wir schon auch noch Mus gekocht. Da hat man nicht so viel Geld gehabt, dass man hat gekonnt immer Kaffee kochen. Das hat man nur zu heiligen Zeiten [gehabt], ja, oder wenn ein Besuch ist gekommen. Gerste oder Roggen geröstet und gemahlen. Und gekocht den Kaffee. Alles [hat man] zusammengeschüttet in einen Häfen, das Zeug, und dann hat man es gelassen sitzen, bis das klar ist geworden, und das Klare abgeschüttet. Und den Sud hat man im Häfen gelassen. Den hat man das nächste Mal wieder hergenommen, und immer wieder und noch einmal wieder, und immer wieder, aber halt ein bissl [von der gerösteten Gerste] dazu immer.“

Hafer

Im Lesachtal war der Hafer die Getreidesorte mit dem sichersten Ertrag. Im genannten Urbar von 1381 wurde häufig die Zahlung von Hafer als Zins verlangt: It(em) Nicla an d(er) Aynat, 1 march, hab(er) iiii gal, für vochnitz iii ß, ii schult(ern) ob er slacht. [Weiters, Nicolaus an der Aynat (= Einetter): 1 Mark; Hafer 4 Galfen (Maßgefäß); statt Fochnitz (= Gebäck) 3 Schilling; 2 Schultern (von Schwein), wenn er schlachtet.][27]

26 Küster u. a. (1999): S. 10 f.

27 Görzer Urbar (1381): Folio 3.

Polentakochen auf der Alm. (um 1985)

Auf den meisten Höfen betrug der Hafer-Zins 3 oder 4 Galfen. 1 Galfe entspricht 12,5 Liter,[28] also wurden von jedem Hof 40–50 Liter Hafer abgegeben. Ferner wurde der Zehnt in demselben Urbar für das ganze Lesachtal mit 4,5 Mut Weizen, 5 Mut Roggen, 5 Mut Bohnen, 5 Mut Gerste, aber 41,5 Mut Hafer festgesetzt.[29] (Ein Mut entspricht 300 Liter.[30]) Im Vergleich zu den anderen Getreidesorten wurde also enorm viel Hafer gezinst. Das bezeugt, dass Hafer im 14. Jahrhundert im Lesachtal die größte Erntemenge erbrachte. In den folgenden zwei Jahrhunderten wurde Roggen zum wichtigsten Getreide, gefolgt von Hafer und Weizen.

In der Güterbeschreibung von 1580 ist der Roggen das Getreide, das als Maßeinheit der Aussaat dient. Es wird meist überhaupt nur als „Korn" bezeichnet, worin sich letztlich auch seine wichtige Stellung ausdrückt.[31]

Für die Bergbauern war jedenfalls Hafer weiterhin unentbehrlich als Ersatz für Roggen. Man hat viel mehr Brot aus Hafer als aus Roggen gebacken. Außer Brot hat man auch täglich zum Frühstück Sterz, die *háwra Plente* („häberne Polenta" = Polenta aus Hafermehl) gekocht, an deren Stelle später Polenta aus Maisgrieß trat. Aber alle Leute ohne Ausnahme äußerten sich mir gegenüber negativ über diesen Brei aus Hafer.

„Das ist eigentlich eine ‚strenge' Kost. Und dann muss man viel Fett dazu[tun], sonst geht's überhaupt nicht. Weil sie ist viel zu trocken. Sie *schliaft net oachn* [sie rutscht nicht hinunter]. Ja, es kocht [so etwas] ja niemand mehr!"

Ein anderer Bauer sagte: „Es [die *háwra Plente*] war gut, es war kräftig, aber man hat's schon schwer gegessen. Man hat viel Schmalz müssen dazutun, dass man's überhaupt *derschluckt* [schlucken können] hat. [lacht] Nein, konnte man

28 Neumann (1977): S. 186.

29 „It(em) der zehent in lessach gilt v 1/2 mut waiz / v mut Roke / v mut pon, v mut gerste / xlii 1/2 haber alles hofmaz vn(d) daz Jugent von dey (der) zehnt was daz pringen mag." (Fol. 4).

30 Neumann (1977): S. 186.

31 Neumann (1977): S. 196 f.

nicht gut schlucken. Ja, es waren teils noch *a bissl* Spieße dabei, von Hafer, so Spreu. Es war halt keine einfache Kost. Die *Háwraplente* hat die Mutter gekocht, genauso wie heute *Tírkkaplente* [Polenta aus Mais]. Wasser und *Háwramehl* eingerührt, und gut gekocht, und nachher ist die Pfanne auf den Tisch gekommen, und in der Mitte hat man so einen *Schmålztegl* gemacht, eine Vertiefung in der *Plente*, da ist [Butter-]Schmalz hineingekommen."

Das Frühstück in der Kindheit wird von Anna (geb. 1937), die eines von zwölf Kindern daheim war, eindrucksvoll geschildert: „In der Früh hat man Mus gegessen: *Watzamuäs* [Weizenmus], dann das *háwrane Muäs* [Hafermus] oberhalb. Ja, zwei Schichten. Das *Háwramuäs* war nicht flüssig. Das röstet man in der Pfanne zuerst, ohne Wasser, und dann [gibt man erst etwas Wasser hinein], und aufs fertige *Muäs* [Weizenmus] gegeben. Ich hab's nie gekocht. Diese Nadeln, was da beim Hafer dabei waren, die waren irgendwie unangenehm. Aber aus lauter Hunger hat man's gegessen. Man hat's trotzdem gegessen. Meine Mutter war einmal ein halbes Jahr krank. Und mein Vater hat selber gekocht, in der Früh. Da waren wir sieben Schulkinder zu der Zeit. Und da hat er immer eine so ganz große Pfanne voll *Muäs* gemacht und oberhalb *Háwramuäs*. Wenn der Vater Mus gekocht hat, wie wir alle beim Tisch waren, ist er oft zur Mutter gegangen und hat gesagt: ‚Jetzt essen sie wieder einmal alle!' Er war selber zufrieden, dass er das geschafft hat, der ganzen Familie das Essen zu machen."

Wir wissen nun, warum man diese *Háwraplente* so ungern gegessen hat. Trotzdem hat man Hafer angebaut. In der Selbstversorgungszeit, vor dem Zweiten Weltkrieg, war die Anbaufläche auf einem Hof meist in folgendem Verhältnis aufgeteilt: vier Äcker Weizen, vier Äcker Roggen und ein Acker Hafer. Hafer ist ein gutes Futtermittel, aber nicht nur deswegen hat man ihn angebaut. Hafer ist gegen Missernten am besten gefeit. Neumann weist darauf hin, dass in den beiden Jahren 1625 und 1627 im Lesachtal bei insgesamt geringem Ertrag der Hafer noch die größten Mengen erbrachte, während Weizen und Roggen weit hinter dem Normalertrag zurückblieben.[32] Hafer ist eine gesunde, kräftige Nahrung. Das Hafermehl ist noch dazu sehr ergiebig: Eine Handvoll genügt für eine Pfanne Mus. Den Hafer hat man also als Ersatz für Roggen und Weizen angebaut und sich davon ernährt. Hafer war für die Existenz der Lesachtaler ein wichtiges Getreide. Aus diesem erzeugten sie ihre „Backup-Nahrung" (Nahrung im Notfall). Bemerkenswert ist, dass man aus Hafer sogar Entwöhnungsnahrung kochte. Marianne (geb. 1920) erzählte: „Bis zum dritten oder vierten [Kind, d. h. bis etwa 1957] habe ich immer noch *Háwramuäs* gekocht, für die Kinder, wenn man aufgehört hat vom Stillen, gleich. Früher hat man nicht so lange gestillt, weil man hat gleich arbeiten müssen. Dann hat man *Háwramuäs* gekocht und ins *Flaschl* getan. Da hat's noch nichts gegeben, das Milupa. – [Frage: Ins Fläschchen?!] – Ja, ich wohl schon, aber die Mutter hat da ein *Pfandl* gehabt, mit *Muäs* und zwei Löffelchen, das eine hat sie eingetunkt und herausgelegt, und das andere hat sie *allweil* gegeben, damit das andere wieder abgekühlt ist, nicht? Früher haben sie kein *Flaschl* gehabt."

Ich wunderte mich sehr, warum man einem Säugling so früh, ein paar Wochen nach der Geburt, nicht dünnflüssiges Weizenmus, sondern Hafermus, eine auch für Erwachsene so „strenge" Kost, gegeben hat. Ich wandte mich an die ehemalige Hebamme Hedwig (geb. 1932), und diese erklärte mir: „Meistens haben die Mütter nicht mehr als 14 Tage gestillt. Sie haben müssen auf der Wiese arbeiten. Und dazu, wenn Mütter viele Kinder haben, sieben oder achte, dann haben sie keine Muttermilch mehr gehabt. Die Brust ist ausgedörrt. Sie haben können nimmermehr stillen. Man hat für das Kind ein bissl Hausmehl, meistens Hafer, Kuhmilch und gleich viel Wasser [verdünnt wegen der besseren Verträglichkeit] zusammengerührt und aufgekocht. Der Haferschleim ist den Kindern drei, vier Monate lang gefüttert worden. Wenn der Brei zu dick ist, kriegen sie Durchfall.

32 Neumann (1977): S. 198.

Der Grund für das frühe Sterben von Kindern war hauptsächlich die *Fraas*. Das ist die Kinderkrankheit wegen zu dicken Breis, und viele Kinder sind mit drei, vier Monaten gestorben."

Man glaubte damals, die Kinder stürben wegen des zu dicken Haferbreis.[33] Trotzdem hat man ihnen Haferschleim gegeben. Dafür findet man einen anrührenden Hinweis im „Bergbauernbuch" von Hermann Wopfner: „Die Meinung, dass Haberkost besonders gesund und stark macht, gilt bei vielen Bergbauern noch heute (um 1950), und dies mit Recht. Selbst kleinen Kindern wird bereits in den ersten Monaten ihres Daseins Habermus eingegeben. Ein sehr tüchtiger Arzt, der im Hochtal Schmirn tätig war, riet den dortigen Müttern, an der Haberkost für die Kleinkinder festzuhalten: Wenn die Kinder das Habermus nicht vertragen, sind sie für das Schmirner Leben ungeeignet."[34]

Hafer als unerlässliche Voraussetzung für das Leben der Bergbauern – dieser Sachverhalt ist beeindruckend.

Der Ursprung des Hauptgetreides

Das Ursprungsgebiet von Weizen und Gerste ist der sogenannte „fruchtbare Halbmond" in den heutigen Grenzgebieten von Israel, Libanon, Syrien, Türkei und Irak. In diesem Gebiet wurde das Getreide bereits vor 8000 v. Chr. gezüchtet[35], von 7500–6500 v. Chr. (noch Präkeramisches Neolithikum) wurde der Arbeitsvorgang vom Anbau des Getreides bis zum Brot vollendet.[36] Wir wissen, dass genau hier sowie in Ägypten die älteste große Zivilisation der Welt entstand, nämlich die mesopotamische. Der Getreideanbau und das dadurch ermöglichte Ernährungsvolumen sind Voraussetzungen für das Bevölkerungswachstum, was wiederum eine der vorrangigen Bedingungen für die Entwicklung einer Zivilisation ist.

Übrigens: Roggen und Hafer wurden nicht von Anfang an gleichzeitig mit Weizen und Gerste angebaut. Sie hatten sich vielmehr als eine Art „Begleitunkraut" in die Weizen- und Gerstenfelder eingeschlichen. Noch heute sind häufig unkrautartiger Roggen und Hafer in der Gebirgsgegend von Afghanistan zu sehen. Sie werden mit Weizen oder Gerste mitgeerntet und auch wieder mitgesät. – Der heutige Zuchtroggen und der heutige Zuchthafer sind entstanden, weil diese „Unkräuter" (= Wildkräuter), extremen klimatischen Bedingungen – Hitze und Kälte – stärker standhielten als Weizen und Gerste. Wegen dieser Widerstandsfähigkeit wurden Roggen und Hafer für die nächste Aussaat gewählt.[37] Diese beiden Getreidearten sind also das Ergebnis eines langjährigen Selektions- und Verdrängungsprozesses als „Begleitunkraut" bei Weizen und Gerste. Das Ursprungsgebiet von Zuchtroggen und -hafer ist nicht eindeutig, wird aber nördlich vom Halbmond-Gebiet in Anatolien vermutet, wo das Klima kälter und trockener ist und Weizen schwerer wächst.

Diese Hauptgetreidesorten verbreiteten sich von ihrem Ursprungsgebiet in alle Richtungen und erreichten den Einzugsbereich von Donau und Rhein. 5 000–4 000 Jahre v. Chr. waren sie schließlich in ganz Europa verbreitet.

Mais alias *Tirkke*

Die Lesachtaler kennen auch noch eine fünfte unentbehrliche Getreidesorte, nämlich den *Tirkke*. Das ist das Getreide, das in Amerika „Corn" genannt wird. Nach dem Ersten Weltkrieg ist Polenta aus Maisgrieß auch im Lesachtal sehr populär geworden. Agnes (1906–2001) erzählte mir: „In der Zeit meiner Kindheit ist vor und nach dem Ersten Weltkrieg alles immer fast gleich gewesen, bis der Hitler gekommen ist. Was die Mutter im Geschäft gekauft hat, war Zucker, Salz und Essig.

33 *Fraas*: „Fraisen" (Volksausdruck) = Spasmophilie: Bei Säuglingen plötzlich auftretende Krankheiten mit schweren krampfartigen Zuständen; bedingt nicht durch zu dicken Brei, sondern durch Kalkverarmung des Blutes. S. Der Große Brockhaus (1954). 4. Bd. unter *Fraisen* und 11. Bd. unter *Spasmophilie*.

34 Wopfner (1960): S. 647.

35 Sakamoto (1999): S. 47 f.

36 Asahi Encyclopedia (1984): S. 31, Bd. 13.

37 Sakamoto (1999): S. 147 f.

Und nach dem Ersten Weltkrieg ist Polentagrieß verkauft worden. Erst dann hat man angefangen, Polenta zu kochen. Im ganzen Dorf war bald die Polenta verbreitet. Jeder hat jetzt im Geschäft wenigstens Zucker, Salz, Essig und Polentagrieß gekauft. Der war viel billiger als Roggen- oder Weizenmehl. Deshalb hat man es schon damals kaufen können. Das war das billigste Mehl. Und im Wasser ist eine Handvoll Polentagrieß viel mehr geworden. Und hat sogar gut geschmeckt!"

Tirkkamuäs-Kochen bei Agnes. (1984)

Die damalige Speiseordnung bei Agnes war wie folgt: montags Polenta, dienstags Knödel, mittwochs Polenta, donnerstags Knödel, freitags Polenta, samstags Schlipfkrapfen und sonntags Knödel. Speisemais gedeiht nur im untersten Lesachtal. Maisgrieß wird deshalb im Geschäft gekauft. Wenn man heute von Mauthen her in das Tal hinaufkommt, sieht man in Strajach vor St. Jakob (960 m Seehöhe) einen Hof, unter dessen Vordach das ganze Jahr über Maiskolben in einer schönen Reihe hängen. Das ist sozusagen der offensichtliche „Maisgrenzort" des Lesachtals. Zwischen hier und St. Lorenzen hat man früher in einigen windgeschützten, sonnigen Mulden Futtermais angebaut, den man zu „*Leck*" (Kraftfutter für Rinder) verarbeitet hat. Mit dem Anbau von Futtermais wird vereinzelt auch heute noch experimentiert.[38] Von Strajach talabwärts breiten sich dann die Felder mit Speisemais immer weiter aus, die Gail hinunter und noch weiter hinaus, ja bis in die ungarische Ebene hinunter und in die Ebenen der Balkanländer.

Der Mais hat seinen Ursprung in Mittelamerika. Er wurde in der großen Seefahrerzeit (16. Jahrhundert) auf spanischen Schiffen nach Europa gebracht, hier aber als Kuriosität bestaunt und als Nahrung verachtet. Nur die geschäftstüchtigen Venezianer erwarben Saatgut von den Spaniern, probierten die fremde Frucht und erkannten alsbald ihren Wert; sie legten große Maisfelder auf Kreta an und verkauften die Ernte an die Not leidenden Türken. So wurde der Mais zum Volkskorn der Türken, als die Türkenkriege Europa erschütterten. Darum ist der Mais als „Türkischer Weizen" oder „Türken" in den von türkischen Angriffen heimgesuchten Grenzländern bekannt geworden.[39] Und 1574 waren bereits in der ganzen Türkei und auch schon am oberen Euphrat große Maisfelder zu sehen.[40]

Das „türkisch korn" wurde bereits in einem Neukräuterbuch (1543) des Arztes Leonhart Fuchs in Tübingen abgebildet.[41] Dieser Fremdling unter den Getreidesorten trug sehr viel dazu bei, die ständige Nahrungsnot in Europa zu lin-

38 Nach freundlicher Mitteilung von Herrn Hans Guggenberger in Klebas. – Ein Foto um 1970 zeigt ein Maisfeld in Kornat (Seehöhe 1180 m), einige Kilometer von Strajach entfernt talaufwärts gelegen. Nach freundlicher Mitteilung von Herrn Hon-Prof. Dr. Wilfried Schabus. S. auch Schabus (1971): Abb. 11.

39 Gammerith (1958): S. 4 f.

40 Körber-Grohne (1988): S. 88.

41 Ebd.

dern. Besonders in Gebieten, wo Roggen und Weizen nicht genügend produziert werden konnten und dafür Hirsearten gezüchtet wurden, wie in den Donau- und Balkanländern, Westösterreich, Tirol usw., war der Mais sehr beliebt, da er an das Klima ähnliche Ansprüche stellt wie die Hirse.[42] In diesen Gebieten wurde mit der Zeit Hirse durch Mais ersetzt, denn der Anbau von Mais war weit weniger arbeitsintensiv.[43] Auch der Flächenernteertrag von Mais ist im Vergleich zu anderem Getreide viel höher.

Paolo Santonino berichtet in seinem Reisetagebuch unter dem letzten Augusttag 1486 in Krainburg, dem heutigen Kranj in Slowenien, über die üppige Ernte, vor allem von Hirse.[44] Heute wird dort überwiegend Mais angebaut. In dem Buch „New Feld- und Ackerbau“ von 1602 erhält man einen Überblick über die Brotarten in der Übergangszeit von den alten Getreidesorten, wie z. B. der Hirse, zum neuen Mais. Hier werden 78 Brotsorten benannt; darunter sind auch bereits zwei „Maisbrote“, das eine nur aus Maismehl, das andere aus einer Mais-Weizen-Mischung; daneben aber auch zwei Sorten Hirsebrot angeführt.[45]

Mais galt in Europa als Notgetreide. Der Anbau von Mais setzte in den Alpenländern im 16. Jahrhundert ein. Wir können aus der o. a. Erzählung ersehen, welch großer Nothelfer der Mais in der Geschichte der europäischen Ernährung war. Heute essen die Lesachtaler immer noch gerne Polenta, obwohl es ihnen an anderen Nahrungsmitteln nicht mehr fehlt. Außer Polenta kannten sie früher noch einen anderen Brei, das *Tírkkamuäs*, bei dem Maisgrieß und Weizenmehl, halb und halb gemischt, in Milch in der Pfanne gekocht werden. Die Pfanne wird dann mit dem „Pfannknecht“ als Unterlage auf den Tisch gestellt, die Familienmitglieder sitzen rundherum und löffeln das Mus direkt aus der Pfanne.

Es war im Jahr 1984, als ich gegen Abend zufällig auf einem Hof einkehrte. Da war die Bäuerin in der Küche und sagte mir lachend: „Heute muss ich *Tírkkamuäs* kochen.“ In die große Pfanne gießt sie Wasser, zerstreut aus der Hand Maisgrieß, nach einer Weile gibt sie Milch und Weizenmehl nach. Nach kaum zehn Minuten kocht das Mus. Sie füllte es aus der Pfanne in eine Schüssel, steckt einen Schöpfer hinein. Dann stellte sie die Schüssel in die Mitte des Küchentisches, denn der Hausherr hatte ihr erklärt, dass er am Abend unbedingt *Tírkkamuäs* essen wolle. Das bedeutete fast eine „Kriegserklärung“. Denn die drei Töchter im Teenageralter waren damit höchst unzufrieden und klagten mir: „Wir haben schon fünfzehn Jahre lang dieses Mus gegessen.“ Sie zeigten mit ihren Fingern: Fünfzehn! „Wir haben das satt!“ Da entgegnete ihnen der Vater, indem er seinen Löffel fest ergriff: „Ich habe fünf-zig Jahre lang je-den Tag das Mus geges-sen, so-gar mit Dank!!“ Ein solcher Generationskonflikt, den wahrscheinlich jede Familie wegen des *Tírkkamuäs* das eine oder andere Mal erlebt hat, ist mir seither nicht mehr untergekommen, denn das *Tírkkamuäs* selbst ist aus der Region verschwunden. Und die *Háwraplente*, jene „strenge“ Kost aus Hafer, die man ungern aß, wurde durch die Einführung von Polenta im Tal zur Gänze ersetzt.

Hochzeit

Inmitten des Frühlings, wenn die Blumen und Kräuter auf der Wiese so bunt blühen, dass sie selbst der Wind nur sanft umkosen möchte, beginnen die Lärchenbäume im Hochwald erst zu sprießen. Man geht am Sonntagnachmittag durch die Wiese in den Wald spazieren, atmet den kühlen Duft des frischen Grüns in tiefen Zügen ein und genießt die Stille. Uralte Fichtennadeln liegen dort in zahllosen Schichten übereinander und bieten dem Wanderer einen weichen Boden für seine Schritte. Gerne lässt man sich vom Pfad verführen, weiter in den Wald hinein. Es sind die wenigen, aber

42 Gammerith (1958): S. 4.
43 Gammerith (1956): S.104.
44 Santonino (1485–87): S. 85.
45 Siehe Crescentiis (1602): Bd. 15.

friedlichen Tage vor dem Beginn der Wiesenzeit. Um diese Zeit feiert man auch gerne Hochzeit.

Aber vorher muss der Brautwerber die Zustimmung der Braut und ihrer Eltern gewinnen. Von dieser Werbung erzählte mir ein Ehepaar in St. Lorenzen, Edith (geb. 1930) und Franz (geb. 1929), die 1958 geheiratet haben. So berichtet Helga: „Früher war es üblich, dass die Burschen um die Braut werben gegangen sind. Die Braut musste vorher *Schtraubm* backen. Und die hat sie dann in den Kasten gestellt, und manchmal hat man die *Schtraubm* gestohlen. Wenn die Werbung erfolgreich war, hat er die *Schtraubm* vorgesetzt bekommen. Ansonsten hat er keine gekriegt [lacht]. Wenn sie nicht zugesagt haben, sind die *Schtraubm* weg gewesen. Keine Belohnung! [lacht] Früher ist der Pate mit dem Bräutigam zur Braut mitgegangen. – Das war früher. Vor dem Krieg war's noch üblich. Seit fünfzig oder sechzig Jahren nicht mehr. Heute leben sie von selbst so zusammen, brauchen keine *Schtraubm* [lacht]. – Ja, so viele Bräuche sind abgekommen durch die moderne Zeit."

Schtraubm sind ein in Fett herausgebackenes spiralförmiges Gebäck; man rührt einen flüssigen Teig aus Weizenmehl, Rahm, Milch, Eiern und Zucker an, lässt den Teig durch einen Trichter ins Fett fließen, bäckt ihn heraus und legt die fertigen *Schtraubm* übereinandergeschichtet auf einen Teller.

Helga beim *Schtraubm*-Backen mit einer Teekanne. (1999)

Monika beim *Schtraubm*-Backen mit einem Trichter. (1999)

Interessanterweise werden *Schtraubm* in der nur ein paar Kilometer oberhalb von St. Lorenzen liegenden Ortschaft Maria Luggau nicht für die Brautwerbung zubereitet, sondern für das „Richtigmachen", d.h zur rechtlichen Abwicklung der wirtschaftlichen Verhältnisse, oft verbunden mit einer Hofübergabe, wofür man in das nächstgelegene Notariat fährt.[46] Sepp (1935–1998) vom Gasthaus *Bäckwirt* in Maria Luggau erinnerte sich an die *Schtraubm* in seiner Jugendzeit: „Die Hochzeit soll zum Beispiel am 6. eines bestimmten Monats, an einem Sonntag sein. Dann wird am Donnerstag zwei Wochen vorher, also am 27. des vorigen Monats, ein Ehevertrag zwischen den beiden Familien der Brautleute geschlossen. Das nennt man *Richtigmåchn*. Das ist hauptsächlich ein Gütervertrag. Da wird z.B. über die Ausstattung der Braut usw. gesprochen, in der Anwesenheit der Eltern der Brautleute, ihrer Brüder und ihrer beiden Zeugen. Das findet im Hause der Braut statt." – Eine andere Frau erzählte: „Zum *Richtigmåchn* sind Ältere, die Eltern, die Paten oder Onkel, also die nähere Verwandtschaft eingeladen gewesen. Das ist Männersache gewesen. Ja, Frauen sind keine dabei. Ja, wohl, die Braut selber schon, und die Mutter von der Braut auch, aber sonst sind nur Männer gewesen, ja. Und alles hat man überschrieben, vor Zeugen." – Das „Richtigmachen" war eine ernste Angelegenheit.

Sepp führte weiter aus: „Dann, nach dem *Richtigmåchn*, essen sie gemeinsam an einem festlichen Tisch. Suppe,

46 Strauben am „Richtigmachen" in Maria Luggau steht auch im Volkskundeatlas. S. Wolfram (1968): S. 40.

Brautsuche nach der Hochzeitsparty zur Hochzeit des Schuster-Seppels mit einer Laterne und einem *Schissla* und anderen Geräten, mit denen man den Brautstehler schlagen kann. (1981)

Fleisch und Salat essen sie, und zum Schluss kommen immer *Schtraubm*. Die *Schtraubm* haben ca. 30 cm Durchmesser. Das wird so hoch, etwa 50 cm, übereinandergelegt. Und während dem *Richtigmåchn* werden die *Schtraubm* im Geschirrschrank in der Küche oder auf dem Gestell in der Speisekammer aufbewahrt. Da kommen 15 oder 16 Burschen, gehen ums Haus herum, schauen durchs Fenster hinein, finden die *Schtraubm* und stehlen sie heraus. Wenn es gelingt, ist es ihnen eine große Freude. Sie essen sie und trinken die Nacht durch. – [Sepp macht das Fenster vom *Bäckwirt* auf und deutet mit dem Finger auf das Haus *Amide* im Ortsteil Moos.] – Da gab es 1956 ein *Richtigmåchn* beim Heiraten von der Philomena. Die hat zum Tiefenbacher geheiratet. Damals ist mir das ‚Schtraubmstehlen' gelungen. Das war ein richtiger Nervenkitzel. Denn die Küchenseite ist außen so steil, dass man hinunterrutscht. Ich bin mit dem *Schissla* [„Schüssler", Brotschaufel] durch das Küchenfenster, habe die *Schtraubm* herausgenommen [lacht]. Sie wissen alle, die *Schtraubm* werden gestohlen. Deshalb backen sie mehr und verstecken sie für sich noch extra.[47]

Nach dem Tag des ‚Richtigmachens' beginnt das *Låådn* [„Laden"]. Da gehen die Brautleute von Haus zu Haus, wo

47 Über Straubenstehlen in Maria Luggau s. auch Burgstaller (1968): S. 40.

sie die Leute zur Hochzeit einladen. Am 2. des Monats wäre dann das *Khranzlpintn* [„Kränzleinbinden“ = der heutige Polterabend]. Das ist eine Abschiedsfeier der Brautleute von der Jugendgemeinschaft und eine sehr schöne Zeit für die Jugend ab 18 Jahren. Es findet auf Kosten der Brautseite statt. Das *Khranzlpintn* war früher eine gute Chance zum Kennenlernen für die Burschen und Mädchen. Sie singen, tanzen, essen, trinken im Gasthaus oder bei jemandem im Haus. An diesem Tag gibt es auch noch einen wichtigen Brauch, das *Khåschteführn.* Alle Burschen tragen zusammen den Kleiderkasten der Braut zu dem Haus, in das die Braut einheiratet. Der Schrank war voll angefüllt. Ich erinnere mich an das *Khåschteführn* bei Marianne. Sie hat von der Dorfmitte [ca. 1 173 m Seehöhe] nach Salach [1 426 m Seehöhe] eingeheiratet, 1952. Wir, alle Burschen, haben den Kasten zu Fuß hinaufgetragen. Das war die längste Strecke. Nach dem *Khåschteführn* wird ein gutes Essen angeboten. Knödel, Gulasch, *Niggilan* [siehe unten], oder so. Schnitzel waren noch ganz selten. Da ist die Jugend eingeladen, entweder ins Haus oder ins Gasthaus, und dort ist getanzt und ein Essen gegeben worden – Gulasch oder *Khråpfn.* Dafür bezahlt die Bräutigamsseite.“

Und am 6. des Monats ist dann – in Sepps Beispiel – der Hochzeitstag. Sepp erzählte weiter: „Am Hochzeitstag wird die Hochzeitsgesellschaft von der Musikkapelle begleitet beim Einmarsch zur Messe, vorher wird die Braut abgeholt vom Elternhaus mit Musik, dann ins Dorf geleitet. Jetzt wird der Bräutigam noch abgeholt mit Musik, aber nur eine kurze Strecke, 200 m oder was. Die Braut muss warten, bis der Bräutigam kommt. Deswegen gibt es im Gasthaus den Torwein; da gehen die Hochzeitsgäste hinein in das Gasthaus und trinken einen Schluck Wein, bis der Bräutigam kommt. Dann kommen sie zusammen in die Kirche, und die Musik geht mit bis zum Kirchplatz. Heraus kommen sie alle mitsammen. Mit Musikbegleitung geht es dann zum Gasthaus, ja. Bis abends, bis morgens werden sie von der Kapelle begleitet.“ [lacht]

Sepp holt sein altes Tagebuch und liest vor: „‚Am 14. Mai 1956 Gustl Hochzeit geladen.‘ – Beim *Bäckwirt*, ja. – ‚Brautstehlen war sehr lustig.‘ – Am 15. Mai: ‚Das Brautstehlen war eine Sache für sich. Richta Markus und Vater tanzten modern‘ [lacht]. Ein Meter Staub.“ – Er erklärt mir: „Die Angehörigen der Braut müssen dem Bräutigam die Braut noch einmal wegnehmen. Eine, zwei Stunden oder noch was. Und der Bräutigam muss mit seinem Vetter [Beistand] die Braut suchen und im Gasthaus alles bezahlen, was getrunken worden ist. Brautsuchen muss man mit einem Schissla und einer Laterne machen. Gustl ist endlich in der Nacht gekommen, er hat sehr lange suchen müssen, weil wir die Braut mit dem Autobus zum Gasthaus ‚Wacht‘ über die Grenze nach Osttirol gebracht hatten.“ [lacht]

Nun haben wir im Zusammenhang mit einer Hochzeit folgende Gebäckarten kennengelernt: *Schtraubm, Niggilan* und *Khråpfn.* Diese Gebäcksorten wollen wir nun etwas genauer beschreiben.

Schtraubm

Für die Schtraubm macht man einen weichen Teig aus 300 g Mehl, drei Eiern, zwei Eidottern und ¼ l Milch (darunter mischt man etwas Rahm, damit das Öl nicht hineinzieht), dazu gibt man Butter, Rum und Salz nach Belieben. Den Teig lässt man eine halbe Stunde im Kühlschrank rasten [„ruhen“]. Dann erwärmt man in einem Topf viel Öl auf 180 °C, lässt den Teig aus einer Teekanne – die modernen Lesachtalerinnen benützen eine Teekanne anstatt des Trichters – oder aus dem trichterartigen *Schtraubmpfanndl* („Straubenpfännlein“) von außen nach innen spiralförmig ins Öl einlaufen und bäckt ihn goldgelb heraus. Danach legt man jede Straube auf Küchenpapier, lässt sie abtropfen und bestreut sie mit Staubzucker. Zum Schluss stapelt man alle Strauben hoch übereinander.

Das ist eine sehr festliche, köstliche Mehlspeise. Sie ist nicht nur in Tirol,[48] sondern auch in Maria Luggau immer

48 Wopfner (1960): S. 654.

Schtraubm beim Mühlenfest im Sommer. (1999)

noch beliebt. Strauben sind in Europa seit dem Mittelalter überliefert. Die Erklärung „durch einen dünnen Straubenteik" ist schon in einem Kochbuch aus dem Jahr 1492, „kochen meysterey", zu lesen.[49] Hans Sachs (1494–1576) bezeichnet in seinem Werk „Ein faßnachtspiel mit 4 personen" diese Mehlspeise als „Streublein" und kombiniert sie mit Biersuppe. Die Kellnerin spricht: „Ey, er hat fleissig beten mich ich solt i[h]m ein Biersuppen machen. Wil i[h]m gleich Streublein dazu bachen."[50]

Aus diesen Quellen kann man das Rezept der originalen Strauben nicht genau rekonstruieren. Aber in „Ein new Kochbuch" von Marxen Rumpolt aus dem Jahr 1581 ist das Straubenrezept ausführlicher beschrieben: „Nimm Milch vnd Butter in eine Pfann / vnd laß auffsieden / rür schön weiß Mehl darein / das wol dick wirt / halts gegen dem Feuwer vnd Kolen / dass es fein trucken wirt / nimm Eyer / leg sie in warmes Wasser / thu den Teig in ein saubers Geschirr / vnd schlag ein Ey nach dem andern hinein / rürs wol eyn mit saubern Händen / mach in nit zu dick / auch nit zu dün. Vnd zu den Strauben / sonderlich wenn du ein Hafen nimpst / machst ein Loch dardurch / vnd zeuchst den Teig dadurch in heisse Butter." [51]

Die hier beschriebene Zubereitungsweise unterscheidet sich sehr von der heutigen, aber der Teig war auch damals schon so weich, dass er in die heiße Butter einlaufen konnte. Hübscherweise wird in dem alten Rezept empfohlen, in einen Häfen ein Loch zu machen, damit der Teig auslaufen kann! Ob der „Mundtkoch" zu Mainz ein Spaßvogel war, möchte ich lieber dem Urteil der Leser überlassen. Auf jeden Fall sehen wir schon, dass man den Straubenteig ohne Absetzen durch eine enge Öffnung in heiße Butter fließen ließ und dann herausbuk. Somit bildete der Teig die gleiche Spiralform wie heute.

49 Birlinger (1890): S. 261, unter *Strauben*.

50 Hans Sachs Werke (1870–1908): Bd. 17, S. 90.

51 Rumpolt (1581): Nr. 1, S. 166 links.

Niggilan / Niigilan

Niggilan (Einzahl *Niggile*) sind kleine, in Schmalz gebackene nussförmige Mehlspeisen aus Weizengermteig, während mit „*Niggilan*"[52] in Osttirol die Luggauer „Bauernkrapfen" bezeichnet werden. [53] Und die größeren, viereckigen Krapfen nennt man im Lesachtal *Khiachlan* (Einzahl *Khiachl*, „Küchlein"). Beim Backen von *Niggilan* knetet man, genau wie beim Reinling, zuerst einen Hefeteig mit Milch und Eiern und formt den Teig zu Stangen. Von diesen schneidet man teelöffelgroße Stückchen ab und bäckt sie in gutem Öl heraus. *Niggilan* werden in gesüßten und eventuell mit Rum veredelten schwarzen Kaffee (oder Tee) getaucht und mit dem Löffel gegessen. (Rezept: siehe S. 45)

Vor der Hochzeit musste früher (siehe S. 38) der Kleiderschrank der Braut von den Burschen ins Haus des Bräutigams getragen werden. Der Schrank war natürlich nicht leer. Darinnen befanden sich selbst gesponnene und im eigenen Haushalt gewebte Leinwand und verschiedene handbestickte Decken aus Leinen. Die Burschen haben den Schrank auf einem Schlitten gezogen oder auf den Schultern getragen. Das heißt *Khåschteführn*. Bei diesem Brauch wurden den Burschen *Niggilan* und andere Speisen zur Belohnung angeboten. Die reichlich geschmälzten, kalorienreichen Mehlspeisen wie *Niggilan*, *Khråpfn* oder *Khiachlan* werden also außer an Festtagen auch nach schwerer Arbeit, so z. B. nach dem *Khåschtnführn* oder dem Heuziehen, für die Burschen oder den Knecht gebacken. In St. Lorenzen werden diese *Niggilan* am Kirchtag (10. August) herausgebacken und man lässt sie in der dünnen Kirchtagssuppe aus vier Sorten Fleisch, nämlich Schwein, Rind, Schaf und Huhn, schwimmen.

Khråpfn

„*Beim Khråpfnpåchn muss man låchn, nåcha werdn die Khråpfn schean!*" So sagen die Luggauer. Mit den Krapfen

52 Siehe Ebner (1982): S. 220.

53 Vgl. Pladner Wörterbuch, S. 304, unter *niigl* u. Kärntisches Wörterbuch, Sp. 198, unter *nigl*. Das Wort *Nigilan* ist in Verbindung zu Igellein gestellt, s. Schabus, S. 427, unter *Igellein*.

sind aber nicht die Faschingskrapfen mit Marmeladefüllung gemeint, die man in der Stadt beim Bäcker findet. Solche Krapfen nennen die Lesachtaler *Wirtskhråpfn*. Die *Bauernkhråpfn* haben keine Füllung, sie sind innen hohl. Aber die Lesachtaler erklären mir schmunzelnd: „Wohl, wohl, schon mit Fülle [= Füllung], mit Luft, mit guter Lesachtaler Luft!"

Es gibt in Europa verschiedene Varianten mit dem Namen „Krapfen". Unter „Krapfen" versteht man im Lesachtal zwei Sorten: die gefüllten „Wirtskrapfen" und die ungefüllten „Bauernkrapfen". Die Lesachtaler kennen jedoch noch eine dritte Sorte als alltägliche Kost am Vorabend der Sonn- und Festtage,[54] nämlich die *Schlipfkhråpfn*. Das sind mit gekochten und zerstoßenen Kartoffeln oder mit *Khloatzn* (= gedörrten Birnen) gefüllte Taschen aus Nudelteig in Sichelform, die in Salzwasser gekocht werden. (Seit etwa 2000 höre ich immer öfter, dass diese *Schlipfkhråpfn* auch mit Fleisch gefüllt werden.)

Krapfen sind eine seit dem Mittelalter überlieferte Mehlspeise. Werfen wir einen Blick in die früheste erhalten gebliebene Sammlung deutscher Kochrezepte, nämlich in das „buoch von guoter spise" (erschienen um das Jahr 1340), um etwas über die originale Form des Krapfens zu erfahren. Da sind vier Sorten von „vasten krapfen" beschrieben, die sogar eine Füllung hatten. Die Füllung wird laut Rezept aus mit Mandelmilch gekochten Äpfeln allein oder aus einer Mischung von gerösteten Äpfeln und Nüssen zubereitet (Nr. 61).[55] Der Krapfenteig wurde zuerst zu einem dünnen „blat" ausgerollt und dann mit der mit Honig gesüßten Füllung aus Nüssen und Äpfeln belegt. – Allerdings wird hier nicht beschrieben, wie man mit dem belegten Blatt weiter verfährt. Einen Hinweis dafür geben uns die anderen Rezepte (Nr. 50 und 51) in diesem Buch: „so lege daz blat zuo sammene"– man soll also das „Blatt" zusammenlegen. Man findet in diesem Buch noch ein weiteres Rezept, diesmal für „Kräpfel" (Nr. 44) – Das sind kleinere Krapfen, gefüllt mit Reibkäse, Eiern und Speck. Sie werden in Butter oder in Schmalz gebacken und warm serviert.

Aus den oben angeführten Rezepten folgt, dass Krapfen schon vom 14. Jahrhundert an gefüllt und in Fett herausgebacken wurden. Im Buch sind zwei Sorten von Krapfen erwähnt, erstens die Fastenkrapfen mit der durch Honig gesüßten Fülle aus Äpfeln und Nüssen, zweitens Krapfen mit einer Mischung von Speck und Käse. – Wie wir gesehen haben, wurde die Urform der Krapfen nicht aus Germteig, sondern aus einem zum „blat" ausgerollten derben Teig hergestellt. Es ist vorstellbar, dass die „vasten krapfen" mit den heutigen Faschingskrapfen aus Germteig und Marmeladefüllung, und die „Kräpfel" aus Nudelteig und einer Käse-Speck-Fülle mit den heutigen *Schlipfkhråpfn* in Verbindung stehen. Die „Bauernkrapfen mit Luft" sind hingegen im frühesten Kochbuch nicht zu finden. Sie werden im Entwicklungsprozess der Krapfen wohl als „Mutation" entstanden sein. – Übrigens stellte ich mit Interesse fest, dass in China gesottene Teigtaschen in ebensolcher Sichelform wie *Schlipfkhråpfn* mit verschiedenen Füllen namens „Tdshiaodsi" sehr populär sind, ebenso wie in den slawischen Ländern die „Pelimeni" oder im chinesischen Gasthaus in Wien die „Gyoza" nach japanischer Nennung.

Die „Bauernkrapfen mit Luft" sehen wie eine Kugel aus. Ihre vollkommen runde Form fasziniert mich. Aber für die Bauernkrapfen braucht man eine besondere Technik. Um in die „Geheimlehre" eingeweiht zu werden, ging ich eines Tages zu Hanni, die als gute Krapfenbäckerin bekannt ist. Übrigens war ihre Mutter jene, die als Erste im Dorf den Osterlammkuchen für die *Waiche* gebacken hat. An diesem Tag machte Hanni für mich allein einen Sonderbackkurs für Bauernkrapfen, weil man die Zubereitung nicht überall lernen kann.

54 Kärntisches Wörterbuch (1862): Sp. 166, unter Krapfen; Schabus (1971): S. 177.

55 Hajek (Hg. 1958): S. 33, Nr. 58, 59, 60, 61.

Rezept

Bauernkrapfen

Zutaten

(der Teig ist fast der gleiche wie für *Raindling, Niggilan* oder *Schtockplattlan*)

2 kg Weizenmehl
42 g Germ (1 Stück)
4 Eier
1,5 l Milch (oder etwas weniger)
2 gehäufte Esslöffel Zucker
2 Esslöffel Salz
etwas Anis
125 g zerlassene Butter
2 Esslöffel Rum (40 %)
viel Öl zum Ausbacken (aber laut Hanni „schmeckt es am besten mit Schweinefett“)

Zubereitung

1. In einer ersten (kleinen) Schüssel: Germ + Zucker (mischen) + lauwarme Milch + Mehl (weitermischen, umrühren).

2. In einer zweiten (großen) Schüssel: Mehl, in der Mitte eine kleine Vertiefung machen und die Masse aus der ersten Schüssel hineingießen.

3. In einer dritten (kleinen) Schüssel: Rum + Eier + Milch aufsprudeln. Dann die Masse in die zweite Schüssel geben, darauf Butter gießen. (Rum gibt man wegen des guten Aromas dazu und auch, damit nicht zu viel Öl in den Teig hineinzieht.)

4. In die zweite Schüssel Salz streuen.

5. Fest durchkneten, bis sich der Teig von der Schüssel löst.

6. Eine gute Stunde gehen lassen.

7. Teig zu sechs langen Rollen formen, davon 10 kleine Stücke abschneiden; 2 kg Mehl ergeben ca. 60 Stück.

8. Bei jedem Stück mit der Hand leicht flachdrücken, dann unten nach oben mit den Fingerspitzen eine „Spitze“ aufziehen und die Spitze zusammenhalten. 1 Stück misst ca. 7 cm im Durchmesser.

9. „Verkehrt“ (Achtung!), also mit der „Spitze“ nach unten auf ein Tuch legen.

10. Ein Tuch darüberlegen und die Teigkugeln etwas ruhen lassen.

11. Das Nudelbrett mit Mehl bestreuen, jeweils ein geformtes Stück mit der „Spitze“ nach unten darauflegen. Mit dem Nudelwalker genau von der Mitte aus (Achtung, sonst wird der Krapfen nicht vollkommen kugelrund!) auswalken, sodass es einen ebenmäßigen Kreis bildet (ca. 11 cm im Durchmesser).

12. Mit derselben (der „runden“) Seite nach unten auf das Tuch legen, mit dem zweiten Tuch zudecken und den Teig abermals ruhen lassen.

13. Die Krapfen in heißes Öl bei mittlerer Hitze mit der „Spitze“ nach oben hineinlegen.

14. Wenn der Krapfen aufgegangen ist, mit einer Schöpfkelle das Öl darübergießen.

15. Wenn die Unterseite gebräunt ist, den Krapfen wenden und eine Weile leicht unter das Öl gedrückt halten.

16. Mit einem Sieb herausnehmen, das Öl abtropfen lassen, dann die Krapfen zum Fettaufsaugen auf Küchenpapier legen.

Damit die Krapfen rundherum kugelförmig und knusprig werden, muss man beim Backen sehr viel lachen, dann sind sie perfekt!

„Beim Krapfenbacken muss man lachen!“ Hanni und frisch gebackene Krapfen, *Niggilan* und Reinling aus demselben Teig. Neben ihr steht ihr Mann Alois als ihr „Assistent“. (2000)

Rezept Niggilan

Den gleichen Teig wie bei den Bauernkrapfen (bis zum Zubereitungsschritt Nr. 6, siehe Rezept, S. 42ff.) zu langen schmalen Rollen von ca. 3 cm Durchmesser formen, davon kleine Stücke abschneiden, dabei die Rollen jedes Mal um 90° drehen, sodass jeder Abschnitt eine dreieckige Form bekommt. Die Teile auf ein Tuch legen, mit einem zweiten Tuch zudecken und sie eine Weile gehen lassen. Dann in Öl herausbacken.

Für Teile des Lesachtals – von Maria Luggau bis Liesing – verzeichnet der Österreichische Volkskundeatlas diese Krapfen als Festtagsgebäck zu Allerseelen.[56] Zu Allerheiligen und Allerseelen gab es tatsächlich bis kurz nach dem Zweiten Weltkrieg den Brauch des „Krapfenabtreibens“ (siehe Seite 109). Krapfen werden vorwiegend zu diesen Festtagen, aber auch zu allen anderen besonderen Anlässen gebacken: Am Kirchtag sind es die „Kirchtagskrapfen“; beim Richtfest, an dem die Fertigstellung des Dachfirsts gefeiert wird, die „Firstkrapfen“; am Hochzeitstag, an dem sie den Gästen mit Kaffee angeboten werden, sind es die „Hochzeitskrapfen“; am Tag einer Primiz, wenn z. B. der Nachbarssohn zum Priester geweiht wird, die „Primizkrapfen“. Und natürlich gibt es auch beim *Khranzlpintn* Krapfen (siehe S. 38)! Krapfen sind im Lesachtal das Festtagsgebäck, das man immer mit „Lachen“ in Verbindung bringt. Heute werden zu diversen Feiern auch Kuchen unterschiedlichster Art gebacken. Aber nach altem Brauch bringen uns nur die Krapfen Glück.

56 Österreichischer Volkskundeatlas (1959): unter *Festtagsgebäcke, Allerseelen.*

Für *Niggilan* wird der Teig schmal gerollt. (2000)

Einzigartig im Lesachtal: der vom Wohnhaus getrennte Sonderbackofen mit einer Waschküche auf dem Hof *Stabentheiner*. Dieser Ofen wurde vom Ofensetzer Steinringer aus Lienz in Tokyo nachgebaut. (2008)

Sommer

Summå – Die Zeit der Wiese

Brotbacken bei Monika

Es ist ein schöner Maitag, als ich unter den blühenden Apfelbäumen im Garten eines Hofes in Liesing stehe. Hinter den Zweigen mit den duftenden weiß-rosa Blüten breitet sich die Wiese, von weißem Rosskümmel überschäumt, weit bis zum schwarzgrünen Wald hinunter aus. In einer Gartenecke flattert frisch gewaschene, weiße Wäsche an der Leine im Wind. Hinter dem Obstgarten befindet sich der Stall. Ein Teil dieses Gebäudes beherbergt die kleine, sehr saubere Milchkammer. Vor dem Stall weidet eine Ziege, in der Nähe ist für die Kinder ein kleines hölzernes Türmchen mit Leiter und Rutschbahn aufgestellt. Monika, die Besitzerin dieses Hofes mit dem verlockenden Angebot „Urlaub am Bauernhof", plaudert gerade am Gartentisch beim Nachmittagskaffee mit ihren jungen Gästen aus Deutschland. Auf der Wiese spielen die Kinder barfuß mit einem Ball.

Ein paar Wochen später kommt ein Bauer aus dem benachbarten Weiler Stabenthein mit seiner Mähmaschine und nimmt diese romantische weiße Wiese unter die Räder. Er erklärt mir, eine Wiese mit derart viel Rosskümmel gebe kein gutes Futterheu. Auch Monika meint: „Eine Löwenzahnwiese würde mir gefallen – wo die Bienen gern zum Löwenzahn kommen und guten Honig versprechen. Aber Rosskümmel, nein." Nach einem halben Tag ist die Wiese abgemäht. Die Apfelbäume sind verblüht und tragen nun rötliche, kirschgroße Früchte. Die Blätter an den Bäumen

Monikas Haus. (2008)

Monikas Garten. (2008)

sind schon groß geworden, kräftig rauschen sie im aufkommenden Wind. Bald werden sie uns kühlen Schatten spenden. Jetzt beginnt so richtig der Sommer.

Monikas Tag fängt an mit der Stallarbeit in der Früh, genau wie bei den anderen Bäuerinnen. Nachher bringt sie die frisch gemolkene Milch in die Milchkammer. Sie trägt eine Hose, Stiefel, eine große Gummischürze und hat ein Tuch fest um den Kopf gebunden. Sie teilt die unpasteurisierte Bio-Milch aus der Milchkanne in Portionen ein: für Joghurt, für Butter, für Frischkäse. Und natürlich bleibt viel frische süße Milch zum Trinken und zum Kochen.

Hiernach rührt sie mit der elektrischen Buttermaschine den Rahm [die Sahne], der etwa drei Tage in der Zentrifuge von der Milch getrennt, dann gesäuert und auf 10–8 °C abgekühlt worden ist. Die fertig gerührte Buttermasse schwemmt sie schließlich mehrmals in kaltem Wasser aus. Monika hat einige alte Buttermodel aus Holz, die legt sie eine Weile ins kalte Wasser, damit sie gut durchfeuchtet werden. Dann drückt sie die Buttermasse in einen Model hinein und stürzt ihn aufs Butterpapier. Dabei rutscht das Butterstück heraus, auf seiner Oberseite befindet sich nun ein „Edelweiß". Für ein Kilogramm Butter braucht sie 25 Liter Milch. Die beim Rühren anfallende Buttermilch nennt man *Riarmilch* („Rührmilch"). Aus der *ågilarta Milch* („abgeleerte Milch" = Magermilch) wird *Schotte* (Speisetopfen = Quark) hergestellt.

Nachdem sie Butter gemacht hat, geht Monika in die Küche. Jetzt beginnt das Brotbacken. Hier schildere ich die Abschnitte des Arbeitsvorgangs in chronologischer Reihenfolge.

Schon am Vorabend wurde Roggen- und Weizenbrotmehl halb und halb, insgesamt ca. 10 Liter (das sind ungefähr 14 kg), in die *Påchgrutte* („Backgrutte" = Backtrog) aus Holz geleert. In der Mitte des Mehls wurde eine Vertiefung gebildet, dahinein kam ein eingefrorenes *Tampfl* („Dämpflein" = Sauerteig) mit ca. 300 g gemeinsam mit zwei Stück Germ (= Hefe, 84 g) in lauwarmem Wasser die Nacht über eingeweicht. Auch Salz wurde auf das Mehl gestreut, aber außerhalb der Vertiefung. Monika erklärt: *„Nåchan in då Fria leg i af di Proatflekke a Proattuäch an. Nåchan richt i lauwårmis Wåsså."* (Dann in der Früh lege ich auf die Brotbretter ein Brottuch auf. Dann richte ich lauwarmes Wasser her.)

Um 7:30

Monika bestreut den Teig mit Leinsamen, Sonnenblumenkernen, Kürbiskernen und Sesam, gießt lauwarmes Wasser aus dem Eimer dazu und beginnt zu kneten. Nach und nach gießt sie insgesamt dreimal Wasser dazu und knetet weiter, mit den Fäusten. Dann greift sie tief in den Backtrog hinunter und schlägt mit beiden Händen die eine Hälfte des Teigs auf die andere Hälfte und knetet weiter. Dann wendet sie die Hälfte des Teigs noch ein weiteres Mal, wobei sie jetzt aber den Teig von der anderen Seite herüberschlägt. Anschließend fährt sie wieder mit dem Kneten fort.

Um 8:00

Mit dem Kneten ist Monika nun fertig. Mit der Hand streicht sie Wasser auf die Oberfläche des Teigs und versieht ihn schließlich mit

Links: Brotteig im Backtrog. (2004); unten: Stubenofen geheizt von der Küchenseite. (2004)

Zutaten für das moderne Brot. (2004)

einem sehr tiefen Kreuzzeichen (Andreaskreuz). Den weiteren Verlauf erklärt sie folgendermaßen: *„Und i luck's* [decke das] *Proat zuä und låss is in då Khuchl steahn."*

Um 8:10

Einheizen. Monika bäckt das Brot im Stubenofen, dessen doppelte Türe von der Küche her zu öffnen ist. *„I geah den Ofn inhaazn* [einheizen]. *Åbå zuerscht muäß i di ingileggn* [hineingelegten] *Scheitå fan Ofn außatuän."* – Es wurden nämlich fünf dicke Holzscheiter von je einem Meter Länge nach dem letzten Backen zum Trocknen in den Ofen gelegt. Diese werden nun herausgenommen, davon werden anschließend zwei Scheiter der Länge nach wieder hineingelegt, eine Zeitung wird angezündet und zwischen die beiden Scheiter gelegt. Nun werden die anderen drei Scheiter quer darübergelegt. Die Ofentür bleibt offen.

Monika merkt an, dass am nächsten Tag Vollmond sein wird. Sie bäckt das Brot gewöhnlich bei zunehmendem Mond, denn da soll es mit dem Brotbacken viel besser gehen, und es verbrennt die *Taase* [= Ofenbodenwischer aus Nadelzweigen] nicht, wenn man den heißen Ofenboden putzt. Sie bäckt nach der Anleitung des Buches „Aussaattage". Gut gelaunt stellt sie fest: *„Haint prennt's psunders guät. Wenn di Scheitå guät brennen, schmeckt* [= riecht] *man es schon vor då Haustür."* Nun bringt sie auch die anderen Scheiter zum Ofen: *„I leg gånz schean vierzehn Scheitå Holz* *drauf. Dås praucht hiaz a gånza Stund, bis a scheana Gluät isch.*“

Um 9:00

Nach einer Stunde schaut sie dann den Brotteig an und erklärt: „*Då Proattaak isch schean aufgång. Då Taak werd mit då Holzschaufl fa då Påchgrutte afs Nudlprett aßakhepp* [herausgehoben]. *Nåchan khnet i die Laablan zåmm und mach se aus* [forme sie aus] *und leg se af die Proatflekke.*“

Um 9:20

Monika formt mit den drei alten Holzschaufeln (*Proatschaufl* bzw. *Taakschaufl*) Brotlaibe in drei unterschiedlichen Größen. Das nennt man im Lesachtal *ausmåchn* („ausmachen“). Die letzten zwei größten Laibe werden in der Mitte auseinandergeschnitten und mit den Schnittseiten nach oben aufgelegt. Monika behauptet: „Die schmecken anders, obwohl sie aus demselben Teig gemacht werden.“ Alle Brotlaibe werden auf die zwei „Brotbretter“ gelegt, die mit dem leinenen „Brottuch“ bedeckt und bemehlt sind. Aus dem aus dem Backtrog herausgekratzten Teigrest von ca. 350 g wird ein rundes Laibchen von ca. 12 cm Durchmesser als *Tampfl* für das nächste Brotbacken gemacht und mit einem Kreuzzeichen versehen. Das *Tampfl* wird einige Tage stehen gelassen, damit der Teig für die künftige Gärung wieder ausreichend gesäuert wird, und dann in der Tiefkühltruhe aufbewahrt.

Monika. (2004)

Um 9:40

Mit dem *Ausmåchn* ist Monika jetzt fertig. Auf den zwei Brotbrettern liegen nun zwölf Brotlaibe. Sie erklärt die weiteren Arbeitsgänge: „*De Holzscheitå in Ofn seint hiazan schean ågiprunn* [= abgebrannt], *hetzan leg må khlaana Scheitå drauf. Des isch die Obåhitze. Pål* [= sobald, wenn] *des gånze Holz schean ågiprunn isch, werd die Gluät mit då Khruckhe af die Seite g'schobn und då Ofn mit då Taase saubå gikehrt. Und dånåch nouamål mit'n Fetzn außagiwischt, damit då Of'n schean saubå isch. Die Taase* [Ofenwisch aus Fichtenzweigen] *mächt ållweil då Vater. Nåchan tuä i mit'n nåssn Fetzn außawischn. Die Gluät pleip* [„bleibt“] *af då Seite in Ofn. Mit'n Schissla schiaß i de Laablan in Ofn in. Hiezan kånn dås Proat zirka a hålba bis a Stund påchn.*“

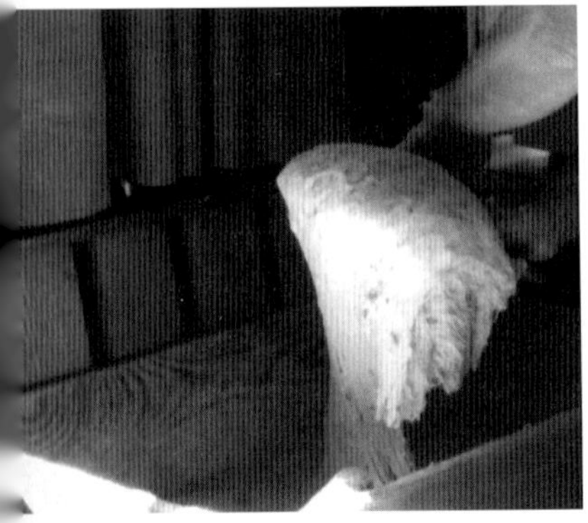

Links: Monikas Brotteig; rechts: Einkerbung vom „Auge Gottes“ auf den Laib. (2004)

Um 10:20

Die Glut wird mit der Krücke nach hinten in den Ofen geschoben, dann wird mit einer *Taase* der Ofenboden ausgewischt.

Um 10:40

Mit dem *Schissla* („Schüssler“ = schaufelartiges Gerät mit langem Stiel) nimmt sie einen Brotlaib nach dem anderen auf, kerbt mit dem Messer das Zeichen für das „Auge Gottes“ hinein und „schießt“ jeden der Laibe in den Ofen „ein“. Ich fragte sie, ob sie beim Hineinschießen der Laibe etwas betet. Da sagte sie: „Das Brot möge nie ausgehen! das denke ich so.“

Um 10:45

Mit dem Hineinschießen der Laibe ist Monika fertig.

Um 11:15

Die zwölf Brotlaibe werden herausgenommen, in den Backtrog gelegt und in die Stube gebracht.

Somit ist das Brotbacken noch rechtzeitig vor dem Mittagessen abgeschlossen. – Am nächsten Tag kommen die Laibe in die Tiefkühltruhe. Ein Brot misst ca. 24 cm im Durchmesser, ca. 7,5 cm in der Höhe und wiegt ca. 700 g. Am Nachmittag habe ich mit Monika die Brotlaibe auf die Gartenwiese hinausgetragen und fotografiert. Dabei schaut sie durch meine Kamera auf dem Stativ und sagt: „Wart’ einmal!“ Dann zieht sie ein Gratte aus Holz mit drei Rädern mit ins Bild hinein. „So ist’s ein Stück Leben!“

Sie will mit dem alten Gratte, das früher zum Erdeführen verwendet wurde, das Alltagsleben andeuten, weil das Brot unser Leben begleitet. So sehen wir auf dem Foto die frischen dunkelbraunen Brotlaibe im Sonnenschein in Verbindung mit der Erde als „ein Stück Leben“.

Wenn man mit Holzfeuer Brot bäckt, bleibt nach dem Backen eine Menge verkohltes Holz zurück. Monika erzählt mir etwas Interessantes: Sie bewahrt diese Kohle auf, um damit Wunden zu behandeln. Die Holzkohle soll die Wundränder zusammenziehen. Aber auch bei Verdauungsproblemen kann sie helfen. Wenn die Rinder Durchfall haben, mischt Monika zerstampfte Holzkohle unter Weizen- oder Roggenschrot und füttert das erkrankte Vieh damit.

Monika ist 1951 auf dem Hof geboren, mit vierzehn Jahren ist sie von zu Hause weggegangen und hat die städtische Schule besucht. Nur in der Ferienzeit war sie zu Hause. Sie hat 1977 geheiratet und den Hof übernommen, der mit ihr jetzt schon in der siebten Generation bewirtschaftet wird. Daher kennt sie das Brotbacken von ihrer Mutter (1917–2000), die mit demselben Stubenofen gebacken hat. Monika bäckt seit ihrer Heirat selbst. Sie sagt: „Meine Brote sind eigentlich nicht anders als die meiner Mutter. Sie hat ja auch immer mit dem Stubenofen gebacken. Wie ich selber Brot gebacken habe, hat mir die Mutter oft gesagt: ‚Mach ihn [den Laib] nicht zu dick!‘ – Ich kann mich daran nicht erinnern, dass meine Mutter eine *Proatruume* [Brotrahme, s. Foto S. 65] benützt hat. Sie hat die gebackenen Brote in den Mehlsäcken [aus Papier] aufbewahrt, wenn die Tiefkühltruhe voll war.“ Eine Tiefkühltruhe hatte ihre Mutter seit den 1970er Jahren.

„Mir war immer bewusst, dass es auf unserem Hof von alters her drei Brotschaufeln [= Teigschaufeln] gegeben hat. Und ich habe immer mit der größten den Brotteig geschaufelt. Seitdem die Familie kleiner geworden ist, benütze ich

Der *Tampfl* für das nächste Backen mit einem Kreuzzeichen mit dem *Muäsa*. (2005)

die mittlere, weil ich kleineres Brot backe, damit wir immer frisches Brot haben. Die kleinste habe ich noch nie benützt. Ich habe keine Ahnung, wie das Brot damit wird." – Ich äußere die Vermutung, dass die Mutter damit vielleicht die kleinen Brote, also die *Zeltlan* oder *Pitschilan* für die Kinder gebacken haben könnte. Da erinnert sich Monika: „Ein *Pitschile* war ein ganz kleines Brot. Zu Allerheiligen, in der Kirche, hat mir als Kind eine Frau, das *Moidile* von Niedergail, ein *Pitschile* geschenkt: ‚*Då håsch a Pitschile*', so hat sie gesagt und aus dem Sack unter der Schürze – sie hat unter der Schürze ein Säckchen getragen – eins herausgenommen und mir gegeben." Aber Monika erinnert sich nicht daran, dass ihre eigene Mutter für sie jemals ein kleines Brot gebacken hätte. Die kleinste Teigschaufel scheint mir sehr alt und noch dazu häufig verwendet worden zu sein, da sie schon sehr abgenützt ist.

Über den Kornanbau ist in den Aufzeichnungen von Monikas Vater beim Jahr 1979 zuletzt eingetragen: „Winterroggen geerntet." Dieser Roggen wurde fürs Brot gemahlen. Weizenbrotmehl hingegen wurde immer gekauft, mit dem Roggenmehl gemischt und verbacken.

Khrukhe, *Taase* und *Schissla*. (2009)

Das frisch gebackene Brot im Gratte. (2004)

Brotsorten

Wie wir gesehen haben, mischt Monika verschiedene Samensorten unter den Teig, was im Lesachtal eine neue Mode ist, doch bäckt sie immer der Tradition gemäß das mit Sauerteig und Hefe gesäuerte Brot aus Roggen- und Weizenmehl im Stubenofen mit Holzfeuerung. Damit gehört sie heute im Lesachtal schon zu einer Minderheit, denn die meisten Brotbäckerinnen des Lesachtals verwenden als Gärmittel nur Hefe und keinen Sauerteig, und sie backen im elektrischen Backofen und nicht in dem mit Holz beheizten. Monikas Brot misst 24 cm im Durchmesser und ist 7,5 cm hoch. Es gibt noch dickeres sowie auch dünneres Brot in Europa. Als Beispiel kann man allein schon das Lesachtal und dessen Fortsetzung nach Osten, das Gailtal, anführen. Wenn man von Liesing die Gail entlang hinunter in die Gegend von Villach kommt, findet man dort noch viel dickeres Brot vor, mit ca. 30 cm im Durchmesser und 15 cm Höhe. Hingegen bäckt man im Westen, von Maria Luggau in Richtung zum Quellgebiet der Gail, viel dünneres, von ca. 20 cm Durchmesser und 2,5 cm Höhe. So ist schon die Brotgröße nicht überall gleich. Immerhin findet man aber innerhalb ein und derselben Ortschaft das Brot fast einheitlich in Größe und Höhe, obwohl es darunter selbstverständlich bessere und schlechtere Ausführungen gibt.

Das erste Mal habe ich 1978 einer Bäuerin beim Brotbacken zugeschaut. Als das Brot fertig war, schenkte sie mir ein Stück davon. Ich fragte sie: „Wie nennt man dieses Brot?" Denn in einer Bäckerei in der Stadt haben die vielen unterschiedlichen Brote unterschiedliche Namen. Da antwortete sie verwundert: *„Dås haast jå – Proat!?"* So habe ich „Brot" kennengelernt. Jedes Dorf hat sein eigenes „Brot" in typischer Form, Größe, Höhe und Qualität, was meist von der Getreideart und den klimatischen und topografischen Gegebenheiten abhängt. Wenn man dort „Brot" sagt, wird eben dieses Brot gemeint, es ist „unser tägliches Brot", um das wir im Vaterunser beten.

Im Lesachtal isst man heute hauptsächlich dieses „Brot" und Semmeln. Aber es gibt auf der Welt unzählbar viele Brotsorten. Wir wollen sie nun einmal zu klassifizieren versuchen. Zunächst definieren wir den Begriff gemäß den uns geläufigen Vorstellungen: Was ist eigentlich „Brot"? – Brot ist eine Masse aus Getreidemehl, mit Wasser oder Milch geknetet, mithilfe von Hefe oder Sauerteig gegoren und im Backofen gebacken. Diese Definition ist für das in Europa übliche Brot gültig. Wenn man aber über die Brotsorten auf der ganzen Welt Betrachtungen anstellt, muss diese Definition entsprechend erweitert werden:

1. Brot ist ein Hauptnahrungsmittel der Menschen.
2. Brot besteht aus Getreide oder aus reichlich Kohlenhydrate enthaltenden Körnerfrüchten – z. B. Mais, Buchweizen, Hirse u. a. –, die zu Mehl gemahlen, gestampft oder zerdrückt,
3. mit Wasser oder anderen Flüssigkeiten geknetet,
4. und im Ofen oder auf der Platte gebacken bzw. in Öl herausgebacken, in Wasser gesotten oder im Topf gedämpft werden.

Somit würde nicht alles Gebackene, das die Österreicher mit Vorliebe essen, nach dieser Definition zum Brot gehören, da Kuchen oder Kekse nicht zu den Grundnahrungsmitteln zählen.

Gestützt durch meine langjährige Erfahrung als Forscherin über Brotkultur teile ich die weltweit vorkommenden Brotsorten grob in zwei Gruppen ein: in ungesäuertes und gesäuertes Brot.

Ungesäuerte Brote

Die ungesäuerten Brote gehen im Gegensatz zu den gesäuerten nicht auf. Sie bleiben flach und dünn. Wenn man ungesäuertes Brot dicker macht, wird es steinhart. Dieses flache Brot nennt man im Deutschen „(ungesäuerte) Fladen."[57] – Die bekanntesten ungesäuerten Brotsorten sind: die Tortilla aus Mais in Mexiko, das Chapaty aus diversen Getreidearten in Indien, das Yufka aus Weizen in der Türkei, die Matze (bzw. der Matzen) aus Weizen in Israel, Hubus im ganzen Nahen Osten und natürlich auch die Hostien, ferner die österreichische Palatschinke bzw. die französische Crêpe, obwohl die Österreicher hier von „Mehlspeise" sprechen. Der heutige Strudelteig war ursprünglich ein westasiatisches sehr dünnes Brot. Auch der Teigmantel der bekannten chinesischen „Frühlingsrolle" entsprach ursprünglich dem Brot in Westasien, zum Beispiel dem Börek (gebratenes gerolltes Yufka mit Füllung). Derartige Varianten gibt es überall auf der Welt.

Zum Backen solcher ungesäuerten flachen Brotsorten muss man keinen Backofen haben. Es genügt, wenn man eine Eisenplatte hat – für die Hostien werden jedoch zwei Platten gebraucht, zwischen denen sie flach gedrückt und gebacken werden.

Man braucht aber nicht einmal eine Platte, um einen ungesäuerten Fladen zu backen. Es funktioniert auch so: In die Erde eine Vertiefung graben, darin ein Feuer machen,

57 Fladen: althochdeutsch *flado* „Flaches".

dann die heiße Glut und Asche an die Seite schieben, in die Mitte, wo die Glut war, den Teig legen und ihn direkt mit der Asche bedecken. Nach einigen Minuten ist der Fladen fertig gebacken. Diese Backweise kennen heute noch die Beduinen auf der Arabischen Halbinsel. Sie ist sehr praktisch für die Nomaden, denn sie können wandern, ohne eine schwere Backanlage mittransportieren zu müssen. Da sie in der Wüste den trockenen Kot ihrer Kamele als Brennstoff benützen können, müssen sie auch keinen Brennstoff auf ihren Wanderungen mittragen. Ein weiteres Beispiel für diese Art zu backen kenne ich aus einigen Gebieten Japans. Dort werden Buchweizenfladen unter der Asche im offenen Herd gebacken.

Gesäuerte Brote

Zu den gesäuerten Broten gehören ebenfalls wieder unzählig viele Sorten. Auch diese gruppiere ich grob in zwei Arten, nämlich in gesäuerte Fladen und in das gut aufgegangene weiche Brot. Nennen wir als Erstes den heute in ganz Europa und Nordamerika populärsten gesäuerten Fladen, der sich besonders unter den Jungen großer Beliebtheit erfreut: die Pizza aus Neapel (Italien). Weiters kennen wir Knäcke aus Schweden, die Focaccia aus Italien, das Pitah aus Israel, Ägypten und den Balkanländern, die Blini aus Russland, das Naan aus den Ländern des Nahen Ostens und Zentralasiens usw. Besonders interessant ist die italienische Bezeichnung „Focaccia", deren etymologische Herkunft die Urgestalt des Brotes andeutet (siehe S. 155 unter „Fochenze: *Fochanze*").

In Europa ist der gesäuerte Fladen hauptsächlich im Schweizer Kanton Wallis sowie in Ost- und Südtirol vertreten. Im Ursprungsgebiet der Gail, also in der Verlängerung des Lesachtals, findet man *dås Hörte* (gemeint ist das *hörte Preatl* = das „harte Brötlein"), das mit der *Proatgråmbl* in *Pröcke* („Brocken") gehackt werden muss. Im Lesachtal selbst gab es bis zum Zweiten Weltkrieg auch noch gesäuerte Fladen. Das war Haferbrot. Das Hafermehl wurde mit etwas Weizenmehl gemischt im Backofen gebacken, die Größe des Brotes betrug ca. 20 cm im Durchmesser und 2,5 cm in der Höhe. Diese Fladen wurden zum alltäglichen Verzehr gebacken. Außerdem gab es noch andere Backsorten in Fladenform, z. B. das Schwarzbeerbrot aus Weizenkleie, Weizenmehl und Schwarzbeeren zur Jause oder die *Schtockplattlan* am Heiligen Abend.

Solche gesäuerten Fladen müssen meistens im Backofen gebacken werden, denn bei den gesäuerten Brotsorten muss nicht nur die untere, sondern auch die obere Seite durch die Strahlungswärme gleichmäßig erwärmt werden. Das ist nur im Backofen möglich. Ich habe festgestellt, dass man schon im 1. Jahrhundert [n. Chr.] in den Häusern von Pompeji einen eigenen kleinen Pizzaofen, getrennt von dem für Brot, gebaut hat, damit man oft und mit wenig Holz Pizza backen konnte. Um Naan zu backen, hat man im Nahen Osten und in Zentralasien einen anderen Backofen als den in Europa üblichen entwickelt. Das ist ein kolbenförmiger Ofen, auf Hebräisch „Tannûr", auf Arabisch „Tandoor", an dessen Innenwand die Fladen angeklebt und durch die Kohlenglut am Ofenboden gebacken werden.

Wir kennen auch hoch aufgegangenes Brot (dickes Brot) in einer großen Zahl höchst unterschiedlicher Sorten wie Pumpernickel, Bauernbrot, Wecken, Stuten, Kletzenbrot, Baguette, Boule, Levain, Panettone usw. Monikas tägliches Brot gehört auch dazu. Im Lesachtal backen die jungen Frauen nicht mehr nur „Brot". Sie kennen heute auch schon Brotsorten aus anderen Gegenden.

Roggenbrot und Weizenbrot

In Bezug auf das Alltagsbrot kann man diese gesäuerten aufgegangenen Brote in Europa nach der Brotgetreideart hauptsächlich in Roggen-, Weizen- und Mischbrot bzw. in schwarzes und weißes Brot einteilen. Diese Brot-Geografie ist naturgegeben, je nachdem, wo welches Getreide besser gedeiht. Man kann Brot aus allen vier Hauptgetreidearten herstellen. Allerdings sind nur Weizen und Roggen die geeigneten Getreidearten für das aufgehende Brot. Als das traditionelle tägliche Brot wird in den Ländern nördlich der

Alpen meist das Roggenbrot betrachtet, während es in den Ländern südlich der Alpen das Weizenbrot ist.

Die steigende Tendenz zu hellem Brot und Semmeln

Heute ist die Grenze zwischen dem sogenannten Schwarzbrot- und dem Weißbrotgebiet nicht mehr so klar. Beispielsweise werden heute in Österreich viel mehr weißes oder helles Brot und Gebäck als vor dem Zweiten Weltkrieg verzehrt. Auch das Lesachtal macht da keine Ausnahme. Nur noch wenige Bäuerinnen backen reines Roggenbrot, die meisten mischen zum Brotteig schon seit über dreißig Jahren zur Hälfte Weizen dazu. Sogar hier zeigt sich eine steigende Tendenz zum hellen Brot. Viele Bäuerinnen mischen heute auf Wunsch ihrer Kinder den Teig aus Roggen und Weizen sogar schon im Verhältnis 1 zu 2. Das Brot wird dadurch lockerer. In der Zeit der Selbstversorgung ernährte man sich von dem aus eigenem Mehl gebackenen Brot. Nach der Modernisierung um 1960 hat man allmählich den Anbau des Getreides aufgegeben und das Mehl gekauft. Der Preis von Roggen- und Weizenmehl war gleich.

Während der Selbstversorgungszeit hatte man kein Geld, um Semmeln zu kaufen, die nur in der Bäckerei hergestellt werden konnten; denn man braucht zum Semmelbacken einen modernen Dampfbackofen. Mit dem Dampfbackofen wird die knusprige Kruste, die charakteristische Eigenschaft der Semmeln, erst möglich. Damals haben nur Wallfahrer und Beamte, also Leute, die etwas Bargeld hatten, Semmeln gekauft. – Eine alte Frau, Rosa (1902–1986), erinnerte sich an ihre Kindheit. Als ihre Mutter schwer krank war, hatte ihr Vater der Mutter sonntags nach der Messe beim *Bäckwirt* Semmeln gekauft, ein Jahr lang, bis zu ihrem Tod. Damals leistete man sich also nur für die kranke Mutter Semmeln, und auch das nur an den Sonntagen.

Damals gab es auch den Brauch, beim Begräbnis an jeden Trauergast eine Semmel auszuteilen. Heute hat sich die Brotlandschaft geändert. Zum Frühstück essen viele Leute gekaufte Semmeln, da auf den Höfen nicht überall Hausbrot hergestellt wird. Auch für die Herstellung von Tirolerknödeln verwendet man Semmeln.

Wir wollen nun einige Eigenschaften der beiden Brotgetreide genauer kennenlernen. Weizenmehl enthält Weizeneiweiß; beim Kneten mit Wasser entsteht daraus Gluten (= Kleber), dessen Haupteiweißbestandteile Gliadin und Glutenin sind. Glutenin verleiht dem Teig Elastizität und Gliadin ist die dehnbar-klebrige Komponente. Daher wird das Weizenmehl durch das Gluten zum gummiähnlichen, elastischen und plastischen Teig, wenn es mit Wasser geknetet wird. Der Teig wird feinporig und locker und geht auf, wenn er durch Gärmittel gesäuert wird.

Wenn die Hefepilze (*Saccharomyces cerevisiae*) der Mehlmasse zugesetzt werden, nehmen sie die Maltose (Malzzucker), die das Mehl an sich enthält, auf und vermehren sich; dabei zersetzen sie die Maltose zu Alkohol und zu Kohlensäuregas, das zahlreiche feine Poren im Teig erzeugt. Das ist der Grund dafür, dass der Brotteig mithilfe der Hefe aufgeht: Der elastische, dehnbare Teig wird durch Kohlensäuregas feinporig und vergrößert sein Volumen. Dieser Vorgang wird mit dem Wort „aufgehen" bezeichnet: „Der Teig geht auf." Daraus wird Folgendes verständlich: Je höher der Eiweißanteil im Weizen ist, desto besser eignete er sich für Brot.

Und wie ist es nun beim Roggen? Roggenmehl enthält nur Gliadin und kein Glutenin. Darum ist der Roggenbrotteig dehnbar-klebrig, aber nicht elastisch. Er dehnt sich zwar aus, geht aber nicht so hoch auf wie Weizenbrotteig. Roggenteig darf man also nicht so kräftig kneten wie Weizenteig, sonst wird er immer klebriger und „zieht sich". Dadurch würde das Brot flach und hart werden. Den Roggenbrotteig muss man vorsichtig in fast senkrechter Bewegung von oben nach unten, dann von unten nach oben kneten. Gut ist es, wenn man zum Roggen- auch etwas Weizenmehl mischt. Dann wird der Teig dank des Weizenmehls elastisch und geht auf.

Nun wissen wir also, warum das Brot aus Roggen im Vergleich zu dem aus Weizen schwerer und härter ist. Denn ohne Glutenin entstehen nicht so viele Poren im Teig, obwohl Kohlensäuregas durch das Gärmittel erzeugt wird. Roggenbrot wird nicht so schnell trocken wie Weizenbrot, da es von Natur aus klebriger ist. Weil Roggenbrot nicht so viele Poren hat, bleibt das Kohlensäuregas längere Zeit im Brot eingeschlossen. Frisch gebackenes Roggenbrot ist ungesund zu essen, weil das Kohlensäuregas Blähungen hervorruft. Es ist daher logisch, wenn alte Lesachtaler sagen: „Das frische Brot darf man nicht essen." Erst einige Tage nach dem Backen schmeckt es am besten, da es dann nicht mehr klebrig ist und kein Gas mehr enthält. Heute wird meistens Mischbrot gebacken. Trotzdem ist es empfehlenswert, das frisch gebackene Brot vor dem Einfrieren zumindest zwei Tage offen liegen zu lassen. Hingegen ist das Weizenbrot lockerer und weicher wegen seiner zahlreichen und größeren Poren. Aber es trocknet gerade wegen der vielen Poren rasch aus. Darum schmeckt Weizenbrot im ofenfrischen Zustand am besten.

Übrigens haben die anderen Getreidesorten gar kein Gluten, also weder Gliadin noch Glutenin. Daher geht solcher Teig auch nicht auf. Man muss immer etwas Weizenmehl dazumischen, um den Teig zu binden und lockerer und weicher zu machen. Vor dem Zweiten Weltkrieg gab es im Lesachtal außer den beiden genannten Brotsorten auch Haferbrot und Kleienbrot aus Weizen. Solche Brote hat man immer aus einer Mischung mit Weizenmehl hergestellt und zu Fladen gebacken. Hätte man dieses Brot zu dick geformt, wäre eine steinharte Masse daraus entstanden, die man nicht hätte beißen können.

In Europa hat man wohl schon zu Beginn des Getreidebaus, also zu sehr früher Zeit, bereits 4000–3000 v. Chr., danach gestrebt, das Brot zu säuern. Das bei Ausgrabungen in Twann in der Schweiz entdeckte Brot aus der Zeit um 3700–3600 v. Chr. war bereits gesäuert.[58] Man fand dort sogar gesäuerten Brotbruch mit der typischen gleichmäßigen Zusammenziehung der Kruste an der Oberseite, wie sie nur beim Backen in einem Backofen entsteht; wenn bei der mikroskopischen Untersuchung am Brotbruch weder Asche noch ein pflanzlicher Kohlenrest festgestellt wurde, muss ein Backofen verwendet worden sein. Über die Backanlage aus dieser Zeit ist nichts bekannt. Es lässt sich aber vermuten, dass der Brotlaib, gedeckt mit irgendeiner Haube, unter der Asche samt der Haube gebacken wurde, wie mit einer sogenannten Backglocke, die heute noch auf dem Balkan zu finden ist. Nun wissen wir bereits, dass es auf der Welt viele „Ungesäuertes-Fladenbrot-Gebiete" gibt, in denen ungesäuertes Fladenbrot üblich ist, wie etwa den Nahen Osten, Skandinavien, Asien oder Mittelamerika. Demgegenüber gibt es in Europa eine lange Tradition des gesäuerten Brotes; allein das Beispiel von Twann bestätigt seine Existenz für schon seit 5 600 Jahren!

Die europäische Geschichte des Brotes ist zugleich die des gesäuerten Brotes. Nach der „Zeit des gesäuerten Fladenbrotes" wurde die Technik des Brotbackens immer weiterentwickelt. Das ordentlich gesäuerte und aufgegangene Brot empfindet man als gutes Brot. Hingegen wird das flache Brot oft als primitiv oder „misslungen" betrachtet. Ich möchte hier betonen: Das flache Brot ist gegenüber dem aufgegangenen keinesfalls ein misslungenes Brot, und keinesfalls ist das ungesäuerte primitiver als das gesäuerte. Jedes Brot und jeder Fladen ergibt sich aus den jeweiligen Lebensumständen unter den spezifischen geografischen, klimatischen oder religiösen, kulturellen Gegebenheiten. Die heutige Pizza ist ein gutes Beispiel. Einen Pizzafladen kann man mit feuchter Nahrung oder auch mit Sauce kombinieren, da seine Oberfläche eine dichte Kruste hat, während die Brotscheibe nur für einen trockeneren Belag geeignet ist, denn die schwammartige Oberfläche einer Brotscheibe nimmt alle Flüssigkeit auf. Der Fladen hat solche negativen Eigenschaften nicht. Deshalb ist die Pizza immer ein Fladen, und das schon seit 2000 Jahren.

58 Twann: Inv. Nr. 720MS10, siehe Währen (1984).

Sauerteig

Monika bereitet für die Säuerung des Teigs eine Mischung aus eigenem *Tampfl*, also Sauerteig, und aus gekaufter Germ (Hefe) zu. Der Sauerteig ist das Teigstück, das beim Formen der Brote übrig bleibt. Es wird ungebacken zurückgelegt, mit etwas Mehl bestäubt und einige Tage stehen gelassen. Es wird danach entweder getrocknet oder eingefroren und bis zum nächsten Brotbacken aufbewahrt. Darum muss man schon am Vorabend des Backtags in das Mehl im Backtrog eine Vertiefung machen, in die das in lauwarmem Wasser eingeweichte *Tampfl* gelegt wird. So wird der Sauerteig wieder aktiv und kann am nächsten Morgen die ganze Mehlmenge weiter säuern. – Wenn man aber nur in Intervallen von mehreren Monaten Brot bäckt und dafür an jedem Backtag eine große Menge auf einmal backen muss, wie z. B. in Südtirol, legt man keinen Teig zurück. Man stellt dann drei Tage vor jedem Backtag aus Mehl und Wasser gesondert einen Sauerteig her. Die Herstellung des Sauerteigs muss mindestens drei Tage, bei den Anforderungen in einer professionellen Bäckerei sogar fünf bis sechs Tage vorher erfolgen. – Den Unterschied zwischen Sauerteig und Hefe beschrieb mir die erfahrene Brotbäckerin Josefa (geb. 1941) aus Tscheltsch folgendermaßen: „Die Leut' haben früher alle mit *Tampfl* gebacken. Und man backt auch heute wieder teilweise mit bloßem Sauerteig und auch mit bloßer Germ. Man sollte, wenn man *wazan* [„weizenes"] Mehl dabei hat, ganz *a bissl* Germ [dazutun], und da tu ich aber wirklich *lei so a bissl* Germ dazu, also von dem Würfel bestimmt nur ein Viertel. Man sollte immer, wenn man Roggenmehl verwendet beim Brotbacken, *ållm* [auf jeden Fall] Sauerteig nehmen. Wenn Weizenmehl dabei ist, sollte auch Germ dabei sein."

Wenn der Brotteig mit Sauerteig gesäuert wird, schmeckt das Brot säuerlich, mit Hefe hingegen nicht. Die übliche Hefe, genauer: die Presshefe (durch Pressen getrocknete Teighefe), wurde Mitte des 19. Jh. entwickelt, bedingt durch die notwendige Massenproduktion von Brot. Sie kam aber nach langjährigen Versuchen erst nach dem Ersten Weltkrieg in größeren Mengen als Industrieprodukt auf den Markt.[59] Die Gärung mit dieser Presshefe ist erfolgssicherer und erfordert weniger Zeit, auch wird der Teig nicht sauer. Das sind die Vorteile der Presshefe. Aber bis die Hefe „erfunden" wurde, hat man Brot immer mit Sauerteig gesäuert. Dieser war für europäisches gesäuertes Brot eine unentbehrliche Zutat.

Nun sollten wir etwas über den Sauerteig erfahren, weil das Brot durch seine Entwicklungsgeschichte hindurch meist mit diesem gesäuert wurde. Warum denn wird Sauerteig sauer und woher nimmt er die Säuerungskraft? Wenn Mikroben in der Nahrung unter den für sie geeigneten Bedingungen leben, wird die Nahrung durch sie zersetzt und verändert sich. Diesen Prozess bezeichnet man als Gärung, wenn man ihn für menschliche Nahrung nutzbar machen kann, im negativen Fall spricht man von verdorbenen Lebensmitteln. Die Hefepilze leben überall, auch im Mehl.

Aber das einmal gesäuerte Teigstück enthält mehr Hefepilze als reines Mehl. Wenn das getrocknete oder eingefrorene Teigstück am Vorabend eingeweicht wird, werden die

59 Funada (1998): S. 57 f.

Josefa aus Tscheltsch. (2008)

Hefepilze wieder aktiv und vermehren sich. Dabei nehmen sie die Maltose im Teig auf und zersetzen sie in Alkohol und Kohlensäuregas. Aber sie finden allmählich immer weniger Maltose im Teig vor, weil sie die ja gefressen haben. Andererseits leben im Teig nicht nur Hefepilze, sondern auch Säurebakterien, z. B. Milchsäurebakterien, und zusammen mit diesen vermehren sich auch viele verschiedene andere Mikroorganismen, die den Teig verderben könnten. Hefepilze sind ohne „Futter" oft zu schwach, sodass die „bösen" Bakterien sich stärker entwickeln und den Teig verderben.

Also müssen die Hefepilze rechtzeitig „Futter" (Maltose im Mehl) bekommen. Es ist daher wichtig, dass man den Sauerteig in einer Vertiefung im Mehl unterbringt, nur dann haben die Pilze genug Nahrung. So wird von den Hefepilzen wieder Alkohol und Kohlensäuregas im Teig erzeugt, zwei Stoffe durch die „bösen" Bakterien allmählich inaktiv werden und absterben. Aber die Säuren verschwinden nicht, sondern sie vermehren sich zusammen mit den Hefepilzen. Nach diesem Kreislauf bleiben vorwiegend Hefepilze und die Milchsäure mit den anderen Säuren in der Vertiefung übrig. Auf diese Weise wird der Sauerteig immer aktiver und kann schließlich den ganzen Teig säuern, wenn man ihn knetet. Sauerteig ist besonders für Roggenbrot wichtig, nur dann geht der Teig gut auf. Darum wird Sauerteig für Roggenbrot heute noch verwendet. Der Teig geht zwar auch nur durch Germ auf, aber der Vorteil der Milchsäure im Sauerteig – gutes Aroma und Dehnfähigkeit – ist nicht zu übersehen.

Die Säuerung des Brotteigs empfindet man als großes Risiko, weil der Teig dabei ja auch verderben kann. Da die oben beschriebenen chemischen Vorgänge unbekannt waren, ist es verständlich, dass man das Sterben und Verderben des Teigs sehr gefürchtet hat. Monika hat in den fertig gekneteten Teig mit der Hand ein Kreuzzeichen hineingedrückt, ebenso auf den neuen Sauerteig, der zurückgelegt wird. Das ist ein weit verbreiteter Brauch beim Brotbacken. Eine Bäuerin hat mir erklärt: „Ich mache ein Kreuz nicht wegen der Frömmigkeit. Es ist eine Gewohnheitssache." – Eine andere sagte: „Damit ich später sehe, wie weit der Teig aufgegangen ist, mache ich das Kreuz auf den Teig. Wenn man das Kreuz nicht mehr klar sieht, so ist die Säuerung fertig." – Sie haben recht. Aber wenn man bedenkt, dass die Säuerung für den Teig ein großes Risiko ist und dass man das Kreuzzeichen gerade am Anfang der Säuerung in den Teig drückt, wird der Grund dafür immer klarer: Man tut das, um den Brotteig vor Sterben und Verderben zu schützen. Eine protestantische Bäuerin in Schwaben sagte mir einst, dass sie folgendermaßen bete: „Herr, wirke am Teig!" Dabei drückt das Gebet ihre Hoffnung auf gelungene Säuerung aus. Eine Lesachtalerin sagt: „Damit der Segen Gottes dabei ist!" Sowohl das Kreuzzeichen im Lesachtal als auch das Gebet in Schwaben bedeuten wohl: Kneten kann man durch eigene Anstrengung, aber säuern nicht. Das kann nur Gott, der Herr, allein.

Das Segenszeichen des Kreuzes bedeutet aber eine noch umfassendere geistige Wertschätzung. Josefa aus Tscheltsch erzählte mir dazu: „[Nach dem Kneten] macht man mit der Hand in den Teig so ein Kreuz *drin* [„darein"]. Das haben meine Eltern schon so gemacht und auch die Schwiegermutter da, und wir machen's auch noch immer. Das ist früher wohl im ganzen Tal so Brauch gewesen. Weil man hat früher schon ums Brot sehr kämpfen müssen. Man hat nicht immer genug zum Essen gehabt in dem Tal. Man hat seine Gedanken, ja Herr, segne uns dieses Brot! Bei unserem alten Ofen ist zum Beispiel der Spruch oben gestanden: ‚Unser tägliches Brot gib uns heute.' Und früher haben die Bäuerinnen, *påls* [„sobald es"] eingeschossen worden ist, dann haben sie mit Weihwasser [hineingespritzt] und nachher den Ofen zugemacht. Also, Brot ist früher schon was gewesen, was man hätte sollen genug haben, nicht? Und es war nicht immer genug."

Die gute Säuerung des Brotteigs war und ist, wie erwähnt, in der europäischen Brotgeschichte sehr wünschenswert. Andererseits wusste man auch, dass es bei dieser Veränderung unreine, „böse" Vorgänge gibt. Im Alten Testament erscheinen ungesäuerte Brote. Vor dem Exodus spricht Jahwe zu Moses: „Das am Feuer gebratene Fleisch sollen sie in dieser Nacht essen, dazu ungesäuertes Brot mit bitteren Kräutern. Sie dürfen davon nichts roh essen oder in Wasser gekocht." (Ex. 12, 8–9)

Warum gebot Gott seinem Volk weder rohes noch gekochtes Fleisch noch gesäuerte Brote zu essen? Damals musste das Volk in großer Hast aus Ägypten ausziehen. Die Bibel erklärt, dass man vor dem Exodus keine Zeit hatte, den Teig zu säuern; so hat man den ungesäuerten rohen Teig mitgenommen und aus diesem das ungesäuerte Brot gebacken (Ex. 12, 34). Wenn man aber das Gebot Gottes vom rohen bzw. gekochten Fleisch und vom gesäuerten Brot betrachtet, wird verständlich, dass das Gebot vor der langen Reise zum gesundheitlichen Schutz vor Verderben und Vergiftung durch diese Lebensmittel aufgestellt wurde. Wenn das Fleisch am Feuer gebraten wird, wird die Oberfläche des Fleisches dichter als beim Kochen und schützt das Fleisch vor dem Verderben. Die Räucherung am Feuer ist ebenfalls ein gutes Mittel gegen Verderben. Ungesäuertes Brot bedeutet, dass man den Teig sofort bäckt, bevor er verderben kann. Auch waren bittere Kräuter wie Wermut schon im Altertum als Medizin für Magen und Darm bekannt.[60] Daher kann man vermuten, dass die Säuerung im Altertum ein gewisses Risiko darstellte, weil der Teig im Säuerungsprozess manchmal „böse" wird.

Stubenofen

Im holzreichen Lesachtal hat man Holz zum Bau von Gebäuden und Möbeln und als Brennstoff verwendet. Daher wurden auch nach dem Zweiten Weltkrieg und sogar noch nach der Einführung des elektrischen Stroms in der Mitte der 1950er Jahre weiterhin die alten Holzbacköfen benützt. Hier gibt es drei Typen des Holzbackofens, und zwar den großen Holzbackofen, den Stubenofen und den Zwei-Etagen-Backofen. Ich möchte nun den Stubenofen, mit dem Monika Brot gebacken hat, genauer erklären.

Die „Stube" ist im Lesachtal der wichtigste Wohnraum für das Familienleben. Besonders gern kommen die Familienmitglieder zum Nachmittagsschlaf und zum Fernsehen am Abend in diesen Raum, weil er gut beheizt ist und eine

Stubenofen mit Monikas Brot. (2004)

warme Liegestatt auf dem Ofen hat. Das Wort „Stube" bedeutet „beheizbarer Raum" und ist mit dem englischen Wort „stove" verwandt, das den Ofen selbst bezeichnet. In jeder Stube muss also ohne Ausnahme ein Ofen zu Heizzwecken oder auch zum Heizen und Backen vorhanden sein. Wir wollen uns hier als Beispiel einen Stubenofen in einem Bauernhof ansehen, der für beide Zwecke verwendet wird: Die Außenmaße des Stubenofens sind ca. 176 cm Länge, 110 cm Breite und 150 cm Höhe, und er ist mit Kacheln verkleidet. Es gibt aber auch nur gemauerte Öfen mit weißem Putz an der Oberfläche. Den Ofen umgibt ein Holzgerüst, auf dem eine Liegefläche aus Brettern angebracht ist; darauf kann eine Person ruhen. Der Ofen wird von der *Laabe* („Laube", Vorraum), andernorts auch von der Küche aus mit Holz befeuert.

Das Innere des Stubenofens besteht aus einer Kammer mit einer gewölbten Decke, ca. 153 cm lang, 84 cm breit und

60 Biblisch-Historisches Handwörterbuch (1979): unter *Wermut*.

40 cm hoch. Der Ofenboden besteht aus Schamotteziegeln, die Decke aus Ziegeln, die mit Mörtel (einer Mischung aus Kalk, Zement und Lehm) befestigt sind. Die Gewölbeform der Decke wird zuerst mithilfe eines dichten Gerüstes aus Zweigen in Gewölbebogenform schabloniert, darüber entsteht das Mauerwerk aus Ziegeln und Mörtel. Nach einigen Tagen, wenn das Gewölbe getrocknet ist, wird im Ofen Feuer gemacht. Das Gerüst verbrennt, das Ziegelgewölbe bleibt übrig. Die Öffnung wird mit einer Doppeleisentür verschlos-

Påchgrutte von *Thresile*. (1984)

sen. Auf Monikas Hof stand früher im Keller ein großer Holzbackofen, der aber im Laufe der Zeit zusammengefallen ist. 1947 wurde der Stubenofen zum Brotbacken umgebaut. Der Umbau war nötig, weil beim Brotbacken mehr Hitze als beim bloßen Heizen gebraucht wird. Der Ofensetzer kam aus Lienz. Damals kostete der Umbau 7 000 Schilling. 1978 wurde der Ofen wieder neu errichtet, doch diesmal betrug der Preis für den gleichen Ofen 30 000 Schilling.

Beim Brotbacken im Stubenofen braucht man doppelt so viel Holz wie beim Heizen. Die Hitze im Ofen hält zwei Tage lang an, was im Winter sehr praktisch ist. Im Sommer hingegen wird es zu heiß, man muss das Fenster weit öffnen. Im Stubenofen kann man maximal 10–15 Laibe backen und nicht mehr. Daher ist er für eine kleinere Familie oder für eine Familie, die fast jede Woche Brot bäckt, geeignet.

Einrichtungen und Geräte zum Brotbacken

Zum Brotbacken und Brotschneiden braucht man im Lesachtal viele Geräte und Einrichtungen wie „Korngrant", „Backgrutte", Brotbrett, Brottuch, Teigschaufel, „Muser", Krücke, „Täse", „Schüssler", Fetzen und Messer. Manche Frauen verwenden auch eine Bürste. Anstelle von Brottuch und Brotbrettern nehmen einige Frauen Teigkörbe. Jedes Gerät hat seine spezifische Verwendung, die im Folgenden erklärt wird.

Khorngrånt („Korngrant")

Das ist eine große längliche Truhe aus Fichtenholz mit einem Klappdeckel zur Aufbewahrung von Getreide und Mehl. Im Inneren ist sie in drei oder vier Abteilungen unterteilt. Meistens hatten die Bauernhöfe mehrere *Khorngränte* in der Speis oder im Kornkasten. Füllte der Bauer sein Korn in den Korngrant ein, so strich er danach die Oberfläche des Korns glatt und versah es mit einem Kreuzzeichen. Das war Männerarbeit. Wenn das frisch gemahlene Mehl im *Khorngrånt* untergebracht wurde, hat die Bäuerin das Kreuzzeichen auf das Mehl gedrückt. Von da an sind die Arbeitsvorgänge bis zum Brotbacken Frauensache. Die Kreuzzeichen auf Korn und Mehl werden ursprünglich wohl Schutz vor Schimmel und Ungeziefer bedeutet haben. Man hat befürchtet, dass sich die Qualität des Korns und des Mehls verändern könnte, bevor man den Schaden merkt. Ferner kann man natürlich auch vermuten, dass Korn und Mehl für das Brot als etwas „Heiliges" betrachtet wurden. Auf dem Korn im *Grånt* hat man früher oft Brotlaibe aufbewahrt, damit sie nicht schimmelig werden. Es liegt in der Natur des Getreides, dass es Feuchtigkeit gut aufnimmt. Heute kaufen die Bauern das Mehl. Dann bleibt es oft im Mehlsack.

Mehlschaufel

Mit der hölzernen handgefertigten Mehlschaufel schöpfen die Frauen das Mehl aus dem *Korngrånt*. Wenn ich die

Khorngrånt, *Påchgrutte* und *Mehlschaufl* von *Thresile*. (1984)

Frauen frage: „Wie viel Kilogramm Mehl verwenden Sie?", können sie die Menge nicht genau angeben. Als Antwort zeigen sie mir ihre Mehlschaufeln. Eine Bäuerin hat einmal versucht, das Mehl einer vollen Schaufel zu wiegen. Es wog 1,8 kg. Natürlich schöpft jede Frau unterschiedlich im Gewicht, aber jede weiß genau, wie viele Schaufeln Mehl sie für das Brotbacken braucht.

Påchgrutte („Backgrutte")

Wie die meisten Backgeräte ist auch die „Backgrutte" aus Fichtenholz hergestellt. Die Backgrutte nennt man auch *Påchtrouk* („Backtrog"). Oft wissen die Bäuerinnen nicht mehr, wer ihn hergestellt hat. Sie sagen nur: „Der ist immer da gewesen." So alt ist er. Jeder Trog bzw. jede „Grutte" hat einen Deckel, mit dem der aufgehende Teig zugedeckt wird. Die Backgrutte wurde üblicherweise nicht gewaschen. Nur manchmal, wenn es geregnet hat, hat man sie hinaus in den Regen gestellt. Das Regenwasser hat die trockenen Teigreste in der Grutte aufgeweicht, sodass man sie ausspülen konnte. Manche Frauen kratzen den Teigrest mit der Bratschaufel ab und waschen die Grutte nie aus. Die Hefepilze leben auf dem Holz der Backgrutte und wirken beim nächsten Teigbereiten wie ein *Tampfl*. Auch Monika wäscht die Grutte nie aus. So werden wohl die Hefepilze aus der Zeit ihrer Mutter auch jetzt noch lebendig sein. Das Weiterleben der Hefepilze ist also nicht nur durch das *Tampfl*, sondern auch durch die Backgrutte möglich. Seitdem man den Brotteig in der Plastikschüssel knetet, wäscht man diese ohne Ausnahme aus. Damit hört bei der Verwendung dieses Utensils das Weiterbestehen der Hefepilze auf.

Taagschaufl, Muäsa, Schååwa („Teigschaufel", „Muser", „Schaber")

Die *Taagschaufl* („Teigschaufel") aus Holz, die auch *Proatschaufl* („Brotschaufel") oder *Holzschaufl* genannt wird, hat die Form eines Tischtennisschlägers. Damit schaufelt man den aufgegangenen Teig für je einen Brotlaib aus der Backgrutte auf das Nudelbrett. Meistens haben die Bäuerinnen nur eine einzige Teigschaufel. Monika, der drei Schaufeln in unterschiedlichen Größen vererbt wurden, dürfte eine Ausnahme sein. Der Teig, der mit der Teigschaufel geschöpft wurde, wird mit einem *Schååwa* aus Metall aufs Nudelbrett „geschabt". Auch so einen „Schaber" besitzen alle Bäuerinnen, aber dieser Name fällt ihnen oft nicht mehr ein. Eine Bäuerin hat mir lachend geantwortet: „*Wohl haast des da ålte Dumme*!" Mit dem *Muäsa* oder der metallenen Bratschaufel wird der Rest des Teigs aus der Grutte heraus-

Der neuere (links) und der abgenutzte alte *Muäsa*. (2006)

gekratzt und damit der letzte Laib geformt. Diesen aus dem zusammengeschabten Teig geformten Laib nennt man das *Schååwale* („Schaberlein“). Die Bezeichnung *Muäsa* kommt vom Mehlbrei, dem *Muäs* („Mus“). Dieses bestand aus in Milch gekochtem Weizenmehl und stellte in früheren Zeiten die Alltagskost im Lesachtal dar. Mit dem „Muser“ wurde das Mus beim Kochen in der Pfanne gerührt. Darum hatte jede Familie im Lesachtal so ein Gerät. Seine abgenutzte, gerundete Kante lässt seinen jahrelangen intensiven Gebrauch erahnen.

Bei Helga, der jungen guten Brotbäckerin, die ihre Brote an den Bauernladen liefert, habe ich eine andere Methode des Brotbackens mit den neuen Backgeräten kennengelernt. Sie kannte Brotbacken vom Elternhaus her nicht, weil ihre Familie das Brot bereits gekauft hat. Nach ihrer Heirat hat sie angefangen, selbst Brot zu backen. Dabei konnte sie auf überhaupt kein überliefertes Backgerät zurückgreifen. Die Geräte aus Holz kann man zwar immer noch herstellen, aber „Muser“ und „Schaber“ sind nicht mehr zu kaufen. Helga hat schließlich doch noch ein ähnliches Gerät gefunden – eine Maurerspachtel. „Damit geht's gut!“, sagt sie.

Nudlprett („Nudelbrett“)

„*A Nudlprett und då Heimweg muäß sein*“, sagt man. So wichtig für die Küche ist das Nudelbrett, auf dem man den Brotteig und die anderen Teigwaren bearbeitet. Josefa aus Tscheltsch erzählte mir: „Meine Großmutter, die hat gesagt, wie wir so Kinder sein gewesen und zugeschaut haben, da hat sie gesagt: ‚Kinder, schaut, das Brotausmachen [= Brotformen] geht wie das Polkatanzen, eins – zwei, eins – zwei, und *ållweil* [= immer] schön rund.‘ Und genauso geht's. Dass das *Laabl* rund wird. Jetzt mach ich eher längliche, weil's auch in [den] Ofen besser *drin* [„darein“ = hinein] passt.“

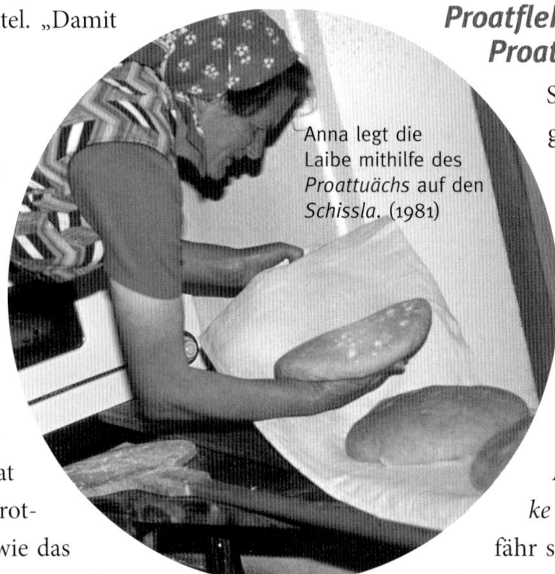

Anna legt die Laibe mithilfe des *Proattuächs* auf den *Schissla*. (1981)

Seppel trägt die Brotlaibe auf der *Proatflekke*. (1984)

Proatflekke („Brotbrett“) und *Proattuäch* („Brottuch“)

Sobald der Laib auf dem Nudelbrett geformt worden ist, kommt er auf das mit einem Brottuch bedeckte Brotbrett und muss noch etwas aufgehen. Die bodenständige Lesachtaler Bezeichnung für so ein Brotbrett ist *Proatflekke*. Diese ist ein schmales Brett für den Transport des Brotes zum Backofen, das man unter den Arm nehmen kann. Eine *Proatflekke* ist so lang, dass man darauf ungefähr sechs runde Brotlaibe nebeneinander legen kann. Vorher breitet man jedoch ein schmales Brottuch aus Leinwand darüber, etwas länger und breiter als das Brett, und bestreut es mit Roggenmehl. Heute besitzt man meistens zwei *Proatflekken*.

Das Brottuch spielt eine Rolle, wenn der Laib vom Brotbrett genommen und auf den *Schissla* gelegt wird, mit dem man den Laib in den Ofen einschießt. Man steckt dabei die linke Hand zwischen Brett und Tuch und hebt einen Laib samt dem Tuch auf. Dann schiebt man die rechte Hand direkt unter den Laib und dann auch noch die linke, damit beide Hände den Laib halten können, und legt diesen schließlich auf den *Schissla*. So kann man den aufgegangenen Brotlaib unbeschädigt in den Ofen einschießen.

Schissla und *Khrukhe* für den *Stabentheiner* Holzofen. (2006)

Das Brottuch ist auf diese Weise für das Brotbacken wichtig. Josefa in Tscheltsch erzählt: „Ich hab immer noch Tücher aus Hausleinen. Ich mein', die sind inzwischen schon *a bissl* geflickt, und ich hätte auch bessere, aber das Hausleinen ist mir was wert, und ich nehm' immer das Hausleinen. Das tut man eben auf die *Proatflekke* drauf, dass das Brot nicht klebt."

Helga verrichtet alle Arbeitsgänge vom Kneten bis zum Backen unmittelbar neben dem Ofen. Darum muss sie keine Laibe auf dem Brett transportieren, weshalb ihre *Proatflekke* auch nicht schmal sein muss. Und so hat sie sich eine rechteckige große *Proatflekke* machen lassen. Dafür konnte sie nun aber kein Brottuch finden. Man baut ja selbst keinen Flachs mehr an, und man geht auch nicht in die Stadt, um schöne teure Leinwand als Brottuch zu kaufen. Wenn ich den anderen Bäuerinnen berichte, dass Helga kein Brottuch hat, wundern sie sich: „Ohne Tuch kann man kein Brot backen!" Aber Helga hat eine eigene Methode gefunden: Sie formt den Laib und legt ihn direkt aufs bemehlte Brett. Wenn die Laibe aufgegangen sind, nimmt sie einen *Schissla* und schiebt ihn geschwind unter den Laib. Im Nu liegt der Laib auf dem *Schissla*! Das Geheimnis ihrer Technik liegt in der Härte des Teigs. Ihr Teig ist etwas härter als der bei den anderen Frauen. Darum kann sie ihre Laibe direkt mit dem *Schissla* aufnehmen, ohne Tuch.

Brotkörbe (Teigkörbe)

Die geformten Laibe lässt man im Lesachtal üblicherweise auf dem Brotbrett mit dem Brottuch noch einmal aufgehen. Aber nach dem Zweiten Weltkrieg ist eine neue Methode aufgekommen; dabei werden auf einigen Höfen Teigkörbe, sogenannte „Brotkörbe", verwendet, die bis dahin eher im Gailtal üblich waren. Man legt den Laib in den mit Leinen gefütterten und mit Mehl bestreuten Korb und lässt ihn darin gehen. Nach einiger Zeit wird der Laib im Korb zum Ofen getragen und dort auf den *Schissla* gestürzt. Auf diese Art kann der Laib leichter getragen werden, während man sich mit dem langen Brotbrett vorsichtiger bewegen muss, um nirgends anzustoßen. Der Laib geht im Korb auch höher auf als auf dem Brotbrett. Wenn man zum Brot mehr Weizen- als Roggenmehl mischt, wird der Laib im Korb noch höher. Derzeit verwenden im Lesachtal immer mehr jüngere Frauen einen Brotkorb.

Khrukhe („Krücke")

Wenn die Holzscheiter im Ofen heruntergebrannt sind, wird die Glut mit der sogenannten *Khrukhe* über den ganzen Ofenboden verteilt. Diese „Krücke" hat vorne ein schmales Querblatt aus Eisen und einen langen hölzernen Stiel. Damit holt man später die Glut heraus oder man schiebt sie im Ofen nach hinten oder an die Seiten. Josefa aus Tscheltsch erzählte mir über die Verwendung der *Khrukhe*: „Wir haben halt so a *Khrukhl* gehabt und mit dem hat man die Glut schön verteilt auf den ganzen Ofen, dass überall die Hitze gleich gewesen ist. Und da hat man gesagt *uunriaschn* [„anrüschen“ = herumrascheln] [lacht]. Und nachher hat man den Ofen zugemacht und hat die Glut so lange gelassen, bis nachher *lei mehr* Asche gewesen ist. Und wenn dann *lei mehr* Asche gewesen ist, da hat man den Ofen gekehrt. Da hat man die ganze Asche und das *bissl* Glut, was vielleicht noch gewesen ist, alles *außagikhehrt*. Und nachher haben wir *ållweil a bissl* Zeit gelassen, dass die Hitze auch richtig hinaufsteigt. Oben ist auch Schamotte, nicht, dass überall die gleiche Hitze ist, hat man ungefähr so eine Viertelstunde, 20 Minuten, Zeit gelassen, und nachher haben wir erst das Brot *ingschossn* [„hineingeschossen“].“

Taase, Leitrat-Huder („Fetzen")

Den besenartigen Buschen aus Fichtenzweigen mit langem Holzstiel nennt man *Taase*.[61] Man bindet am Vortag des Brotbackens frische Fichtenzweige mit einer Schnur an einen Stiel. Die *Taase* wird in einen Wassereimer getaucht, dann wischt man damit die Asche auf dem Ofenboden heraus. Dieser Vorgang wird einige Male wiederholt. Anschließend wird der Ofenboden, wie wir es bei Monika gesehen haben, mit der „Leitrat-Huder“, das ist ein nasser Fetzen, der an eine Stange gebunden wurde, nochmals geputzt. Meistens wischt man den Boden aber entweder nur mit der *Taase* oder nur mit dem Fetzen aus. Die *Taase* wird nur einmal verwendet und nach der Benützung in den Ofen, aus dem man die gebackenen Laibe herausgenommen hat, zum Trocknen und Anzünden beim nächsten Backen gelegt. Man fertigte früher in diesem holzreichen Gebiet *Taasen* nicht nur zum Wischen des Ofenbodens an, sondern auch für das Kehren im Stall.

61 Siehe Schabus (1971): S. 209.

Schissla („Schüssler“)

Der *Schissla* ist ein Gerät aus Holz, auf dem man die Laibe in den Ofen einschießt und wieder herausholt. Als man das Brot noch im großen Holzbackofen gebacken hat, wurde ein *Schissla* mit einem langen Stiel verwendet. Seitdem man aber mit dem elektrischen Backofen bäckt, hat man den Stiel verkürzt. Der Lesachtaler *Schissla* hatte traditionell ein rundes Blatt mit einem langen Stiel. Auf dem Stabentheiner Hof habe ich noch einen mit einem länglichen Blatt gesehen, den man für längliches Brot extra hergestellt hat. Das Blatt ist folglich von der Form des Brotes abhängig. Man bäckt immer öfter längliches Brot, seitdem man die Tiefkühltruhe bzw. den elektrischen Backofen verwendet. Ausschlaggebend dafür sind verständlicherweise Platzgründe, denn längliches Brot lässt sich raumsparender schichten und außerdem auch leichter mit der elektrischen Schneidemaschine schneiden (siehe S. 65). Josefa aus Tscheltsch, die längliches Brot bäckt, erklärte mir: „Früher bei den Laiben war der *Schissla* immer rund. Und ich hab' heut' *a bissl an* länglichen. Mit dem runden *Schissla* war's so, da hab' ich mich immer am Nebenbrot gestoßen. Deshalb hab' ich eben den länglichen genommen.“

Proatgråmbl zum Schneiden des harten Brotes, das im oberen Lesachtal bis zur Einführung der Gefriertruhe in den 1970er Jahren üblich war. (1984)

Proatruume. Das Original war doppelt so groß. Man sieht daran, dass man früher ca. 48 Brotlaibe auf einmal gebacken hat. Nunmehr nutzt man nur noch die Hälfte. Jede zweite Stange wurde um 1960 vom Hausherrn abgezogen, weil das Brot durch die Beimengung von Weizenmehl zum Roggenmehl dicker wurde. (1981)

Messer und Schneider

Monika kerbt beim Einschießen der Brotlaibe in den Laib das Auge Gottes mit dem Messer ein. Bei der Einkerbung muss man ein sehr scharfes Messer nehmen, sonst wird die Kerbung nicht schön. Zum Anschneiden des Brotes nimmt man ein anderes Messer und ritzt in die Unterseite des Laibes ein Kreuzzeichen. Alte Leute sagen: „Man soll das Messer im Brot nicht stecken lassen." Heute schneidet man das Brot mit der elektrischen Schneidemaschine. Die Kinder wollen für die Schuljause (Zwischenmahlzeit am Vormittag in der Schule) mit der Schneidemaschine geschnittene Brotscheiben haben, weil diese schön gleichmäßig sind. Wenn man Brot elektrisch schneidet, vergisst man oft auch auf das Kreuzzeichen, da man nicht mehr das Messer in die Hand nehmen muss.

Proatruume, Proatgråmbl und Tiefkühltruhe

Tiefkühltruhen haben die Lesachtaler seit den 1970er Jahren. Das war in der Evolution der Essgewohnheiten ein großer Wendepunkt. Bis dahin hat man z. B. das Schweinefleisch für das ganze Jahr nur geräuchert. Frisches Fleisch hat man einige Tage hindurch nach dem Schlachten gegessen, sonst nur Geselchtes. Brot wurde alle zwei, drei Wochen gebacken, dann hat man die *Proatlaapilan* in die *Proatruume* („Brotrahme") *ingituunn* („hineingetan"), wo sie trocken wurden. Man konnte sie nur bis eine Woche nach dem Backen mit dem Messer anschneiden, danach wurden sie steinhart. Josefa erzählte: „Aber das hat ja auch wieder seinen Vorteil gehabt, da haben die Leut' lang drauf *ummagikheit* [„herumgekaut"] und sind ein *bissl* schneller satt worden." Im Lesachtal kennt man die *Proatgråmbl* zum Schneiden bzw. Zerhacken von hartem Brot nur in Maria Luggau und in St. Lorenzen. In Liesing und im unteren Talbereich ist sie hingegen unbekannt. Dieses Gerät ist, wie von Wilfried Schabus bereits nachgewiesen wurde,[62] also eher tirolerischen Ursprungs, denn man verwendete es beim Schneiden des harten gesäuerten Fladens überall im Tiroler Gailtal (die Verlängerung des Lesachtals nach Westen). In Liesing hat man zum Brotbacken immer ca. zwei Drittel Roggen- und ein Drittel Weizenmehl gemischt und alle zehn oder vierzehn Tage zumeist im Stubenofen gebacken. In Maria Luggau hingegen hat man im großen Holzbackofen gebacken, alle zwei oder drei Wochen, und meistens nur mit Roggenmehl, oder man hat das Roggenmehl mit Bohnenmehl gemischt. Da musste man das harte Brot mit der *Gråmbl* zerhacken. Seit man eine Tiefkühltruhe hat, isst man jetzt öfter weiches Brot und ungeselchtes Fleisch.

62 Siehe Schabus (1971): S. 202.

Sommerarbeit

Der Roggen, den Leopold im Frühling gesät hat, gedeiht auf dem Acker am sonnseitigen sanften Hang über der Gail schon recht gut. An einem Nachmittag im Hochsommer traf ich Leopold allein in der Stube an. Meistens schläft er nach dem Mittagessen ein wenig, später trinkt er dann gewöhnlich Kaffee mit seiner Familie und den Urlaubsgästen

Sommerwiese mit *Schöberle*. (1999)

draußen im schattigen Garten neben dem Brunnen, wo Wasser in einem dünnen Strahl in einen Holztrog rieselt. Hören wir nun Leopolds Erzählung über seine Sommerarbeit: „Nach dem Säen kann es wachsen, und wenn es dann so hoch ist, der Weizen, zwanzig, dreißig Zentimeter, dann müssen die Frauen das ganze Unkraut ausreißen. Das ist eine große Arbeit. Während die Frauen im Acker jäten, müssen die Männer dann die Bergwiesen frei machen von dem Reisig, das am Boden liegt, damit man schön mähen kann. Denn im Winter fällt durch den Schnee das Reisig von den Bäumen herunter. Dann muss man das Vieh auf die Weide treiben, und in den Almen wird dann auch ‚geschwendet', sagt man, da muss man die Stauden weghacken, zusammenrechen, damit das Vieh wieder schönes Gras kriegt zum Fressen. Weil, da kommen ja auch im Winter mit der Lawine Bäume und Holz und Steine herunter. Das muss weggemacht werden, im Tal drinnen. Ja, das tut man auch so im Juni.

Ab fünfzehnten Juni fangen wir schon an zu mähen. Die *Ergattn* [Brachwiesen] werden gemäht, hier wächst das ja gleich, da muss man ja zweimal mähen, da mäht man einmal im Juni und einmal Ende August. Dann wird es auf die *Hiefl*, auf die *Råkkl* getrocknet. ‚*Schäiwole*' [das rund um eine *Råkkl* geschichtete Heu][63] sagen wir, ein ‚*Schouwo*' ist halt ein großes und ‚*Schäiwole*' ist die Verniedlichung. Und das Holz in der Mitte, das heißt *Råkkl*. Dann wird das Heu zehn Tage getrocknet auf diesen *Schäiwolan*, und dann wird das teilweise noch in die Hütte hineingetragen. Das andere wird mit dem Traktor oder mit dem Transporter eingeführt, hier herunten.

Wenn das herunten dann fertig ist, das Heu, dann gehen wir in die Bergwiesen, so circa am 20. Juli. Da geht meistens die ganze Familie, weil das meiste muss mit der Hand gemäht werden. Mit dem Motormäher kann man nicht mähen, weil es zu steil ist. Wo man ganz früher war, war es sehr [steil und] gefährlich. Da hat man müssen *Fuäßeisn* [= Fußeisen] anziehen, so Steigeisen auf die Schuhe geben, damit man nicht abgerutscht ist. Mir selber ist eigentlich nichts [passiert], aber meine Mutter hat gesagt, dass im Tal drinnen zwei Frauen abgestürzt und tot gewesen sind. Bis über 2000 Meter hoch hat man früher gemäht. Ja, 70, 80 Grad steil. Ja, dann wird auch alles getrocknet, am Boden und nach zwei Tagen dann in die *Schupfe*[64] gegeben. Und dann bleibt das bis zum Winter oben.

Früher hat man eben immer auch Ziegen mitgenommen in die Bergwiesen, damit man Milch gehabt hat. Fünf oder sechs Ziegen haben wir gehabt. Heute nicht mehr, weil man kann verschiedenes anderes kochen und Ziegen sind halt irgendwie auch wieder lästig, weil man hat sie müssen melken und

63 Siehe Schabus (1971): S. 317.

64 Diesen Bezeichnung für die kleinen Blockhütten, die zur Unterbringung des Heus auf den Wiesen dienen, ist im ganzen Lesachtal gebräuchlich. Siehe Schabus (1971): S. 323.

suchen lang in den Gräben, abends immer, da sind sie fortgegangen. Die Bergwiese wird nur einmal gemäht, im Hochsommer, vom 20. Juli bis 10. August circa. Wenn man mit den Bergwiesen fertig ist, ist man schon heimgekommen, dann den Winterroggen geschnitten und auch schon den Weizen, anschließend. Das hat man alles zugleich eigentlich gemacht, man hat den zweiten Schnitt, das *Gruämat*, gemäht."

Die Erzählung des kleinen *Gaaßa*

Bis in die 1950er Jahre gab es auch noch einen Ziegenhüter, der im Sommer auf der Alm die Ziegen der ganzen Nachbarschaft gehütet hat. Das war der sogenannte *Gaaßa* („Geißer"). Meistens hat ein Kind diese Aufgabe übernommen. Der Sepp vom *Bäckwirt* (geb. 1935) war als Kind so ein *Gaaßa* und hatte als solcher die 120 Ziegen der Nachbarschaft zu hüten. Sepp erzählte mir: „Wir waren daheim neun Geschwister. Mein Vater war Tischler. Aber sein Lohn war in den [19]30er Jahren, damals war Zwölfstundenarbeit, weniger als ein Liter Wein. Wir Kinder haben in der Kindheit vom Ältesten weg nacheinander jeden Sommer Ziegen gehalten [gehütet]. Im Sommer sind Ochsen und Ziegen auf die Hochalm gegangen. Ich war *Gaaßa* vom Mai bis zum Oktober 1945 und '46. Ich war zehn und elf Jahre alt.

Der kleine *Gaaßa*, später der *Bäckwirt* in Maria Luggau (1935–1998), aufgenommen 1986.

Ein Bauer hatte durchschnittlich drei bis acht Ziegen. Sie sind für Milch und Fleisch gezüchtet worden. Es gibt einen Spruch, wenn man jemand fragt, wie es ihm geht, dann sagt er: *Man lebt und schticht a Gaaß åb.* Das heißt: Man hat zu essen. Man ist zufrieden mit dem Leben. Den Spruch hört man oft, auch heute noch.

Die Bauern haben ihre Ziegen bis halb sechs in der Früh in dieses Gatter geführt. Ich mache das Gatter auf, da rennen sie geschwind auf das Tal los. Sie fressen überall. „Wenn eine Ziege drei Tage nichts zu stehlen kriegt, dann ist sie hin [= tot]", sagt man. Die Ziegen sind den ganzen Tag oben geblieben.

Man sagt: *Dås Grås beim Schtaan und dås Fleisch beim Paan ist dås peschte.* [Das Gras beim Stein und das Fleisch beim Bein (= Knochen) ist das Beste.] Deswegen ist das Gras oben so gut, aber es ist wenig Gras, und die Ziegen haben nur das beste Gras gern. Ja, nur das beste, auch die Schafe suchen sich das gute Gras oben.

Und im Sommer, wenn das erste Gras fertig gemäht war, bei den Häusern im Feld, gehen die Bauern in die Wiesen da oben oder in die *Tålwiesn*, da haben sie die Ziegen mitgenommen, damit sie frische Milch mithaben. So Ende Juli bis Mitte August. Ja, nachher habe ich die *Gaaße* wieder so viel wie früher bekommen und bis zum Lukastag im Oktober weiter gehütet. Der Lohn für den *Gaaßa* war damals sehr wenig. Mit dem Lohn vom ganzen Sommer hat mir mein Vater ein Paar Lederschuhe gekauft. Das war alles. Aber dem *Gaaßa* wurde täglich drei Mal Essen angeboten. Für ein Stück Ziege, die ich gehütet habe, sind drei Mahlzeiten vom Bauernhof gegeben worden. Ich habe in einem alten Kalender jeden Tag den Bauernhof, wo ich essen hingehe, markiert, bin zu einem nach dem anderen gegangen und habe da morgens und abends gegessen. In einem jeden Haus habe ich meistens *Watzamuäs* [„weizenes Mus“, Weizenmus] gegessen. Die Bäuerinnen haben mir da gesagt: ‚*Haint khimmp då Gaaßa daher!*‘ [lacht] ‚*Piabl, geh lei her!*‘ Oder ‚*Piabl khimm*‘, oder so. *Und ‚Iss amål a Suppe!*‘

[Suppe verabreichte] nicht ein jedes [Haus]. Nur einige. Und eine Frau hat Omeletten gemacht, mit Preiselbeer-Marmelade. Es gab aber immer in der Früh *Pfarfilan* [= Mehleintropf in Milch] und abends *Múäs. Watzamuäs, Tírkkamuäs, Reismuäs* mit *Weimpalan* [„Weinbeerlein“ = Rosinen], aber das nur vielleicht bei zwei oder drei [Häusern], sonst immer *Watzamuäs.* Aber die ganze Woche das Gleiche, immer das Gleiche.

Zum Mittagessen für unterwegs habe ich ein Stück Haferbrot mitgekriegt. Und dazu Ziegenmilch. Mit der Milch war das so, es war eine Regel: Ich habe unterwegs von einer Ziege Milch dürfen trinken, wenn der Führer [= die Leitgeiß] an einem bestimmten Ort stehen bleibt. Ich habe mich auf den Rücken direkt unter den Bauch von der Geiß gelegt und ihren Euter herangezogen und mir direkt in den Mund die Milch gemolken. Das war ganz frisch! [lacht] Im zweiten Sommer haben mir die Bauern schon Kuhmilch und eine Hauswurst außer dem Haferbrot mitgegeben.“

Nach dieser Erzählung fragte ich ihn, was er denn so viele Sommertage allein auf der Alm gemacht habe. Er sagte, dass er tüchtig rechnen gelernt habe. Denn von Mai bis Oktober konnte er ja nicht in die Schule gehen, sollte aber im Herbst nach seinem zweiten Sommer als *Gaaßa* vom Kloster [Servitenkloster in Maria Luggau] ins Gymnasium nach Innsbruck geschickt werden. Und dort musste er die Aufnahmsprüfung bestehen. Und tatsächlich hat er sie bestanden.

Wiesenlandschaft mit Heu am *Råkkl.* (1999)

Es gab früher im Lesachtal viele Almwiesen, auf die man nur zu Fuß hinaufsteigen konnte. Dort oben sind die Bauern im Sommer wochenlang geblieben und haben die Wiesen gemäht. Es war wirtschaftlich notwendig, auf allen Naturflächen, wo Gräser wachsen, Heu zu machen. Auf steilen Hängen in 2 440 m See-

Das Ebnertal in Richtung Böden, wo der kleine *Gaaßa* hinaufging. (2000)

„Ich war sieben oder acht Jahre alt [1944–45]. Im Sommer sind meine Eltern und meine älteren Geschwister auf die Alm gegangen und fast einen Monat dageblieben. Sie haben fünf Ochsen und sieben *Khalbilan* mitgehabt und da oben gemäht. Ich war zu klein, um oben zu arbeiten. Ich bin mit meiner Schwester Maria und mit den jüngeren zwei Brüdern [sechs und vier Jahre] und zwei Schwestern [zwei und unter einem Jahr] zu Hause geblieben. Ich habe mit Maria [ca. acht Jahre] müssen Windeln waschen und dem kleinen Kind Milch geben und die Geschwister pflegen. Ich denke mir oft: Können siebenjährige Kinder heute Windeln waschen? Können sie einen Monat lang einen Säugling pflegen? Und ich bin mit Maria und mit meinem Bruder [von sechs Jahren] fast jeden Tag von unten zu den Eltern hinauf auf die Alm Milch tragen gegangen. Brot und Speck im Rucksack und die Milch in der Kanne. Wir sind so steile

Oben: Almlandschaft. (2006); darunter: *Haischupfe* aus Blockholz auf der Alm. (2006)

höhe hat man oft mit Steigeisen an den Schuhen gemäht. Heute bleiben nicht mehr viele Leute über Nacht da oben, denn in den 1970er Jahren wurden Güterwege angelegt. Jetzt kann man mit dem Traktor von zu Hause aus einfach hin- und abends wieder zurückfahren.

Das Sommerleben war für die Kinder früher nicht so einfach, wenn ihre Eltern auf der Alm arbeiten mussten und sie allein zu Hause blieben. Sepps Frau, Anna (geb. 1937), erinnerte sich an einen solchen Sommer in ihrer Kindheit:

Wege hinaufgeklettert, ja, mit der Milchkanne! Das war so hoch, so furchtbar gefährlich. Ich wundere mich jetzt, wie wir so hoch oben hinauf haben gehen können. Früher haben wir nur daran gedacht, zu essen und zu leben. Sonst gab es nichts zu denken. Heute sind die Leute oft neurotisch ..., aber damals gab es so was nicht."

Das sogenannte *Khoschttråågn* („Kost tragen") von Kindern war damals im Lesachtal üblich. Es war meistens Aufgabe der Kindern, die Jause zum Hirten auf die Alm zu bringen.[65]

65 Siehe auch Seywald, Matouch, Strohmeier (2005): S. 52.

Über das Haferbrot erzählte mir Anna (geb. 1929, geheiratet 1952): „*Håwåproat* ist ja auch verschwunden! Meine Mutter hat's noch sehr oft gebacken, wie ich Kind gewesen bin, aber ich habe es selber niemals gebacken. Das Haferbrot war bis zum Ende des Kriegs üblich und dann nicht mehr.[66] Das war so dünn – [deutet mit den Fingern ca. zwei Zentimeter an] – hart und knusprig. Es hat mir gut geschmeckt. Das ist sogar gesund! Wir haben Haferbrot zu Abend oder zur *Morénde* [= Zwischenmahlzeit am Nachmittag, Jause] gegessen, also in die Milch hineingebrockt. Auch in die *Milchpfarfilan*. Hafer ist ein sehr hartes Getreide. Man kann

66 Das Haferbrot ist zwischen 1955 und '65 verschwunden.

Das kammartige Zeug zum Schwarzbeeren-Pflücken.

Helga beim Schwarzbeeren-Pflücken. (1999)

es nicht einfach mahlen. Zuerst muss man Hafer im Backofen [Holzbackofen], wo man Brot gebacken hat, über die Nacht stehen lassen. Dann wird er ganz trocken. Nachher hat man ihn erst leicht mahlen können. Der Mahlstein muss auch von guter Qualität sein. Mit der heutigen elektrischen Mühle, die wir haben, geht es nicht."

Josefa (1907–1997, geb. in Maria Luggau), die Mutter von Helena, die ein Osternestl am Waldrand hergerichtet hat, und von Leopold, der im Frühling gesät hat, erzählte: „Zu Haferbrot hat man Hafermehl mit *a bissl* Weizenkleie gemischt – dann wird das Brot etwas weicher – und mit *Tampfl* gemacht. Da hat man 20 oder 30 Stück jedes Mal beim Brotbacken gemacht. Wenn alle Laibe aus Roggen sind worden ausgebacken und *außagituun* [„herausgetan"], sind diese Haferbrote in den Ofen gekommen. Die sind über die Nacht im [geschlossenen] Ofen geblieben. Ja, ca. fünf Stunden mindestens."

Die Dorfleute sagen, dass man im alten Holzbackofen meistens 150–165 kg Hafer auf einmal gedörrt hat, weil er zu hart ist, um ihn roh zu mahlen. Darum hat man ihn in der Hitze nach dem Brotbacken im Ofen die Nacht über gedörrt. Beim elektrischen Backofen ist das nicht möglich, weil seine Innenfläche dafür nicht ausreichend groß ist, auch bleibt die Nachhitze nicht lange, außerdem wollte man nicht den teuren Strom dafür nützen.

Josefa erzählte weiter: „Ich habe ab und zu *Schwårzpaproat* [„Schwarzbeerbrot"] gebacken. Schwarzbeeren [= Heidelbeeren] werden im Wald von Ende Juli bis August gepflückt. Diese Schwarzbeeren, zehn Liter, werden gut zerdrückt. Zum Teig wird Weizenkleie dazugetan, ganz fein gemahlen, so viel, dass der Teig bindet, und mit den Schwarzbeeren und Zucker, 250 Gramm, zusammengemischt und *ådick* ausgemacht und im Backofen gebacken. In der Kriegszeit hat man das Brot oft gegessen. Dieses *Schwårzpaproat* ist einmal gedörrt worden. Vorm Essen wird es mit dem Mohnstampfer in der Mühle gestampft, mit Wasser geknetet, auf die *Schtockplattlan* [„Stockblättlein", s. S. 119] aufgestrichen, darauf wird Mohn gestreut und Zuckerwasser drübergegossen."

Etliche Jahre, nachdem Josefas und deren Ehemann gestorben waren, erinnerte sich Tochter Helena an das *Schwårzpaklauben* [Heidelbeeren-Pflücken]: „Schwarzbeeren haben wir ganz viel geklaubt. Meine Schwestern sind mit einem Buckelkorb hineingegangen ins Tal und haben die Schwarzbeeren heimgetragen. Und der *Tatte* [Vater] hat sie vom Korb heraus in eine Schüssel getan und dabei so die *Plattlan* herausgeklaubt, die sauberen Schwarzbeeren wieder in ein Körbl, so ist er tagelang – zwei Wochen oft einmal – nur im Keller an der gleichen Stelle gesessen und hat jeden Tag nur Schwarzbeeren ausgeklaubt. Er hat das aber gern getan. Die *Mamme* [Mutter] hat sie so als ganzer eingekocht, das haben wir zum Schmarren dazugegessen, es waren ganze Schwarzbeeren, fast wie ein dickes Kompott."

Helena, die 1953 geboren wurde, kannte aber das Schwarzbeerbrot der Mutter nicht mehr. Leopold, ihr Bruder, geboren 1935, kannte es noch, so wie auch viele andere ältere Leute. Aber man würde es heute nicht mehr backen, erklärten sie mir. – Und an einem herrlichen Tag im August habe ich Maria im Weiler Seire besucht, um ihr beim Brotbacken zuzuschauen. Ihr elektrischer Backofen steht in der Speis. Dort habe ich zufällig ein paar kleine, dünne Brotlaibe von dunkler Farbe gesehen. Das war Schwarzbeerbrot! Sie hat über mein lebhaftes Interesse an diesem Backwerk gelacht und mir ein Stückchen davon zum Kosten abgebrochen. Sie sagte: „Früher hat meine Mutter nach dem Brotbacken das Schwarzbeerbrot den ganzen Ofen voll gebacken. In der Nacht über bis zum nächsten Tag dringelassen. Heute bäckt man nur zum Gleich-Essen. Kleie und Mehl dazu, damit es bindet, und auch Zucker. Schwarzbeeren werden mit der Zeit immer saurer. Man muss frische nehmen. Schwarzbeeren haben wir früher im Winter als Tee getrunken. Die gedörrten hat man in der Pfanne mit Wasser gekocht."

Kräuterweihe

Am Fest Mariä Himmelfahrt (15. August) binden die Lesachtaler nach alter Tradition Buschen für die Kräuterweihe. Die alte Bäuerin *Moidl* (1913–1999), die sich mit den in ihrer Umgebung vorkommenden Kräutern gut auskannte, zeigte mir 1978, welche Kräuter zum Buschen gebunden werden: Pfefferminz, Wermut, Türkischer Wermut, Schafgarbe, Enzianwurzel und dazu einige bunte Blumen, alles zusammen sieben Kräuter. Sie führte mich zu einer Stelle hinauf, wo der Enzian wächst, und erzählte mir dort, wie man sich früher ohne Arzt und chemische Medikamente mit Kräutern behandelt hat. Man nennt die zu einem dicken Buschen gebundenen Kräuter „Weihzweige". Die Segnung der Kräuter erfolgt am Festtag Mariä Himmelfahrt. Das fällt gerade in die Zeit, in der viele wichtige Heilkräuter blühen und am besten gesammelt werden können.

Eine andere Bäuerin, Anna (geb. 1929), zeigte mir ihre Weihzweige 20 Jahre, nachdem ich sie bei *Moidl* kennengelernt hatte. Das waren: Kamille, Rainfarn (Blitzkraut, Donnerkraut), Schafgarbe, Pfefferminz, Salbei, Wohlgemut (Borretsch), Ringelblumen (Calendula), Käsepappel (Wegmalve) und Zitronenmelisse. Bemerkenswert ist, dass die Pflanzen zur Kräuterweihe immer öfter zusammen mit farbenprächtigen, würzig duftenden Blumen gebunden werden. Die

Der Glockenturm, gemalt zur Sage über die Glocke von einem Schüler der Hauptschule Lesachtal. (2000)

heutigen Buschen sehen wie Blumensträuße aus. Die Frauen kommen also mit einem bunten Strauß zur Kräuterweihe. Am Ende der feierlichen Prozession zum Mariä Himmelfahrtsfest segnet der Priester diesen Kräuterbusch mit dem feierlichen Spruch: „Diese Kräuter sollen den Menschen zum Heil gereichen!"

Sie werden im Dachboden zum Trocknen aufgehängt, bis zu den Rauchnächten in der Weihnachtszeit (siehe S. 120).

Schållepoan („Schalenbohnen")

Eine Frau aus St. Lorenzen bemerkte einmal treffend: „Wir haben allerlei Feste!" Tatsächlich gab es früher in St. Lorenzen recht lustige Feste, so z. B. eines mit dem Namen *Schållepoan*. Dieses Fest fand am Sonntag nach dem Kirchtag (10. August) statt. Marianne (geb. 1924) erzählte mir über das vergangene *Schållepoan*: „Man hat früher zum Brot ¾ Roggen und dazu ¼ Bohnen genommen. Die Pferdebohnen [= Saubohnen] heißen bei uns einfach *Poan*. Diese Bohnen werden im August geerntet, in der Schale [= Hülse] getrocknet, darauf gehauen, dann kommen die Bohnen aus der Schale heraus, die werden zu Mehl gemahlen und in den Brotteig hineingemischt. Nach der Bohnenernte hat man ein Fest gemacht, *Schållepoan* nennt man es. Die Mädchen haben beim Fest auf der Wiese Bohnen in den Schalen in einem großen Kessel gekocht. Die Burschen haben gemeinsam die gekochten Bohnen gegessen. Man hat die Schale mit beiden Händen gedreht und die Bohnen herausgenommen. Irgendwann am Ende der [19]40er Jahre haben die Mädchen die Bohnen nicht mehr gekocht. Mädchen waren immer weniger im Dorf und das Fest war für sie schon eine Belastung. Da haben die Burschen auf einer Wiese einen großen Kessel aufgestellt und die Bohnen selber gekocht, ja, und den Kessel mit zwei Trägern durch das Dorf herumgezogen und gesungen: *Wir steign auf'n Erschpaam, / siadn die Poan, / låssn die Gitschn alloan.* [Wir steigen auf den Eschenbaum, sieden die Bohnen, lassen die Mädchen allein].

Nachher bekamen die Mädchen zur Strafe in einem [unfrankierten] Brief eine getrocknete Bohnenschale und mussten alle das Porto zahlen [lacht]. Heute gibt es das Fest nicht mehr."

„Solång's Korn aufn Feld isch"

Geht man über die steilen Pässe hinüber ins Lesachtal, dann ein von Alpenblumen gesäumtes Bächlein entlang und durch den Fichten- und Lärchenwald hinunter, breitet sich umrahmt von grünen Wäldern plötzlich eine malerische Landschaft aus: das Dorf Maria Luggau im Talgrund. Immer ist der Glockenturm der Kirche, der über die Dächer der Bauernhöfe ragt, der erste Blickfang.

Ein Hauptschüler aus dem Lesachtal gab folgende Sage über die Macht der Kirchenglocke wider: „Im sogenannten *Munawåld* zwischen Maria Luggau und Untertilliach hörten die Leute öfters bei drohend aufziehendem Wetter [eine Stimme] laut schreien: *Schuip, schuip, bevor die Groaße in der Luggaue schreit!*[67] Gemeint war, die Wetterwolken sollten noch schnell über Luggau hinweggeschoben werden und sich dort entladen, bevor die große, geweihte Glocke geläutet wurde, die durch ihre hohe Weihe die Macht hatte, mit ihrem Geläute die Wetterwolken zu vertreiben und das Unwetter damit zu verhindern. Man konnte wiederholt beobachten, dass, wenn bei drohend aufziehendem Unwetter die große Glocke geläutet wurde, sich die Wolken wieder verzogen und das befürchtete Gewitter ausblieb."

Schuljahr 2000/2001, unter den Anleitungen von Hans Guggenberger und Edith Unterguggenberger. http://www.sagen.at/texte/sagen/schulprojekte/lesachtal/lesachtal.html (Stand 2006).

„Na, wo geasch du hin? Koa Glokke hearsche leitn, koa Uähre hearsche schlågn mehr!" Das sagten die Leute zu Marianne (1920–2006), die weit hinauf nach Salach einheiratete. (um 1940)

67 Sagen und Geschichten aus dem Lesachtal, gesammelt und niedergeschrieben von den Schülern der 2. Klasse der Hauptschule Lesachtal.

In der Tratte, einem Ortsteil von Maria Luggau, steht noch das ehemalige Doppelhaus mit dem Vulgonamen „Klausis / Tschoggla", in dem aber niemand mehr wohnt. Früher wohnte beim „Klausis" der Glöckner des Dorfes. Er hat jeden Tag um sechs Uhr in der Früh, zu Mittag und dann wieder um sechs Uhr abends die Glocke geläutet. Man beginnt die Stallarbeit des neuen Tags mit dem Klang dieser Kirchenglocke, man betet und isst mit der Glocke und beendet seine tägliche Stallarbeit mit der Glocke. – Die Kirchenglocke war in früherer Zeit, als man noch keine tragbare Uhr hatte, ein wichtiger Zeitanzeiger. Doch auch heute noch ist die Glocke wichtig: Ihr Ruf vereint das ganze Dorf zum Gebet.

Eine Bäuerin, die weit entfernt von der Dorfmitte lebte, hat mir erzählt, wie sehr die Leute dagegen waren, als sie 1952 in einen hoch gelegenen Hof – weg vom Dorfzentrum – einheiraten wollte. Die Leute hätten ihr gesagt: *Na, wo geasch du hin? Weasche seechn, koa Glokke hearsche leitn, koa Uähre hearsche schlågn mehr, weascht erscht seechn, wia diar dowáillång ischt.* (Nein, wo gehst du hin? Wirst sehen, keine Glocke hörst du läuten, keine Uhr hörst du mehr schlagen, wirst erst sehen, wie sehr du Heimweh haben wirst.)

Solche Erzählungen bezeugen eindrucksvoll, welch tieferen Sinn die Glocke hat. Die Kirchenglocke zeigt den Dorfleuten nicht nur Uhrzeit und Gebetszeit an. Sie schenkt ihnen auch das Gefühl der Verbundenheit mit der kirchlichen Gemeinde.

Der Glöckner verbrachte die Nacht im Sommer nicht im Bett, sondern immer auf dem Balkon unter freiem Himmel und hat von dort aus das Wetter beobachtet. Die aus nördlicher Richtung heranziehenden Wolken sind ja gut, aber die aus dem Süden, aus Italien, die bringen dem Dorf Gewitter oder Unwetter. Wenn solche Wolken sich drohend zusammenballten, ist der Glöckner geschwind auf den Glockenturm gestiegen und hat die Glocke geläutet. Sobald die Leute die Glocke gehört haben, sind sie aufs Feld geeilt und haben das Korn mit Weihwasser besprengt, oder sie haben im Haus gebetet, dass: „Gott, der Herr, unsere Felder vor Unheil beschützen möge!" Der Glöckner wurde daher der „Wetterläuter" genannt.

Seilbahn nach Salach, die mit 1426 m Seehöhe die geografisch am zweithöchsten gelegene Siedlung des Lesachtals ist (nach Assing mit 1427 m). Die Straße bis zur Wohnsiedlung wurde erst 1984 fertiggestellt. (um 1969)

Die Leute erklären mir: Die Glocke ist gesegnet. Deshalb ist sie etwas „Heiliges". Wenn die Glocke geläutet wird, wird durch das Geläut, d. h. durch die Schwingung, das „Heilige" in die Luft geleitet. Der Segen umfängt die ganze Umgebung und schützt folglich gegen das Unheil in der Luft. Hier bedeutet das Läuten der Glocke eine heilige Verrichtung, die die Luft vom Bösen läutert, reinigt.

Außerdem erfuhr ich auch noch Folgendes: In der Kirche wird jeden Sonntag nach der Messe die Wetterweihe erteilt. Auf meine Frage „In welchem Zeitraum tut man das?" antwortete man: *Solång´s Korn aufn Feld isch!* – Auch gibt es im Dorf den folgenden Spruch: *Solång´s Korn aufn Feld isch, derf man et tånzn!* (Solange das Korn auf dem Feld ist, darf man nicht tanzen.)

Der Zeitraum, in dem das Korn auf dem Acker steht, erstreckt sich von Fronleichnam (1. Sonntag nach Pfingsten) bis zum Bartholomäus-Tag (24. August), auf den der Kirchtag von Maria Luggau fällt. Laut den Dorfleuten war der oben zitierte Spruch fast so verbindlich wie eines der Zehn Gebote. Hochzeiten durften in dieser Zeit auch nicht stattfinden; allerdings hatten die Bauern im Sommer sowieso keine Zeit dafür. Die Wirte wurden in den 1950er Jahren von der Kirche immer noch streng angehalten, während dieser Zeit keinesfalls einen Tanz zu veranstalten.

Endlich kommt die Zeit, das Korn zu schneiden. Aus dem Korn bäckt man das Brot. Zwei Monate nach der Ernte feiert man Allerheiligen. An diesem Abend ist der „Wetterläuter" von Haus zu Haus gegangen und hat die ihm zustehenden Brotgaben eingesammelt. Das war bis 1955–60, bis zur Einführung der Elektrizität im Dorf der Brauch. Seit die Glocke elektrisch betrieben wird, gibt es auch keinen „Wetterläuter" mehr und kein Brot wird mehr gespendet. Bei Unwetter wird die Glocke aber immer noch geläutet.

Der Wettersegen, das Wetterläuten und auch der Spruch *Solång's Korn aufn Feld isch, derf man et tånzn!* stehen alle mit dem Wunsch nach einer ertragreichen Kornernte in Verbindung, denn nach Bartholomäus, Ende August, wurde gewöhnlich das Korn geschnitten. Die Menschen im Alpenland fürchten weder Mond- noch Sonnenfinsternis, weder zehn Meter hohen Schnee noch den steilen Felsabhang noch den Gletscher. Aber sie fürchten Unwetter, die noch vor der Ernte den Acker heimsuchen. Bei einem Unwetter wird der Roggen mit den reifen schweren Ähren niedergedrückt. Wenn dabei die schmalen, langen Roggenhalme knicken und im Regen zu Boden fallen, gelangt Wasser in die Ähren hinein. Dann keimen die Körner auf, wobei die Kornfrucht ihre Kohlenhydrate verliert. Auch wenn die durch ein Unwetter geschädigte Frucht nicht aufkeimt, ist der Ertrag viel geringer. Besonders schlimm aber ist, dass man aus dem angefeuchteten Korn kein gutes Brotmehl erzeugen kann. So ein Brot geht nie auf – es bleibt *hockn*, wie die Leute sagen. Oder sie sagen auch: „Das Brot wird speckig".

Man muss sich bewusst machen, dass die Menschen damals, als man noch Getreide anbaute, Selbstversorger waren. Und wenn das für das ganze nächste Jahr bestimmte Getreide angefeuchtet war, musste man das ganze Jahr „speckiges" Brot essen. Noch oft hört man die Leute davon berichten, wie ungenießbar das „hocken gebliebene" Brot gewesen ist. Man konnte damit nur Mus kochen. Trotzdem soll man zufrieden gewesen sein, wenn nur etwas Essbares daraus erzeugt werden konnte. Eine alte Frau erzählte mir: „Es hat mir früher alles gut geschmeckt, alles, was man essen konnte, wenn man es nur essen konnte!" Daraus kann man schließen, wie wenig es damals zu essen gab.

Die Landschaft der Alpen ist unbeschreiblich majestätisch, wenn das schneebedeckte Gebirge im Morgenrot glänzt. Andererseits zeigt sie sich auch oft zierlich und duftend, wenn die zahllosen buntfarbigen Wiesenblumen im zarten Maisonnenlicht leuchten. Tatsächlich wird das Alpenland zu einer der schönsten Landschaften auf der Welt gezählt.

Die Natur in den Alpen ist den Menschen hingegen nicht immer hold, nicht jeder Sommer ist ein guter Sommer für die Arbeit der Bauern. Denn die wichtigste Jahreszeit zur Nahrungsproduktion ist oft nur kurz. Der Winter, der nur wenige Arbeiten im Freien zulässt, ist hingegen hart und lang. Wenn kurz vor der Ernte im Sommer Unwetter hereinbrachen und das Getreide zu Boden drückten, war beinahe die Lebensgrundlage für ein ganzes Jahr vernichtet. So herrschte im Sommer oft ein harter Kampf gegen die Naturgewalten, und manchmal gab es keinen anderen Weg, als sich in das Unvermeidliche zu schicken. So lernten die Menschen mit der Natur zu leben und sich damit zu ernähren, was sie im Schweiße ihres Angesichtes gottergeben ernten konnten. Wir dürfen nicht vergessen, dass auch wir in der heutigen Zeit trotz vieler technischer Errungenschaften gegen die Naturgewalten oft machtlos sind.

Im *Hirbischt*. (1999)

Herbst

Hirbischt – Die Zeit der Ernte

Kornernte

Es ist Frühherbst, als ich einige Jahre nach meinem letzten Besuch von Japan aus im Lesachtal ankomme. Sofort ist mir diese Landschaft wieder vertraut, denn sie war immer noch so, wie ich sie in Erinnerung habe. Um mich herum steile, von Wiesen bedeckte Hänge. Wie eine große Raupe windet sich die asphaltierte Straße durch die weiche, herbstgrüne Flanke dieses schmalen Kärntner Hochtales. Tief unten im Graben fließt die Gail schon im Schatten der hereinbrechenden Dämmerung. Nur die Straße, auf der ich unterwegs bin, glänzt noch im Gegenlicht der Abendsonne.

Da ertönt hinter mir die Glocke der Dorfkirche. Sie läutet zur Vesperstunde. Auf den Feldern klingen leise, wie zartes Schellengeläut, die trockenen Ähren an der Getreideharfe, wenn der Wind durch das Tal weht. Der Tag ist nah, an dem man die Garben dreschen wird. Diese Idylle voll von Frieden und Zufriedenheit nimmt mich gefangen.

Man arbeitet noch auf der Wiese am Abhang mit der Sense in der Hand. Am Abend sitze ich wieder bei Leopold. Hören wir dem erfahrenen Bergbauern zu, was er über die Herbstarbeit zu erzählen weiß. Er ist geborener Lesachtaler. Schon im Alter von fünf Jahren wusste er, dass er hier einmal Bauer sein würde, und daran fand er Freude.

„Im September wird das Korn geschnitten und dann wird die grüne nasse Garbe auf den *Soldo* [oder auf die *Harpfe*] gehängt und bleibt dort vierzehn Tage. Von Anfang September bis 10. September, 20. September. Dann wird das Korn gedroschen. Ja, das ist die Arbeit! Nachher dann werden

Von links: Der letzte Garbenschnitt in Guggenberg. (1994); Das getrocknete Getreide wird durch die „Ausschlage" auf traditionelle Weise zum Dreschen ausgeschlagen. (1984); Der gedroschene Hafer zum Füttern in einem Getreidemaß Viertel auf der „Ausschlage". (1984)

Kartoffeln circa um den 20. September herum herausgegraben. [Die Arbeit dauert] drei, vier Tage. – Ja, Erntedankfest ist halt da auch!

Ja, dann wird Holz im Wald geschlägert und verkauft, weil doch jeder Bauer zusätzlich auch noch ein Geld braucht. Das gute wird verkauft und das schlechte wird als Brennholz heimgeführt. Dann kommt Viehabtrieb, ja. Das Vieh kommt von der Alm, circa Ende September. Im Oktober tut man halt nachher noch Brennholz machen, die Hütten instandhalten oder an den Dächern nachschauen, ob die in Ordnung sind, in den Bergwiesen und überall bei den Ställen und bei der Mühle.

Mühlsteine-Scharfen macht man einmal im Jahr. Ja, bevor man anfängt zu mahlen. Jetzt, wenn das Korn gedroschen ist, wird die Mühle hergerichtet und [dann] wird gemahlen, im Oktober. Man mahlt nur so viel, dass man über den Winter genug hat. Weil man im Winter nicht mahlen kann, weil alles gefriert. Also man muss eben für vier, fünf Monate voraus mahlen. Und im Frühjahr mahlt man wieder. Ja, man mahlt im Jahr zweimal, im Herbst und im Frühjahr. Das dauert eine Woche, aber früher haben sie drei, vier Wochen gemahlen, weil man mehr Korn angebaut hat fürs Vieh und für die Leute.

Mitte Oktober, Anfang November ist es ja oft schon, dass es anfängt zu schneien, da wird auch viel im Wald gearbeitet noch, weil, sagen wir, wenn man mehr Holz schlägert, dann braucht man ein bisschen Schnee oder Eis. Es muss gefrieren, dann geht es besser zu transportieren, zum Liefern, nicht? Dann muss man sich vorsorgen, dass man genug Brennholz hat für ein ganzes Jahr, weil da braucht man auch viel, den Backofen zu heizen, früher, den Stubenofen, die Küche und verschiedene andere Räume. Man kann sagen, mindestens, für das ganze Jahr, dreißig Festmeter[68] wohl einmal bald, Raummeter[69]. Stubenofen habe ich nur einen, Küche ist extra und Zentralheizung ist auch extra. [Die Zentralheizung funktioniert mit] Holz und Kohle auch.

Die kleinen Kinder arbeiten üblicherweise beim Kornschneiden mit. (1999)

Zwei Wochen werden die Garben zum Trocknen gehängt. (1999)

Der Roggen ist reif. (2006)

68 Ein Festmeter entspricht einem Kubikmeter kompakter Holzmasse.

69 Ein Raummeter entspricht einem Kubikmeter Holz, bei dem die Zwischenräume zwischen den gelagerten Holzstämmen bzw. den gestapelten Scheitern einer „Holzlege" mitgerechnet werden.

Dann wird noch das Stroh aufgeschnitten, um es auch zu verfüttern. Jetzt tut man *schwårzes Leck*[70] nicht mehr. [Mit dem Verschwinden des Holzbackofens] hat man diese Arbeit auch nimmer machen können. Es wird 20 Jahre her sein [dass zum letzten Mal, um 1964, *schwårzes Leck* gemacht wurde]."

Es ist nicht übertrieben zu sagen: Es gibt im Lesachtal keinen Ort ohne Neigung außer dem ebenen Boden in den Häusern! Ich erinnere mich an die Weizenernte auf einem steilen Ackerfeld. Ich wollte alle Arbeitsvorgänge fotografieren, dabei musste ich natürlich möglichst still stehen. Doch wie schmerzten mir dabei die Fußgelenke! Auf diesen steilen Hängen, auf denen keine Maschine mehr fahren kann, hat man früher das Getreide mühevoll angebaut.

Im Jahr 1984 schnitt Stefan (geb. 1934) gerade mit seiner Frau Theresia (geb. 1939) Weizen auf seinem Acker. Die Nachbarin Agnes (1907–1999) half dabei. – Stefan hatte im Frühling des Jahres auf seinem 20–30 Ar großen Acker Hafer für Futter und Weizen für Brot gesät. Roggen baut er seit seiner Heirat (1977) nicht mehr an. Das Roggenmehl wird gekauft und für das Brot mit dem eigenen Weizenmehl gemischt. – Jetzt nimmt Stefan den Wetzstein aus dem hölzernen *Khumpf*, der an seinem Hosengürtel hängt, und wetzt damit die Sense. Beim Wetzen klingt der scharfe Ton rhythmisch über den Acker, und die Sense blitzt im Sonnenschein. Stefan holt mit der Sense kräftig aus, und reihenweise sinken die Halme zu Boden. Seine Frau und Agnes nehmen die Halme mit ihren Sicheln auf und formen sie zu Garben. Als alle Halme geschnitten und zu Garben gebunden sind, stellt er inmitten des Ackers einige Garben zusammen. Seine Frau ruft ihre kleinen Kinder herbei, die bis jetzt auf dem Feld gespielt haben. Stefan nimmt den Hut ab, dann stehen sie alle still um die aufgestellten Garben herum und beten ein Vaterunser unter dem wolkenlosen herbstlichen Himmel.

Die Gail in Maria Luggau. (2006)

70 Getrocknete Fichtennadeln mit *Nummale* (Spreu, Getreidehülsen) vermischt, im Backofen gedörrt und in der Mühle vermahlen.

Anschließend bindet sich Stefan eine große Menge Garben auf den Rücken, bis über den Kopf aufgetürmt, sodass man von hinten nur seine Füße sieht. Er geht mit seiner Last langsam hinunter zu einem Trockengerüst, seiner „Kese". Seine kleinen Kinder laufen ihm nach. Die Mutter trägt ihnen auf, die Ähren zusammenzuklauben, die vom Rücken des Vaters fallen. Während er die Garben zur „Kese" trägt, sammeln die Frauen und die restlichen Kinder sorgfältig die übrig gebliebenen Ähren auf dem Feld auf.

Fröhlich bringen die Kinder der Mutter die gesammelten Ähren. Theresia trägt die letzten Garben gemeinsam mit den gelesenen Ähren hinunter zu ihrem Mann. Jetzt steigt er auf das Trockengerüst mit den langen hölzernen Querstangen hinauf und blickt zu seiner Frau hinunter. Diese hebt nun mit dem langstieligen *Raachgabilan* (Reichgabel) eine Garbe auf und reicht sie ihrem Mann. Er nimmt die einzelnen Garben, die im unteren Drittel mit einem Band aus Halmen zusammengebunden wurden, von der Reichgabel und legt sie so auf die Querstangen der Kese, dass die Ähren in einer Reihe nach vorne und in der darüberliegenden Reihe nach hinten weisen, sodass sie immer von den Halmen der oberen Garbenreihe bedeckt werden. So sind die Ähren vor den Vögeln geschützt. Zwischen zwei Querstangen kann man drei bis vier Garbenreihen legen. Theresia reicht ihm eine Garbe nach der anderen hinauf. So arbeitet das Ehepaar weiter zusammen, bis die Abendsonne hinter den Lienzer Dolomiten untergeht.

Rund um die letzte Garbe betet die ganze Familie das „Vaterunser". (1984)

Stefan trägt die Garben mithilfe von zwei langen Bändern zusammengewickelt zum *Khäisn*. (1984)

Die Garben bleiben nun zwei Wochen lang zum Nachtrocknen auf dieser „Kese" hängen. Diese alte, verwitterte Getreideharfe (= Getreideharpfe), deren Alter niemand mehr genau weiß, steht hier nun voll beladen mit der Frucht der Ernte. Lange verweile ich bei ihr und vertiefe mich in den Anblick der versinkenden Sonne. – Am späten Abend sah ich das Ehepaar in einem Gasthaus im Dorf zufällig wieder, sie saßen zu zweit beisammen und tranken Wein. Auf ihren Gesichtern konnte ich ihre Zufriedenheit mit der Ernte erkennen, aber auch das Glück des gemeinsamen Lebens.

Eines Tages war Theresia gerade beim Brotbacken, als ich sie besuchte. Ihre Kinder und die des Nachbarhauses waren auch da. Theresia buk außer den gewöhnlichen großen Broten noch mehrere kleine Brote, aber in ganz gleicher Form wie die großen. Diese kleinen Brotlaibe von ca. 10 cm Durchmesser nennt man *Zeltlan*. Theresia ruft nacheinander die Kinder beim Namen. Wenn ein Kind kommt, zeigt sie ihm ein *Zeltl* und fragt: „Was sagst du?" Sagt das Kind „Bitte!", bekommt es ein *Zeltl*, nachdem die Mutter auf der unteren Seite dieses kleinen Brotlaibes mit der Messerspitze ein Kreuzzeichen gemacht hat. Jedes Kind hat ein ganzes „Zeltlein" bekommen, das es nun jederzeit essen darf.

Theresia hebt mit einer *Raachgabile* die Garben Stück für Stück hinauf zu ihrem Mann auf dem *Khäisn*. (1984)

Theresias Brot besteht aus gekauftem Roggenmehl und eigenem Weizenmehl (im Verhältnis eins zu eins gemischt) und wird im elektrischen Backofen gebacken. Als Gärungsmittel nimmt sie Germ. Die Größe eines Laibes beträgt ca. 25 cm im Durchmesser und 6 cm in der Höhe, er wiegt ungefähr 1 kg. Dies ist bei dieser Größe im Ort üblich. Aber das Brot hat ein merkwürdiges Kennzeichen, eine Einkerbung, die anders ist als bei den meisten Bäckerinnen, wie z. B. bei Monika. Über die Einkerbungszeichen werde ich später berichten.

Theresia erzählte mir, dass ihre Schwiegermutter schon nicht mehr da war, als sie eingeheiratet hat. Zu diesem Zeitpunkt stand der Holzbackofen noch, 1962 ist er aber dann zerfallen. In diesem Jahr wurde ein elektrischer Backofen gekauft. Darum bäckt sie das Brot heute mit dem elektrischen Backofen. Das Brotbacken selbst hat sie also bei ihrer leiblichen Mutter gelernt. – Als ich mich von der Familie verabschiedete, spielten die Kinder noch draußen vor dem Haus, mit den *Zeltlan* in der Hand.

Inzwischen sind fünfzehn Jahre vergangen, seit wir bei Stefan das Weizenschneiden gesehen haben. Wieder einmal ist es Herbst geworden, und wieder einmal bin ich zu Beginn dieser Jahreszeit in das Tal gekommen. Auf dem wogenden goldbraunen Weizenfeld habe ich Leopold wieder gesehen – zehn Jahre nachdem ich ihn beim Säen beobachtet hatte (s. S. 27 ff.). Leopold trägt heute eine indigoblaue Schürze und schneidet mit seinen drei Söhnen den Weizen. Das neunjährige Kind, das damals den *Suumegång* machte, ist nun 19 Jahre alt und hilft immer noch, gemeinam mit

Ein *Zeltl* in der Hand. (1984)

Zu einer Garbe wird gebunden. (1999)

den Brüdern, dem Vater bei der Feldarbeit. In diesem Jahr hat Leopold Weizen angebaut. Sein Weizenacker ist ca. 10 Ar (1 000 m²) groß, von ihm werden 15–20 „Viertel" (ca. 240–320 kg) geerntet. Leopold kauft alle zwei Jahre die Saat „Kärntner Früh". Früher hat man immer eigenes Saatgut zum Säen verwendet. Dieses ist aber nicht gut gewachsen. Die gekaufte Saat hingegen gedeiht auch im Hochtal auf 1 200 m Seehöhe noch sehr gut.

Sind die letzten Weizenhalme geschnitten, nimmt Leopold den Hut ab und dankt wortlos für die gute Ernte. „Wenn die letzten Halme von allen Feldern im Besitz geschnitten sind, wird gebetet, denn das Getreide wächst nicht von selbst. Aber es wird nicht öffentlich gemacht", erklärt er.

Sie arbeiten schweigend, rhythmisch, schnell und ohne Unterlass. Alle Halme werden zu Garben zusammengebunden. Diese kommen nun auf die *Khäisnschtång* („Kesenstangen") vom *Zuähaisl* („Zuhäuslein"), das ist der kleine Blockbau, der inmitten der *Egarte* steht und zu den wichtigsten Wirtschaftsgebäuden zählt. Die *Khäisn* (s. S. 80 f.) steht im Lesachtal meistens im Freien auf der *Egarte*, oder es sind „Kesenstangen" an den Außenwänden vom *Zuähaisl* angebracht. Diese Vorrichtungen dienen zum Trocknen der Garben.

Einige Tage später habe ich auf einem sonnigen Acker auf der anderen Seite des Tals wieder Leute bei der Arbeit gesehen. Sie schneiden dort den Roggen mit den weißlichen schweren Ähren, die bei jedem leisen Windhauch schwingen. Auf dem Kornfeld arbeitet ein Bauer zusammen mit seiner alten Mutter (geb. 1922) und seiner Frau (geb. 1958). Die Arbeitsvorgänge unterscheiden sich hier kaum von denen bei den anderen Bauern. Doch als die letzten Halme geschnitten sind, kniet die alte Mutter auf den spitzen Stoppeln nieder und betet. Dabei bleibt sie allein. Die junge Frau hat ihr den Rücken zugekehrt und blickt in Gedanken versunken ins Weite. Der Sohn ist schon mit dem Ladewagen zur „*Soldo*" am Futterhaus vorausgefahren. Dorthin werden nun die gebundenen Garben zum Trocknen gebracht. Und nach dem Dreschen wird das Korn in den Korngrant geschüttet.

Ährenlesen

Wie wir bei Stefan gesehen haben, mussten auch die Kinder bei der Ernte intensiv mithelfen. Die Lesachtalerin Agnes erinnerte sich an ihre Kindheit um die 1910er Jahre: „Wenn

Der gedroschene Roggen im Korngrant. (2000)

wir beim Kornschneiden das letzte Korn auf dem Felde geschnitten haben, da haben wir uns, die ganze Familie, um das letzte Korn gekniet und das ‚Vaterunser' und das ‚Ehre sei dem Vater' gebetet. Als ich im Dienst war, hat man es auch so gemacht; wer das letzte Korn geschnitten hat, der hat sogar ein *Zeltl* gekriegt. Dann, nach dem Beten, haben der Vater und die Mutter die Garben gebunden und zu der *Khäisn* getragen. Die einzelnen Ähren, die auf dem Felde abgefallen sind, haben wir, die Kinder, gesammelt. Die Kinder sind in einer Reihe [der Breite nach] zusammen gegangen, hinter dem Vater, und haben die Ähren aufgeklaubt. Die Ähren vom Roggen, Weizen und Hafer dürfen Kinder aufklauben. Aber es war den Kindern streng verboten, Gerste zusammenzutragen, weil die Gerste sehr lange *Gräten* [Grannen] hat. Wenn die *Gräten* in die Kehle oder ins Auge stechen, bekommt man sie schwer heraus. So ist einmal wer daran gestorben! Die sind sehr gefährlich."

Zuähaisl in der Nähe des Kornfeldes. (1999)

Auch Pater Gregor M., geb. 1928 in Moos, berichtete mir über das Ährenaufsammeln in seiner Kindheit: „Wenn die letzte Garbe geschnitten wurde, da hat der Vater gesagt: ‚Ich knie mich mit euch nieder auf die Garbe drauf', und dann haben wir ‚Vaterunser' gebetet. Und dann, wenn die Garben vom Acker weg waren, haben sie uns geschickt, Mutter oder Vater, die einzelnen Ähren, die noch gelegen sind, aufzulesen, aufzuheben, ich habe noch solche Buschen zusammengebunden. Dann haben sie immer gesagt: ‚Das Korn, das daheraus gemacht wird, das Mehl, daraus bekommt man kleine Brote!' Wirklich, bei jedem Brotbacken, wenn meine Mutter gebacken hat, hat sie uns kleine Brote, *Zeltlan*, ge-

Roggenacker in Guggenberg. Das kleine Mädchen steigt mit einem Tuch das Feld hinauf, legt die Garben darauf, zieht sie mithilfe des Tuches hinunter. Dieser Vorgang wird den ganzen Tag wiederholt. (1984)

macht, ganz kleine. Das hat uns gefreut und sie hat gesagt: ‚Das hast du damals selber aufgelesen.'"

Zeltlan

Wir sehen, dass der Brauch, beim letzten Kornschneiden die Ähren zu lesen und das „Vaterunser" zu beten, eine feste Tradition war, und dass dieser Brauch mit dem „*Zeltlan*-Backen" in engem Zusammenhang stand. Hören wir nun die Erzählung von Agnes: „Meine Mutter hat beim Brotbacken jedes Mal auch *Zeltlan* gebacken, allweil zwei oder drei. Wir Kinder haben sie untereinander geteilt und gegessen. Sie hat sie uns als Belohung für das Ährenauflesen gebacken. Das hat es ursprünglich bedeutet. Aber seither werden sie gebacken, ohne dass man um ihren Sinn weiß. Ich selber habe auch *Zeltlan* gebacken, jedes Mal beim Brotbacken fünfe. In den Backofen sind sie zwischen die Brotlaibe gelegt worden, ja gleichzeitig mit den Brotlaiben *in- und außagituun* [„hinein- und herausgetan"]. Wenn sie [ab]gekühlt waren, hat jedes Kind eins gekriegt, da haben sie sie sofort gegessen!"

Zeltlan (Einzahl: *Zeltl*) bedeutet kleine „Zelten". Diese „Zelten", im eigentlichen Sinne als „flaches Backwerk" wie „Lebzelten" (Lebkuchen) zu verstehen, sind im Lesachtal kleine Laibchen, die beim Brotbacken für die Kinder bestimmt sind, wie Matthias Lexer erklärt.[71] Übrigens wird im Lesachtal das flache Früchtebrot für die Weihnachtszeit auch als *Zeltn* bezeichnet (siehe S. 128 ff.).

Die alte Mutter, Josefa, die nach dem Kornschneiden 1999 nach alter Tradition niedergekniet ist und gebetet hat, erzählte Folgendes: „Als ich noch daheim war, hat die Mutter beim Brotbacken jedes Mal drei *Zeltlan* mitgebacken. Der Nachbarbub ist auf der Eingangsstiege von unserem Haus gesessen und hat darauf gewartet, bis sie fertig gebacken waren. Er hat eins und die anderen zwei haben wir, die Kinder im Haus, gekriegt. Wir haben halt große Freude mit den *Zeltlan* gehabt [lacht] und sie sofort gegessen. Im Allgemeinen wird gesagt, frisches Brot darf man nicht essen, weil es nicht gesund ist, ja man kriegt Sodbrennen im Magen oder Beschwerden im Darm. Deshalb darf man kein warmes Brot essen. Nach drei Tagen wird das Brot am besten. Aber bei den *Zeltlan* haben wir nicht mit Geduld warten können. Ja, die Mutter hat uns lachend zugeschaut, beim *Zeltlan*-Essen."

Der „Nachbarbub" ist mittlerweile ein erwachsener Mann. Er heißt jetzt Pater Franz. Fröhlich erinnert er sich noch: „Ja, ich habe immer auf der Stiege des Hauses gewartet, bis das *Zeltl* gebacken war. Das gehört zu meinen schönsten Erinnerungen an die Kindheit!"

Die Mutter buk *Zeltlan* also auch für die Nachbarskinder und bereitete ihnen mit diesem Geschenk eine große Freude. Auch Rosina (geb. 1924) erzählte über diese kleinen Brote: „Als Kind habe ich zu Hause nach dem Kornschnitt die Ähren, die auf dem Felde übrig geblieben sind, aufgehoben. Freilich, auf unserem Felde, nicht bei den Nachbarn. Da hat die Mutter uns Kindern beim Brotbacken als Lohn kleine Brote gebacken. So groß [Durchmesser ca. 10 cm], die hießen bei uns ‚*Zeltn*'. Das gewöhnliche Brot ist Kleienbrot [Brot aus einer Mischung mit viel Kleie] oder Haferbrot gewesen. Roggenbrot ist eine Seltenheit gewesen. Ja, das hat früher Wert gehabt. Aber die *Zeltn* waren immer aus Roggen gemacht. Darüber war ich sehr froh. Die *Zeltn* sind den Kindern gebacken worden, bis zum [Zweiten] Weltkrieg."

Monika, über deren Brotbacken ich im Kapitel „Sommer" schrieb, erzählte mir, dass sie nie altes Brot wegwerfen kann: „*Wiä i Khind giwesn bin, håmo nåchn Khornschneidn ålla Ächolan gimiäßt zåmmekhlaubm. Dås hån i åls Khind net gern gituun, weil die Zollhauskindo hånd gikhennt spieln und i hån gimiäßt årbeitn. Åbo es wår pregend für mei Lebm.*" [„Wie ich Kind gewesen bin, habe ich nach dem Kornschneiden alle Ähren zusammenklauben müssen. Das habe ich als Kind nicht gern getan, weil die Zollhauskinder haben spielen können und ich habe arbeiten müssen. Aber es war prägend für mein Leben."]

71 Siehe Kärntisches Wörterbuch (1862): unter *Zelte*.

Das reife Weizenfeld. (1999)

Nach den Erzählungen der Leute wurden die *Zeltlan* den Kindern also als Belohnung für das Ährenauflesen gebacken, genau in der Form wie das tägliche Brot aus Roggen. Rosina bezeugt, dass zwar das gewöhnliche Brot nicht immer aus Roggen gemacht wurde, die „Zeltlein" jedoch schon. Von diesen Mini-Broten, die aus dem Hauptgetreide eigens für sie gebacken wurden, waren die Kinder tief beeindruckt. Sie konnten dabei verfolgen, wie aus einer winzigen Menge Korn schließlich Brot geworden ist, und sie lernten so ihre Arbeit des Ährensammelns schätzen. Sie waren stolz auf ihre Arbeit! Sie lernten darüber hinaus, Brot miteinander zu teilen.

Das Ährenauflesen besorgt im Lesachtal jede Familie auf dem eigenen Feld selbst. Jede einzelne Ähre war für das harte, karge Leben des Bauern im Hochtal tatsächlich sehr wichtig. Aber nicht nur wegen der Knappheit des Brotes wurden die Ähren dort aufgelesen. Die Lesachtaler waren der Überzeugung, dass das Brotgetreide eine ganz besondere Gottesgabe sei. Darum hat man nach dem Schnitt der letzten Garben ein Dankgebet verrichtet. Und da es auf jede einzelne Ähre ankam, nahm man dieses Ährenlesen besonders ernst.

Oswald Sint (1900–1992) aus St. Oswald (Gemeinde Kartitsch) im Tiroler Gailtal schreibt dazu: „Sobald der Acker abgeerntet war, musste man die Ähren auflesen. Dazu wurde auch ich [als das kleinste Kind] herangezogen. ‚Du brauchst dich am wenigsten zu bücken', hieß es. Diese Arbeit freute uns Brüder nicht, da musste man unzählige Male hin- und hergehen, und es dauerte so lange, bis ein Acker sauber war. Als man das Getreide später mit der Sense mähte, lagen noch viel mehr Halme auf dem Boden als beim Sichelschnitt."[72]

Das Ährenlesen pflegte man aber nicht nur im Lesachtal. Es gab diesen Brauch auch in vielen anderen Regionen Europas, vor allem in und nach der Kriegszeit, in der man unter Nahrungsmangel litt. Erika Gaitsch (geb. 1936 im Kreis Tilsit-Ragnit, Ostpreußen) z. B. erwähnt bei ihren Erinnerungen an die Kindheit, in der sie wegen des Krieges von den Eltern getrennt bei der Großmutter lebte, Folgendes: „Im Herbst ging Oma mit uns zum Ährenlesen auf die abgeernteten Kornfelder. Das sahen die Bauern nicht so gern. Manchmal wurden wir von ihnen vertrieben, und die eigenen Kinder wurden zum Auflesen der Ähren aufs Feld geschickt.

Wir klopften und pulten die Körner mühsam aus den Ähren. Da uns zum Mehlmahlen nur die Kaffeemühle zur Verfügung stand, war das Mahlen langsam und mühselig. Da hatte Oma die Idee, die Körner erst zu kochen und quellen zu lassen und sie dann durch den Fleischwolf zu drehen. Diesen Brei knetete Oma mit etwas trockenem Mehl durch, formte brotähnliche Laibe, bestreute sie ringsum mit Mehl und buk sie in unserem Holzherdbackofen. Das Brot war innen weich und klitschig, aber es schmeckte gut."[73]

Die Erzählungen davon, wie viel Mühe es bereitete, Ähren für einen kleinen Brotlaib zu sammeln, sowie die Erinnerungen an das kindliche Erstaunen darüber, dass selbst aus so winzigen Ähren ein Brotlaib gebacken werden kann, sind berührend. Es gibt zahlreiche Berichte übers Ährenlesen von armen Leuten, die keine eigenen Felder besaßen. So erzählt beispielsweise Heinrich Feist (1906–1994), geb. in Tassau, Kreis Glatz, Niederschlesien in dem Buch „Meine Erinnerungen": „In dieser Zeit gingen Trudel und die Mädchen fast jeden Tag Ährenlesen. Auf einem großen Getreidestoppelfeld waren ich und noch ein zweiter Mann mit dem Pferderechen tätig. Erst dann durften die Leute aufs Stoppelfeld. Oft waren es mehr als hundert. Da war für die Letzten nicht mehr viel zu fangen."[74]

In mehreren Gebieten in Europa hatten die Mägde, die zur Erntearbeit eingestellt wurden, gesetzlich das Recht, die nach Beendigung der sozusagen „offiziellen" Erntearbeiten auf dem Feld verbliebenen restlichen Ähren vom Boden aufzulesen. Somit verwundert es nicht, dass danach für die Letzten nicht mehr viel zu „fangen" übrig blieb.

Zu diesem Thema gibt es auch ein weltberühmtes Kunstwerk, nämlich die „Ährenleserinnen" (1857) von Jean-François Millet. Die Szene auf dem Bild zeigt drei Frauen aus der armen Landbevölkerung beim Ährenlesen. Im Hintergrund sieht man das im Wagen hoch gestapelte Getreide und im Vordergrund das abgeerntete Feld. Hier sind fast keine Ähren mehr zu finden, sie wurden alle schon abtransportiert. Man kann sehen, wie wenige Halme die Frauen in der Hand halten.

Dieser Brauch der Ährenlese lässt sich mit dem Buch Rut im Alten Testament in Verbindung bringen. Die junge arme Witwe, die Moabiterin Rut, ging auf die fremden Felder und las für sich und für ihre Schwiegermutter die Ähren auf, um überleben zu können. Das israelitische Gesetz erlaubte, das aufzulesen, was von den Garben herabfiel. Der Ertrag dieses Rechts für die Armen hing daher vom Wohlwollen des Feldbesitzers ab. Rut kam aufs Gerstenfeld von Boas, der sie später heiratete, und sammelte dort die Ähren zwischen den Garben. Obwohl man sich trotz des Gesetzes gegen Ährenlesende oft schroff verhielt, verbot der großzügige Boas den Schnittern, die Fremde beim Ährenlesen zu belästigen oder zu schelten. Die Schnitter sollten sogar extra etwas für Rut

72 Sint (1986): S. 55.

73 Gaitsch (1999): Flucht aus Ostpreußen – Kindheitserinnerungen 1943–1952. Siehe unter: www.tilsit-ragnit.de/ragnit/ra_flucht2.html (Stand 2006).

74 Feist (2006): Meine Erinnerungen. Siehe unter: www.harryw.de/pageID_1714191.html (Stand 2006).

aus den Garben ziehen und liegen lassen. So sammelte sie etwa ein Efa (ca. 45 Liter) Gerste. (Rut 2,1–17)[75]

Bereits in alttestamentarischer Zeit war es also den Bedürftigen gesetzlich gestattet, auf dem Feld Ähren nachzulesen. Denn Getreide ist unentbehrliche Grundnahrung und jedermann hatte die Existenzsicherung des Mitmenschen zu unterstützen. Es gab auch das folgende Gesetz: „Man darf nicht die Handmühle oder den oberen Mühlstein als Pfand nehmen; denn dann nimmt man das Leben selbst als Pfand." (Deuteronomium 24,6) Ohne Mahlstein kann man nicht mahlen, und ungemahlen ist das Getreide nicht genießbar. Der Mahlstein war zur Existenz ebenso unentbehrlich wie das Getreide selbst. Darum nahm man ihn nicht als Pfand.

Stefan verwendete wegen des steilen Feldes zum Kornschnitt eine Sense. Sonst wird das Getreide heute mit der Mähmaschine geschnitten, wie es bei Leopold üblich ist. Das Korn mit der Sense zu schneiden, ist ein noch gar nicht so alter Brauch. Oswald Sint berichtet über den Kornschnitt, man habe bis in die Jahre des Zweiten Weltkrieges hinein das Getreide noch mit Sicheln geschnitten. Als es während des Krieges weniger Arbeitsleute gab, begann man das Korn mithilfe von Sensen zu mähen, später wurden diese dann durch Mähdrescher ersetzt.[76]

Der Getreideertrag im Lesachtal war in früheren Zeiten relativ gering. Im 14. Jahrhundert z. B. erntete man von den etwa 140 Gütern im Tal durchschnittlich 120–130 t Getreide. Wenn man ein Drittel der Ernte für die Aussaat, die Abgaben und den Schwund abzieht, verbleiben für den Verbrauch 80–90 t. Die Bevölkerung im ganzen Tal wird für diese Zeit auf etwa 1 000 Einwohner geschätzt; so entfielen pro Kopf im Jahr 80–90 kg.[77] Es gab also pro Kopf und Tag kaum 250 g Getreide.

Im 14. Jh. entfielen bei der Gesamternte nur 25 % auf die Hauptbrotgetreidearten Roggen und Weizen und mehr als 56 % auf Hafer.[78] Die Bergbauern verwendeten daher neben den klassischen Brotgetreidearten auch Hafer und Bohnenmehl zur Brotbereitung. Die fehlenden Kalorien musste man durch Butter und andere Milchprodukte zu sich nehmen. Stärke liefert nur 4 kcal/g, Fett (Butter) hingegen 9 kcal/g, daher war es für die Bergbauern eine besonders wichtige Kalorienquelle. Die Landwirtschaft als System zur Selbstversorgung entwickelte sich in der Alpenregion aus dem engen Zusammenwirken von Getreideanbau und Viehzucht. Getreide aus eigenem Anbau – *Proat* und *Múäs* – und Milch aus der eigenen Viehzucht bildeten die Grundlagen der Ernährung. Es war in diesem Gebiet unmöglich, nur von einer dieser Nahrungsquellen zu leben.

Missernten gab es häufig. Im Jahr 1627 beispielsweise betrug der gesamte Ertrag an Getreide im ganzen Tal nur 80 t; davon erbrachte der Hafer immer noch die größte Menge. Diese Menge entsprach ungefähr der Hälfte des Ertrags in einem damaligen Durchschnittsjahr. In einem guten Jahr 1632 erzielte man hingegen mit 180 t ein Rekordergebnis. Dieses Ergebnis ist im Vergleich zur Getreideproduktion des Tales im 14. Jh. ungleich höher. Aber abzüglich des Saatgutes und der Abgaben blieben nur 120 t zur Verfügung. Damals war die Einwohnerzahl schon auf 1 600–1 700 Personen angewachsen. So entfielen auf den Einzelnen wieder nur 80 kg Getreide pro Jahr. Dieser Wert ist somit nicht besser als jener des 14. Jahrhunderts, wie Neumann zu bedenken gibt.[79] Es wird also deutlich, dass die Lesachtaler sehr oft unter Getreideknappheit litten.

Erntedankfest

Nach dem Kornschnitt werden in vielen Regionen Europas Erntedankfeste nach der jeweiligen Landessitte

75 Siehe Neue Jesusalemer Bibel (2000): S. 335 f.
76 Sint (1986): S. 55.
77 Neumann (1977): S. 193 f.
78 Ebd., S. 195.
79 Ebd., S. 198 ff.

Erntedankfest. (alle 1984, 2. v. l. 2000)

gefeiert. Auch im Lesachtal feiert man dieses Fest. Das Erntedankfest im bekannten Wallfahrtsort Maria Luggau wird im Werk „Lebendiges Brauchtum in Kärnten“[80] als eines der schönsten Erntedankfeste bezeichnet. Ihm ist ein ganzes Kapitel gewidmet. In diesem kleinen Dorf mit ca. 50 Bauernhöfen finden vier Prozessionen im Jahr statt: am Sonntag nach Fronleichnam, zum Fest Mariä Himmelfahrt, zum Fest Maria Sieben Schmerzen und beim Erntedankfest am vierten Septembersonntag, wobei jenes am Tag der Sieben Schmerzen Mariä traditionell das größte Fest ist. Denn der Orden der Serviten, der Diener Mariens, der nach den Franziskanern seit 1635 die örtliche Kirche

80 Siehe Maierbrugger (1978): S. 119.

betreut, verehrt die Mutter Jesu besonders. Und seit etwa 35 Jahren feiert man am vierten Sonntag im September das Erntedankfest.

Brotfest

Die Tage, an denen die Liesinger ihr Dorffest veranstalten, sind meist noch von sommerlicher Stimmung erfüllt, und das Tal wimmelt von Gästen, die den Nachsommer genießen wollen. Am ersten Samstag und Sonntag im September kommen die Lesachtaler und viele Gäste nach Liesing zum Dorf- und Brotfest. Am Sonntagvormittag feiert man eine Festmesse; danach ist die Prozession mit der Liesinger Trachtenkapelle, am Nachmittag gibt es ein Konzert. Auf der einen Seite der gewundenen Straße steht eine lange Autoschlange. Von Weitem schon hört man die Volksmusik. Am Eingang zum Kirchplatz bezahlt man ein geringes Eintrittsgeld. Auf der provisorischen Bühne auf dem Platz stöhnen, knurren, heulen die elektrischen Gitarren der Musikanten. Man kann hier ganz einfach unter freiem Himmel gesellig beisammen sein, lachen und trinken. – Ich schaue mich um, was es da alles gibt. Mich reizen die selbstgebackenen Kuchen der Bäuerinnen. Die Bienen, die die Kuchen als Erste kosten, beweisen, wie gut die Omeletten, Kuchen und Reinlinge im Lesachtal schmecken. Eier, Butter, Milch und Honig von den Bauernhöfen sind von bester Qualität. Liesingerinnen in Sommertracht verkaufen Kuchen und Kaffee, aber ich muss warten, weil sich dort eine große Menschentraube gebildet hat.

In der Backstube der Volksmusikakademie am Kirchplatz steht eine ältere Bäuerin und knetet mit kräftigen Händen gerade den Brotteig. Sie erklärt den zuschauenden Leuten, wie man den Teig kneten soll und wie man mit den Backgeräten umgeht. Gerne beantwortet sie die Fragen. In der Nähe werden die Brote verkauft. Die runden und länglichen ofenfrischen Laibe liegen auf Holzbrettern. Dahinter hängen Brotlaibe in einer „Brotrahme“. Die Bäuerinnen haben 2007 bei diesem Fest ca. 1 200 Brotlaibe verkauft.

Brotfest in Liesing. (2007)

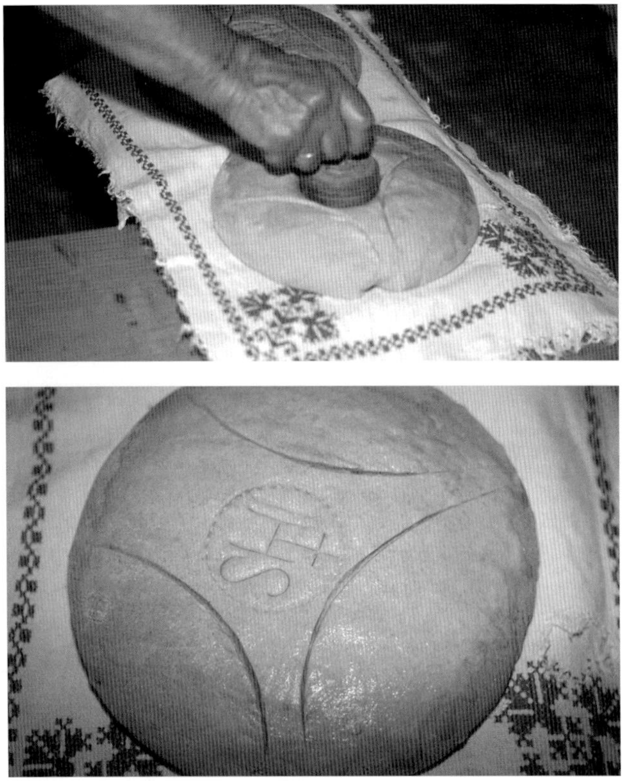

Josefa im Weiler Tscheltsch beim Brotbacken für das Brotfest. Sie hat früher in die Brotlaibe das überlieferte Zeichen des „Auge Gottes" eingekerbt. Heute stempelt sie das Christus-Monogramm –JHS– ins dreieckige „Auge". (2007)

Das ursprüngliche „Lesachtaler Dorffest" entstand 1983, im Jahr 2000 kam das Brotfest hinzu, nun heißt das Fest „Lesachtaler Dorf- und Brotfest". Zur Zeit des Festes, Anfang September, wurde früher das Korn geschnitten. Mittlerweile wird im Lesachtal kein Korn zum Brotbacken mehr angebaut. Mit der Zeit hat man diese Veränderung bemerkt und darüber nachgedacht. Hans Guggenberger, der ehemalige Vorsitzende des Dorf- und Brotfest-Komitees, meint: „Immer weniger Frauen backen in unserem Tal Brot. Aber das Brot ist das Ureigenste im Tal, und wir können durch ein Fest den Stellenwert des Brotes etwas steigern. Zu Beginn verkauften wir beim Fest ca. 400 Laibe Brot. Heute ist es schon mehr als das Doppelte, und die eine oder andere Frau beginnt wieder, selbst Brot zu backen. Ein Ziel des Brotfestes ist auch, dass Brot verkauft wird, das zu einem Großteil aus dem Mehl der Luggauer Mühlen besteht."

Wassermühlen

Von der schönen Kleinstadt Lienz an der Drau in Osttirol fährt der Bus über Tassenbach auf der gewundenen steilen Straße hinauf zur Wasserscheide auf dem Kartitscher Sattel (1 526 m ü. M.), wo zwei Flüsschen gleichen Namens auf der sumpfigen Tannwiese entspringen. Die „Kleine Gail" fließt nach Westen und mündet bei Tassenbach in die Drau, während der eigentliche Fluss „Gail" nach Osten fließt und bei Maria Gail in der Nähe von Villach ebenfalls in die Drau mündet. Wir sind vom Westen heraufgekommen und fahren nach Osten hinunter, die junge Gail entlang, die an ihrem Ursprung nur 5 cm breit ist. Dann wird sie schnell breiter und tiefer. Fährt man nur 15 km von ihrem Ursprung weiter, ist die Gail schon geschätzte fünf Meter breit. Wir können also erahnen, wie steil die Seitenbäche herabstürzen und wie viel Wasser sie dem Fluss liefern. Hier ist die Kärntner Landesgrenze. Sie verläuft auf der Sonnseite entlang einem Seitenbach, dem Wachterbach, auch Eggenbach genannt. (Auf der Schattseite bildet der Seebach die Grenze zwischen Kärnten und Osttirol.) Diese Landesgrenze ist seit der Zeit Karls des Großen (748–814) auch die Diözesangrenze zwischen Salzburg und Aquileia. Die beiden Bundesländer und Diözesen verbindet eine kleine Brücke. Ab der Brücke befinden wir uns in Kärnten und zugleich in unserem Lesachtal.

An der Brücke fesseln die großen Doppelwasserräder einer alten Mühle meinen Blick. Nun beginnt Maria Luggau, die höchstgelegene Ortschaft des Lesachtals. In die Nähe der Kirche findet man wieder eine Brücke. Von hier führt uns ein steiler Seitenweg, der stimmungsvolle Steinweg, unter Ahorn- und Eschenbäumen den Trattenbach entlang bergauf. Bald sehen wir fünf oberschlächtige Wassermühlen mit ihren vertikalen Wasserrädern, die hintereinander in einer Reihe und wegen des Hochwasserschutzes etwas abseits vom Bach stehen. Nach dem Dreschen sind sie alle in vollem Betrieb; das Wasser wird vom Bach in alten Gerinnen aus ausgehöhlten Lärchenbaumstämmen, sogenannte „Ürsche", zu den Mühlrädern geleitet. Obwohl die Mühlen klein sind, hört man schon von Weitem ihren charakteristischen Klang, wenn sie sich rhythmisch drehen: „Dottonn-dottonn, dottonn-dottonn …"

Jede Mühle wird nach dem Vulgonamen ihrer (ursprünglichen) Besitzer benannt, von oben nach unten wie folgt: *Måttla*-Mühle, *Richter-Freiberger*-Mühle, *Groaßn*-Mühle, *Vorbeter*-Mühle und *Hanseler*-Mühle. Diese Mühlen sind alle weit über 200 Jahre alt, wie auch die Inschrift auf der Doppelradmühle am Wachterbach beweist: „Anno 1750 – unter Denkmalschutz."

In der *Vorbeter*-Mühle arbeitet der Mühlenbesitzer Leopold. Er trägt seine weiße Schürze, weil er gerade Korn mahlt. Laut geht es in der Mühle zu! Da rütteln, stampfen, mahlen

Vorbeter-Mühle in Maria Luggau. (2007)

geräuschvoll alle Vorrichtungen gleichzeitig; da dreht sich lärmend das Wasserrad, wenn der Wasserschwall durch den *Schussuäsch* in einen *Khumpf* (Schaufel) des Mühlrads hineinstürzt, da dreht sich auch die Achse des Mühlrads, der dicke waagerecht liegende *Wellpaam* (Wellbaum) mit, der über die „Tatzen" die „Stampfer" und über das „Kammrad" alle übrigen Vorrichtungen der Mühle antreibt: Die *Khempe* („Kämme", Getriebezähne) des Kammrads greifen in den zylindrischen *Rikkl* („Riegel") ein, mit dem das senk-

Zwei alte Wassermühlen des Hofes *Hånsla* und *Perga*. Diese Mühlen standen bis 1965 auf der Ostseite (Richtung Moos) am Luggauer Talbach (auch Ebner Talbach genannt). (vermutlich 1920er Jahre)

recht stehende „Langeisen" fest verbunden ist. Dabei wird die horizontale Drehbewegung des Wellbaums in eine vertikale Bewegung umgesetzt. Dreht sich der *Rikkl* samt dem *Långeisn*, dreht sich nun auch der obere Mühlstein, der sogenannte *Laafa* („Läufer"), mit, während der untere Mühlstein, der „Lieger", unbeweglich auf dem „Stötzboden" ruht. Unten am „Gestötze", dem stabilen Mühlengerüst, kann das Langeisen mittels der „Stellschraube" etwas angehoben oder gesenkt werden. Da der obere Mühlstein auf dem oberen Ende des Langeisens ruht, hebt oder senkt sich mit diesem auch der „Läufer", wodurch der Spalt zwischen den Mühlsteinen reguliert werden kann. Die beide Mühlsteine umschließende „Zarge" verhindert das Austreten des Mahlguts aus dem Spalt.[81]

Über den Mahlsteinen sieht man den großen trichterartigen Trog aus Holz, die *Gosse*, in die das zu mahlende Korn hineingeschüttet wird. Der sich drehende *Laafa* bewegt seinerseits den federnd gelagerten *Schnéllschtäkhe* („Schnellstecken"), der mit seinen ruckartigen Bewegungen das Getreide in fein dosierten Mengen aus der „Gosse" rüttelt. Nun rieselt es Korn für Korn in die Öffnung in der Mitte des Läufers, das Mahlen beginnt. Das gemahlene Mehl fällt hinunter in den *Mehlpeitl* („Mehlbeutel") im *Peitlgrantl* („Beutelgräntlein"), auch *Peitlkhåschte* („Beutelkasten") genannt. Der Mehlbeutel wird sehr schnell gerüttelt. Wer tut das? Leopold zeigt mit dem Finger lächelnd auf ein „heimliches Männchen" hinter dem Beutelkasten. Von dort hinten im „Gestötze" steckt es seinen Arm in den Grant und rüttelt den Beutel! „Es arbeitet mit Volldampf!", meint Leopold anerkennend. Dieses schwer beschäftigte *Peitlmanndl* („Beutelmännchen") ist also kein in der Mühle verborgenes fleißiges Heinzelmännchen, sondern eine Stange, die in den „Riegel" des arbeitenden Mühlengetriebes eingreift und die von dort empfangene Rüttelbewegung an den Mehlbeutel weitergibt. So wird das Mehl vom *Peitl* heraus- und in das *Peitlgrantl* hineingeschüttelt und dabei gleichzeitig fein gesiebt. Es ist das Schnalzen des „Schnellsteckens" und das Rütteln des „Beutelmännleins", was das sprichwörtliche „Klappern" der Wassermühle verursacht.

Austausch des Wasserrads der *Vorbeter*-Mühle. (2000)

81 Siehe auch Bartz (1992): S. 159–162.

Nun wollen wir die einzelnen Mahlgänge etwas genauer betrachten: Der Roggen (bzw. der Hafer oder die Gerste) rieselt aus der *Gosse* zwischen die Mühlsteine, dann geht das Gemahlene in den *Mehlpeitl* („Mehlbeutel"), einen groben Leinensack mit einem tüllartigen Einsatz, der Müllerseide, durch den das feine Mehl in das *Peitlgrantl* (Mehltruhe) herausgeschüttelt wird. Die gröberen Teile im Beutel rieseln durch eine seitliche Öffnung heraus und gelangen direkt in eine *Grutte* (Holzkiste). Dann wird das gröbere Mehl aus der *Grutte* wieder in die Gosse geschüttet. Bei jedem weiteren Mahlgang stellt man mit der *Schtellschraufe* („Stellschraube") einen weiteren Feinheitsgrad ein. Dadurch rücken die Mahlsteine enger zusammen. So erhält man das zweite Mehl. Das ist das „Roggen-Brotmehl". Bei Roggen, Gerste und Hafer wird die Schale mitgemahlen und in drei Mahlgängen ausgesiebt. Der Rest, also die gröbere Kleie, wird dem Vieh verfüttert. Das Futter aus Kleie nennt man „*weißes Leck*".

Der Weizen ist anspruchsvoller, er muss zuerst *uunginetzt* („angenetzt") werden: Er wird mit Wasser angefeuchtet. Auf 50 kg Weizen kommen drei viertel Liter Wasser. Der Weizen wird mit dem Wasser eine halbe Stunde lang fest vermischt und einige Stunden stehen gelassen, so löst sich dann die äußere Schale beim Mahlen besser ab. Nun wird der „angenetzte" Weizen mit den Mahlsteinen gemahlen, das Mehl gelangt in den Mehlbeutel. Durch den Stoff des Mehlbeutels wird das feine Mehl herausgeschüttelt – dieses feinste Mehl nennt man „Kochmehl"; es wurde früher für *Múäs* und wird heute zum Kuchenbacken verwendet. Das gröbere Mahlgut wird außerhalb des „*Beutelgrantleins*" durch ein feines Gitter gerüttelt, den sogenannten *Khoppa*. Die einzelnen Gittermaschen im „Kopper" sind nur einen Millimeter groß, deshalb wird auch hier relativ feines Mehl gewonnen. So bekommen wir Vollkornmehl. Den groben Schrot, der nicht durch das feine Gitter fällt, rüttelt der *Khoppa* weiter zu einem Holzeimer, dem *Firtl-Schaffl* („Viertelschäfflein"). In diesem sammelt sich die Kleie für das Futter an. Wenn das Vollkornmehl nach dem *Koppa*-Durchgang noch einmal gemahlen wird, wie beim Roggen, bekommt man das „zweite Mehl". Das ist „Weizen-Brotmehl". Das eher dunkle Mehl, das beim dritten Mahlgang durch die seitliche Öffnung rieselt, wird wieder als Kochmehl z. B. für die *Milchpfarfilan* verwendet. Jedenfalls wollten die Bauern eine möglichst große Menge des besonders schönen weißen Weizenmehls gewinnen, das war ihr ganzer Stolz.

Im Inneren der *Vorbeter*-Mühle. (2000)

Leopold zeigt mir auch die zwei Stampfer, die durch Stangen am Wellbaum, die *Tåtzn*, angetrieben werden: „Man hat aus sehr dickem Buchenholz die zwei Stampfmulden [Durchmesser ca. 20 cm] mit der Hand ausgedrechselt. Mit dem Stampfer hat man früher hartes Brot gestampft, z. B. hat meine Mutter Kleie und Schwarzbeeren zusammengeknetet und daraus dünnes Brot [ca. 2–3 cm dick] gebacken

KONSTRUKTION DER WASSERMÜHLE gezeichnet von Gerd Schröder (1997), überarbeitet von Klaus Steinringer

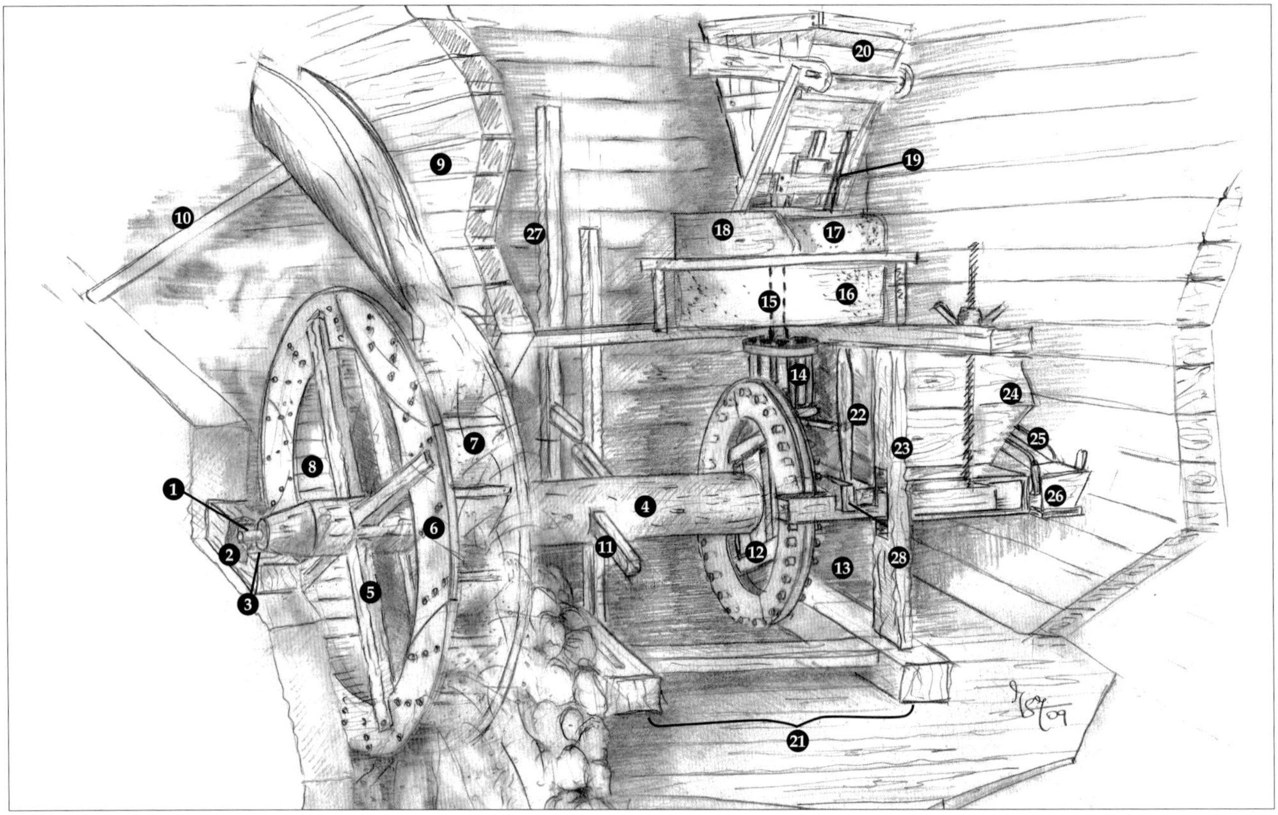

Die einzelnen Teile – Lexikografisch bearbeitet von Wilfried Schabus (in Klammern Lemmata des Glossars)

1 *Zåpfe* („Zapfen"); Achsdorn aus Eisen
2 *Låågopaam* („Lagerbaum"); trägt das Gleitlager (siehe 3) für den Wellbaum
3 *Öölschtaan* („Ölstein"); als Gleitlager; ein Stück fossilen Gesteins aus den Lienzer Dolomiten
4 *Wellpaam* („Wellbaum"); die Hauptwelle des Mühlwerks
5 *Khreiz* („das Kreuz"); die Speichen des Mühlrades
6 *Felge*
7 *Khumpf* („Kumpf"); die *Kimpf* („Kümpfe") sind die Schaufeln des Mühlrades
8 *Råådpoodn* („Radboden"); er schließt die „Kümpfe" (siehe 7) nach unten ab
9 *Schussuosch* („Schussuosch"; zu mhd. *uosch* „Rinne"); Rinne, durch die das Wasser auf das Mühlrad „schießt"
10 *Ååschtoaßa* („Abstoßer"); ermöglicht das Weglenken des Wasserschwalls vom Mühlrad
11 *Tåtzn* („Tatzen"); heben die Kolben der „Stampfe" (siehe 27) an und lassen sie wieder auf das Stampfgut fallen
12 *Khåmpråt* („Kammrad"); großes Zahnrad aus Holz
13 *Khämpe* („Kämme"); die Zapfen des Kammrades
14 *Rikkl* („Riegel"); Getriebekäfig, in den das Kammrad eingreift
15 *Långeisn* („Langeisen"); es ruht unten auf dem „Eisenpfännlein" und bewegt am oberen Ende den „Läufer" (siehe 17)
16 *Liega* („Lieger"); der untere, „liegende", also ruhende Mühlstein
17 *Laafa* („Läufer"); der obere, sich drehende Mühlstein
18 *Zårge* („Zarge"); die den oberen Mühlstein und den Mahlspalt umschließende Seiteneinfassung
19 *Schnéllschtäkhe* („Schnellstecken"); greift in den Nockenring des sich drehenden „Läufers" ein und überträgt die Rüttelimpulse auf die „Gosse" (siehe 20)
20 *Gosse* („Gosse"); sie „gießt" das Mahlgut zwischen die Mühlsteine
21 *Gschtetz* („das Gestötze"); das aus massiven Balken gezimmerte Fundament des Mühlengetriebes
22 *Peitlmandl* („Beutelmännlein"); greift in die drei Zapfen an der Unterseite des sich drehenden *Rikkl* (siehe 14) ein und überträgt die Rüttelimpulse über den „Beutelstecken" auf den „Mehlbeutel" (siehe 24)
23 *Schtellschraufe* („Stellschraube"); zum Heben oder Senken des „Stegebaums": auf diesem ruht im „Eisenpfännlein" das „Langeisen" (siehe 15), das am oberen Ende den „Läufer" trägt, wodurch der Mahlspalt verändert werden kann
24 *Peitlgrantl* („Beutelgräntlein"); auch *Peitlkåschte* („Beutelkasten"); es enthält den aus Leinen und Seide gefertigten *Mehlpeitl* („Mehlbeutel"); dieser ist in den *Peitlschtecke* („Beutelstecken") eingespannt, der seinerseits vom „Beutelmännlein" (siehe 22) gerüttelt wird; im „Beutelgräntlein" sammelt sich das durch die Beutelwände gerüttelte feine Mehl
25 *Khoppa* („Kopper"); das vordere Rüttelsieb außerhalb am „Beutelkasten" (siehe 24) zum Aussortieren der Kleie
26 *Firtl-Schaffl* („Viertel-Schäfflein"); ein „Viertel" ist ein Getreidemaß von 16 Litern Inhalt
27 *Schtåmpfe* („Stampfe"); Stampfwerk, z. B. für Gerste (siehe 11)
28 *Schtellkeile* („Stellkeile"); sie dienen zur seitlichen Verstellung des „Stegebaums" (siehe 23) und damit der horizontalen Feinjustierung des „Läufers" (siehe 17)

[siehe S. 71] und es trocken aufbewahrt. Dieses Brot wurde nachher mit dem Stampfer gestampft und mit der Hand herausgenommen, eingeweicht und als Fülle für Schlipfkrapfen verwendet. Oder aufs *Schtockplattl* [siehe S. 124] gestrichen. Es war durch die Beeren etwas süß.

Meine Vorfahren haben die Mühle ganz aus Holz gemacht, das Zahnrad, die Schrauben, alles. Wie alt die Mühle ist, weiß ich nicht, aber am Lieger steht ‚1852' und an der Gosse ‚1872', aber sicher muss die Mühle über 250 Jahre alt sein. Die Mahlsteine kommen aus Sexten in Südtirol. Die müssen sehr hart sein. Die sind schon 80 Jahre alt [Stand 1999].

Schau, diese Mühlentür, die Sonne hat sie so tief ausgebrannt und die Holztafel ist dünner geworden. Die Tür muss sehr alt sein. Der Türknopf ist vom Greifen rund geworden, früher war er schön geschnitzt. Die Kerben sind vom vielen Anfassen schon abgewetzt. Ich denke, wenn die Vorfahren auf diesen alten Knopf gegriffen haben, gab es in der Familie immer was zu essen, und mit dem, was sie gehabt haben, waren sie zufrieden. Mein Vater [1891–1976] hat an einem Nachmittag das *Khornpalle*, das ca. zwei Wochen getrocknet worden war, aus dem *Zuähaisl* geholt – da ganz unten an der Gail steht's – hat das *Palle* auf dem Rücken in die Scheune hinaufgetragen und schnell gedroschen, in die Mühle getragen, schnell gemahlen, damit abends im Hause wieder Mehl war. So wenig gab es damals zu essen. – Mein Vater hat ja hart gearbeitet, nur arbeiten und beten, ora et labora. Außerdem hat er nichts anders gemacht, ja. – Ich mag die Mühle. Ich komme oft hierher. Der Bauer entscheidet selber, was er morgen tut. Das ist Bauernfreiheit." Leopold setzt sich auf die Bank vor der Mühle, schaut zufrieden auf den Bretterzaun neben dem mit Gras bewachsenen Weg, während ein kühler Wind das Rauschen des Bachs zu uns herüberträgt.

Die Einrichtungen der Mühle, außer dem Langeisen und den Mühlsteinen, sind alle aus harten Holzarten wie Lärche, Buche, Birke in Handarbeit millimetergenau angefertigt worden. Und diese Holzbaukunst ist über 250 Jahre alt. Wir wissen, wie teuer heute auch nur ein kleines Stück handwerklicher Arbeit ist. Bedenken wir also, wie kostbar die Wassermühlen sind, ein unschätzbarer Wert des Lesachtals!

Es gibt in Maria Luggau einen Mühlenbauer, den *Hanseler*-Hansl (geb. 1940). Im Obergeschoss seiner Mühle, der *Hanseler*-Mühle, ist ein Museum mit alten Ackergeräten eingerichtet. Hansl hat bei seinem Vater das Handwerk des Mühlenbauens gelernt und kümmert sich neben seiner Landwirtschaft um diese Mühlen sowie um die Wasserleitung des Dorfes. Er leitete viele Jahre lang den Kirchenchor, wie der Vater und singt heute noch mit. Er spielt auch gemeinsam mit seiner Tochter Geige. Das Geigenspielen hat er von seinem Vater gelernt. So vielseitig wie er sind die meisten Männer im Lesachtal. Man erlernt die verschiedenen Fertigkeiten meist beim eigenen Vater, denn es gibt sonst keine andere Möglichkeit im isolierten Hochtal. Diese Art und Weise des Lebens und Lernens existiert seit Generationen; das gilt auch für den Mühlenbau. Hansl erklärte: Er geht in den Wald und sucht für die Herstellung des Wasserrades einen etwa hundertjährigen roten Lärchenbaum mit einem schön gewachsenen kreisrunden Stamm. Das ist die Grundvoraussetzung für den Bau eines Mühlrades. Der rote Lärchenbaum enthält viel Harz, welches das Mühlrad wasserdicht macht. Man schneidet vom Stamm an einer passenden Stelle ein zwei Meter langes Stück heraus und lässt das Holz ein Jahr lang trocknen. Der Radbau dauert dann 2–3 Wochen. Ein solches Wasserrad hält an die 50 Jahre lang!

Im Hochsommer, am zweiten Sonntag im August, wird vor den Mühlen ein Mühlenfest veranstaltet. Viele Lesachtaler versammeln sich dafür in Sommertracht, mit Blumen am Hut. Sie musizieren, singen, tanzen und essen. Alte Frauen kochen Tiroler Knödel in großen Töpfen, jüngere Frauen backen immer wieder Strauben heraus. Die Wasserräder drehen sich währenddessen ohne Pause. Mir ist dabei eine Frage gekommen: Wie oft dreht sich so ein Rad in einer Minute? Ich band ein rotes Tuch auf das Rad und zählte mit den Leuten gemeinsam: Das Wasserrad drehte sich 24-mal pro Minute. Der Mahlstein dreht sich durch die Übersetzung im *Riggl* fünfmal so schnell, also 120-mal pro Minute. Bei dieser Geschwindigkeit wird zirka ein *Zentner* (50 kg) Getreide pro Tag gemahlen.

Man vermutet, dass die Mühlen in Maria Luggau mehr als 250 Jahre alt sind. Dazu existiert ein wichtiges Dokument aus dem 17. Jahrhundert: „Weiland [des einstigen] Canni Rautters Wirths [Candidus bzw. Konrad Rauter, Wirt] in der Luggau seligen [= verstorben] hinterlassener ehelicher Sohn Joseh hat die Wierths-Tafern [= Wirthausgerechtsame] daselbst samt dem dabei liegenden Gärtl zu freiyer Stift [= Freistiftrecht] auf sein Leben lang verehrt [= geschenkt im besonderen Besitzveränderungsgebühr des Untertanen an die Grundherrschaft] mit: Gulden 11 actum Kötschach den 14 X-bris [Decembris] anno 1647. [Abk.] 1689: Joseph Rauther Päckh in der Luggau hat seiner Schwester Agnes Rautherin die Behausung, die er von neuen erpauth, auf sein Leibs lebenlang verehrt mit 5 fl; 1690: Joseph Rauther Päckh in der Luggau verehrt den Mihlfluß [das Wasserrecht für eine Mühle] mit 1 fl 30 [Kreuzer]"[82]

Wie aus diesem Text hervorgeht, befindet sich im Jahr 1647 Canni Rautter als „Wirt in der Luggaw", und 1689 wird Josef Rautter als „Päckh" bezeichnet. Bemerkenswert ist auch, dass der „Päckh" im nächsten Jahr für den Mühlfluss an den Grundherrn eine Gebühr bezahlt hat. Also ist zu vermuten, dass der „Päckh" 1690 das Wasserrecht für die Mühle erwarb, in seiner Mühle Korn mahlte und Brot herstellte. Dies dürfte der früheste schriftliche Beleg für das Vorhandensein von Wassermühlen in Maria Luggau sein. Der *Bäckwirt* war im Jahr 1689 und auch später der erste und einzige gewerbliche Bäcker und Müller im Lesachtal. Er bot sein Brot dem Kloster und den Wallfahrern an.[83] Seine Mühle stand am Wachterbach an der Landesgrenze, an der Stelle des 1952 errichteten Sägewerks.

Übrigens tauchen zwei Mühlen schon im Görzer Urbar vom Jahr 1381 auf, und zwar eine in Mauthen (Fol. 8) und die andere in Hermagor (Fol. 21). Die beiden waren anscheinend keine bäuerlichen Hausmühlen, sondern gewerbliche Betriebe. Eine Wassermühle in Villach ist bereits für das Jahr 979 belegt.[84]

Die Anzahl der früher an allen Seitenbächen gelegenen Mühlen in den einzelnen Orten der Gemeinde Lesachtal war unterschiedlich: Birnbaum besaß 29, Liesing 58 (bzw. 59), St. Lorenzen 24 und Maria Luggau 55. Die Wasserräder dienten nicht nur zum Korn- und Futtermahlen. An viele Wasserräder wurde ein Drahtseil angebracht, das als Antrieb für verschiedene Arbeitsmaschinen in den Wirtschaftsgebäuden diente, z. B. für die Dreschmaschine, die Futterschneidemaschine, den Leinsamen- und Gerstenstampfer. Dieser sogenannte „Wasserbetrieb" war sehr nützlich. Darum spannten sich die Antriebsseile von den Mühlen oft einige hundert Meter oder sogar einige Kilometer weit hinauf zu den Wirtschaftsgebäuden. Der ehemalige Mühlenbauer in Rüben (Ortsteil von Liesing im Lesachtal), Franz Salcher (1909–1983), hat schriftlich bezeugt,[85] dass alle diese Mühlen sowie die Wasserbetriebe 1930–1940 noch genützt wurden.

Da fast jeder Bauer seine eigene Hausmühle besaß, wurden die meisten wasserbetriebenen Mühlen zum Kornmahlen verwendet. Nach der Ernte hörte man sicherlich überall im Tal die Mühlen klappern. Warum standen aber so viele kleine Mühlen an einem Bach hintereinander? Warum haben die Bauern nicht gemeinsam eine Mühle benützt? Das ist einer Überlegung wert, denn in anderen Gebieten Euro-

82 Herrschaft Porcia, Handschrift 176: fol. 146. Nach freundlicher Mitteilung von Herrn Dr. Dieter Neumann.

83 Die dem Absatz zugrunde liegenden Kenntnisse stammen von Herrn Dr. Dieter Neumann.

84 Neumann (1985): S. 56.

85 Das handschriftliche Dokument des Mühlenbauers Franz Salcher ist im Besitz von Herrn Leopold Lugger in Maria Luggau.

pas gab und gibt es ja größere Gemeindemühlen oder gewerbliche Mühlen.

Zunächst wollen wir uns fragen, was die Mühle alles gemahlen hat. Sie mahlte außer Korn für den Eigenbedarf und Futtergetreide für das Vieh auch noch sogenanntes *schwärzes Leck*, also das zusätzliche Viehfutter (siehe Herbst-Kornernte S. 78) aus getrockneten Fichtennadeln, mit *Nummale* (Spreu, Getreidehülsen) vermischt. Ohne diese Ergänzung reichte das Heu allein nicht für das Vieh. Da das *Leck* im Backofen gedörrt wurde, war es schwarz.

Dies alles konnte man nicht ohne Zwischensäuberung hintereinander mahlen, denn nach dem Mahlen des *schwarzen Lecks* waren die Mühlsteine völlig verschmutzt; darum mussten die *Laafa* von den *Liega* gehoben, gereinigt und wieder aufeinandergesetzt werden, die schweren runden Steine.[86] Man bedenke, jeder Bauer hatte nach der Ernte eine Menge zu mahlen. Die Ernte kam für alle Bauern gleichzeitig, denn das Getreide hängt nicht länger als zwei Wochen zum Trocknen, vor allem um es vor Regen und Hagel zu schützen. Wenn man eine Mühle gemeinsam benützt und jeder drei verschiedene Mahlgüter mahlen will, kommt es zu Engpässen in der Mühle und der ganze Betrieb der Bauern gerät ins Stocken.

Im Protokoll des Maria Luggauer Gemeinderates vom 5. August 1917 steht über die Mühle Folgendes: „Mühlsperre laut Auftrag der K.K. B.H. Hermagor vom 30. 7. 1917 Z. 15398[87]: Es wird beschlossen, in der Ortschaft Salach 1 Grundmühle, Guggenberg 2 Mühlen, Tiefenbach 1 Mühle, Raut 2 Mühlen, Moos 2 Mühlen, Sterzen 2 Mühlen, Promeggen 1 Mühle, Stoffanell und Ante 2 Mühlen, Luggau 3 Mühlen offen zu halten. Diese Anzahl der angeforderten Mühlen wird durch die weite Entfernung der einzelnen Ortschaften und Besitzer begründet. Ebenso wird das Getreide [und die überall gleichzeitig stattfindende Ernte als Begründung angeführt]; da die Versorgung mit Mehl für das Erntejahr 1917 mit August auch gleichzeitig überall benötigt wird, muss infolgedessen die Vermahlung auch bei jedem Besitzer sofort erfolgen."

Als Grund für diese behördliche Mühlensperre lässt sich nach Dieter Neumann Folgendes vermuten: „Bei der Mühlensperre von 1917 handelt es sich um eine der vielen kriegswirtschaftlichen Maßnahmen des Ersten Weltkrieges (1914–1918), während dem das Lesachtal und die Karnischen Alpen in der Zeit von 1915 bis 1917 überdies unmittelbar Frontgebiet zu Italien waren. Um die großen wirtschaftlichen Probleme (Nachschub für die Armee, Versorgung der Industriegebiete, Lebensmittelversorgung der Städte) einigermaßen zu bewältigen, wurden den Bauern überall sehr große Natural-Pflichtabgaben auferlegt. Sie mussten von ihrer Produktion so viel abliefern, dass ihnen selbst bei sparsamen Eigenbedarf kaum genug Lebensmittel wie Getreide, Mehl, Milch, Butter, Fett blieben. Im gesamten Staat kam es besonders im Jahr 1918 zu krasser Lebensmittelknappheit bzw. Hungersnot.

Um den Bauern die Umgehung dieser drückenden Abgaben zu erschweren, hat der Staat (hier die Bezirkshauptmannschaft Hermagor) die ständige Kontrolle und Zwangsbewirtschaftung der Mühlen verfügt, damit die einzelnen Bauern nichts von ihrem Getreide und Mehl verschweigen konnten. Es wurde daher offenbar verfügt, dass nur 1–2 Mühlen pro Dorf genutzt werden dürfen, da für so eine geringe Zahl die Überwachung eher möglich war, als wenn zu beliebigen Zeiten in z. B. 30 kleinen Bauernmühlen gemahlen wurde. Die Luggauer haben anscheinend argumentiert, dass es sehr viele und abgelegene Orte in ihrer Gemeinde gibt und jedem dieser kleinen Orte immerhin 1–2 Mühlen (zusammen 16, was sicher weit mehr war, als die BH Hermagor wollte) zu betreiben erlaubt."[88]

86 Brunner (1981): S. 3 f.

87 Dieser schriftliche Auftrag von der Bezirkshauptmannschaft Hermagor befindet sich nicht mehr in behördlicher Verwahrung.

88 Nach freundlicher Mitteilung von Herrn Dr. Dieter Neumann.

An jenem 5. August des Jahres 1917 war in den Korntruhen kein Getreide mehr, weil die Ernte des letzten Jahres schon aufgebraucht war, und nun musste so bald wie möglich das neue Getreide gedroschen und gemahlen werden, da der Winter vor der Türe stand und die Mühlbäche dann zufroren. Wir kennen das Sprichwort: „Wer zuerst kommt, mahlt zuerst.“ Es ist eine in alten Gesetzessammlungen überlieferte Vorschrift, die besagt, dass derjenige, der sein Getreide zuerst in der Mühle abliefert, ein Anrecht darauf hat, dass es auch zuerst gemahlen wird.[89] Diese Ordnung war sehr wichtig und konnte wohl nur mit klaren Vorschriften durchgesetzt werden. Das wird auch im Lesachtal nicht anders gewesen sein. Im Lesachtal besaß man keine größere Mühle; denn der kleine Bach leitet dem Mühlrad nur so viel Wasser zu, dass es sich pro Minute 24-mal dreht und daher nur eine Menge von 50 kg Getreide pro Tag gemahlen wird. So wurde für jeden einzelnen Bauern eine eigene kleine Mühle notwendig, um Engpässe zu vermeiden.

Welch große Hilfe war doch die Wasserkraft aus den Seitenbächen für die Landwirtschaft des Tals! Aber das Wasser richtete manchmal auch großen Schaden an. Bei den Hochwasserkatastrophen von 1965 und 1966 wurden an allen Seitenbächen viele Mühlengebäude im Lesachtal zusammen mit Rädern, Zuleitungen und Wasserbetrieben zerstört. Damals war das Tal schon zehn Jahre lang elektrifiziert. Nach der Katastrophe brauchte man also nicht mehr unbedingt den Wasserbetrieb und die Mühlen. So sah man es den Aufwand nicht wert, die Mühlen wieder aufzubauen. Heute stehen in Maria Luggau nur mehr die (restaurierten) Wassermühlen am Trattenbach. Sie werden seit 1970 vom „Verein zur Erhaltung alter Wassermühlen“ betreut und vermahlen Korn.

Anlässlich dieses Hochwasserschadens änderten sich die Lebensverhältnisse der Lesachtaler Bevölkerung; so ist z. B. mit der Mühle auch das Haferbrot vollkommen verschwunden. Erinnern wir uns, was Anna erzählte: Hafer ist ein sehr hartes Getreide, darum musste man es im Backofen (Holzbackofen) nach dem Brotbacken über Nacht trocknen, bevor man es mahlen konnte. Mit der elektrischen Mühle gelingt das Mahlen dieses harten Getreides aber nicht mehr. Aus diesem Grund wird im Lesachtal kein Haferbrot mehr hergestellt. Hafer, das optimale traditionelle Getreide, ist im Lesachtal ausgestorben. Er wird nur noch im unteren Tal in sehr kleinen Mengen als Futter angebaut.

Auch die *Milchpfarfilan* sind mit den Wassermühlen verschwunden. Eine alte Frau, die am liebsten Hausmannskost isst, erwähnte, dass sie keine *Milchpfarfilan* mehr mag. „Es gibt ja keine Mühle mehr! Mit gekauftem Mehl schmecken die *Milchpfarfilan* gar nicht.“ *Milchpfarfilan* sind die vielen Klümpchen aus dem dunkleren „dritten Weizenmehl“ von der Mühle, sie werden in Milch und Wasser gekocht und als Milchsuppe serviert. Die *Milchpfarfilan* waren früher die übliche Speise zu Frühstück und Abendessen. Man hat oft gekochte Kartoffeln dazu gegessen. Erst nachdem die *Milchpfarfilan* verloren gegangen waren, hat man angefangen, Brot und Kaffee zu frühstücken.

Warum mahlt man das Getreide?

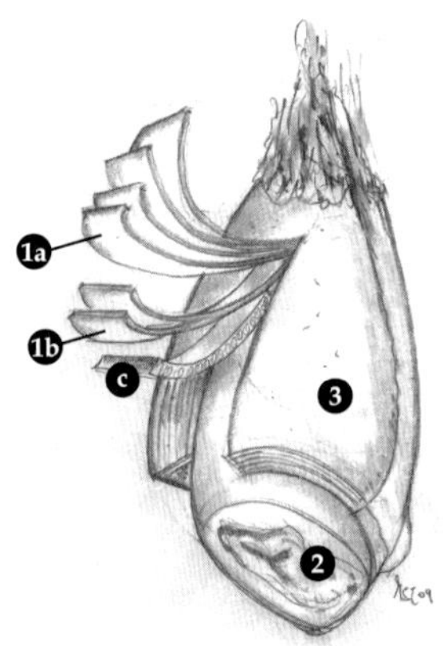

Der Aufbau des Weizenkorns
[Zeichnung: Klaus Steinringer]

❶ Äußere Umhüllung
1a: Fruchtschale:
Oberhautzellenschicht
Längszellenschicht
Querzellenschicht
Schlauchzellenschicht
1b: Samenschale:
Farbstoffschicht
Samenhaut
c: Aleuronschicht

❷ Keimling

❸ Mehlkörper

Die archäologischen Funde, die Mahlwerkzeuge aus der Jungsteinzeit in Mesopotamien, wo Weizen und Gerste ursprünglich vorgekommen sind, zeigen, dass man Getreide schon zu

89 Duden – Deutsches Universalwörterbuch (2003): unter *mahlen*.

sehr frühen Zeiten „gemahlen“ hat. Seit über 10000 Jahren wird das Getreide, sei es Roggen, Weizen, Hafer oder Gerste, zuerst gemahlen. Dann erst wird aus dem Mehl eine Speise bereitet. Aber warum wird es gemahlen? Das Korn zu mahlen war eine schwere Arbeit, sodass es schließlich zur Erfindung der Mühlen kam, betrieben durch Tier-, Wasser- oder Windkraft. Wie einfach wäre es doch, wenn es ohne diesen mühsamen Arbeitsvorgang genossen werden könnte!

Nehmen wir zum Beispiel ein Weizenkorn. Getreidekörner sind in Spelzen gehüllt, die beim Dreschen abfallen. Wenn nun ein Weizenkorn durch das Dreschen aus der Spelze herausgelöst ist, sieht es so aus wie auf der Abbildung.

Das Weizenkorn besteht aus drei wesentlichen Teilen: der Frucht- und Samenschale als äußerer Umhüllung (1), dem Keimling (2) und dem Mehlkörper (3). Die äußeren Schichten (1) umhüllen das Korn und bilden die Schutzschicht für Mehlkörper und Keimling. Die Fruchtschale besteht aus vier Schichten und die Samenschale aus zwei, also bestehen diese Schalen insgesamt aus sechs Schichten. Sie enthalten Mineralstoffe sowie Ballaststoffe. Gemeinsam mit dem Keimling heißen sie „Kleie“.

Der Keimling (2) ist der gehaltvollste Teil des Korns. Sein Gewichtsanteil beträgt nur 2–3 % des Korngewichts, er enthält jedoch ca. 26 % des Gesamteiweißanteils.

Der Mehlkörper, der ca. 90 % des Korngewichts ausmacht, wird von der sogenannten Aleuronschicht (c) umhüllt. Der Mehlkörper selbst besteht aus Korneiweiß und Stärkekörnchen, die durch Eiweißstrukturen zusammengehalten werden. Das im Mehlkörper enthaltene Eiweiß, das sogenannte Klebereiweiß (Gluten), ist unentbehrlich für die Backfähigkeit des Mehls.[90]

Der Mehlkörper wird also von einer Schale aus sechs Schichten fest umhüllt. Gerade darin liegt der Grund, warum das Korn gemahlen wird. Diese Schalen sind sehr hart und für den menschlichen Körper schwer verdaulich. Aber der Mehlkörper enthält einen für die menschliche Ernährung unbedingt notwendigen Nährstoff, die Stärke. Darum muss diese Stärke aus der harten Schale herausgeholt werden. Reibt man die Schale des Korns ab, wird mit der Schale zugleich auch der Mehlkörper zerquetscht, weil er weich und brüchig ist. So entstehen immer kleinere Bruchstücke, wenn das Korn weiter gerieben wird. Auf diese Weise wird die Schale schließlich vom Mehlkörper abgeschält. Da der Mehlkörper aus viel feineren Teilen besteht als die groben Schalenbruchstücke, kann diese Mischung durch ein Sieb getrennt werden; nämlich in feines Mehl und Kleie. Dieser Abschälungsvorgang ist das „Mahlen“. Das Mehl entsteht eigentlich durch das Abreiben der Kornschale. Von diesem Vorgang hat das „Mehl“ seinen Namen bekommen, denn die indogermanische Wurzel *mel**- bedeutet nichts anderes als „zerreiben, mahlen“. – Beim Reis liegen die Dinge umgekehrt: Seine Schale ist sehr weich und der Mehlkörper sehr hart. Darum kann die Schale leicht abgerieben werden, ohne dass der Mehlkörper zerbricht. Daher wird der Reis nicht zu Mehl gemahlen, sondern in Körnerform gegessen.

Verschwindende Äcker

Im Jahr 1999 bin ich für einen halbjährigen Forschungsaufenthalt wieder im Lesachtal. Sofort bei der Ankunft bemerke ich, dass die Häuser prächtig aussehen. Sie sind frisch verputzt, weiß gestrichen, und jedes Fenster ist mit bunten Geranien geschmückt. Die Geschäfte sehen moderner aus, mehr Autos und Touristenbusse mit den ausländischen Kennzeichen D oder NL fahren auf der Bundesstraße, mehr Urlaubsgäste mit Knickerbocker und Bergschuhen wandern auf den Waldwegen. Die Landschaft hat sich nicht verändert, aber was mir auffällt, ist das Fehlen der Kornäcker. Wenn man um sich blickt,

90 Näheres über den Aufbau des Korns siehe Info-Seiten von Adler-Mühle unter: http://www.adler-muehle.de/info/Weizenkorn.html (Stand 2006).

Immer kleiner wurde die Fläche des Kornackers. (1999)

leuchten überall nur die sorgfältig gepflegten grünen Wiesen.

Als ich 1978 das erste Mal ins Lesachtal kam, waren noch stellenweise Roggen- und Weizenäcker zu sehen. Damals mahlte man das Getreide mit den Mahlsteinen in der Hausmühle, die mit einem Elektromotor betrieben wurde, weil die Wassermühlen, mit Ausnahme derer am Trattenbach, seit 1966 fast nicht mehr existieren. 1981 zählte ich im Zuge meiner Erhebungen all jene Höfe, auf denen noch Weizen oder Roggen angebaut wurde. Für die 35 Höfe von Maria Luggau – die Haushalte ohne Ackerfeld wurden nicht berücksichtigt – ergab diese Zählung folgendes Bild:

Anbau von Weizen für Kochmehl: 9 Höfe
Anbau von Weizen für Brotmehl: 8 Höfe
Anbau von Roggen für Brotmehl: 2 Höfe
Anbau von Roggen und Weizen für Brotmehl: 1 Hof

Es wurde mehr Weizen als Roggen angebaut, weil er vielseitiger verwendbar ist. Der Roggen wurde hingegen hauptsächlich als Brotgetreide verwendet. Außerdem kann man Roggen nicht zwei Jahre hintereinander auf demselben Acker anbauen, er macht daher mehr Arbeit als der Weizen. Man buk das Brot noch zum großen Teil selbst, aber man kaufte schon damals das Mehl.

Wollen wir also einmal den höchst aussagekräftigen Begründungen der Bäuerinnen zuhören, warum sie kein Korn mehr anbauen wollen.[91]

- Heute noch wird das Getreide, also Weizen, Roggen, Hafer und Gerste, angebaut, aber fürs Futter. Zum eigenen Bedarf müsste man feineres Mehl mahlen. Das kostet viel Arbeit. (1961)

91 In den runden Klammern steht das Jahr, seit dem das Roggen- bzw. Weizenmehl gekauft wird.

- Die Kinder sind meistens fort. Für so wenige Köpfe braucht man nicht selber das Getreide anzubauen, um Mehl zu haben. (um 1955)
- Das gekaufte Mehl hat gleichmäßige Qualität. Damit kann man besseres Brot backen. Aus der Kinderbeihilfe und aus dem Holz im Wald haben wir etwas Bargeld. Da wollen wir lieber Mehl kaufen, als Korn anzubauen. (1970)
- Wir backen kein Brot, darum kaufe ich kein Mehl, außer Weizenmehl zum Kochen. (1960er Jahre)
- Wir kaufen Brot, weil wir keinen Backofen mehr haben (schon kaputt), kaufen nur Kochmehl. (Das Jahr ist unbekannt.)
- Die Ackerfläche ist kleiner geworden. (Sie wurde zur Wiese umgewandelt.) (1955)
- Kornanbau fordert zu viel Arbeit. Heute bauen wir nur Hafer und Gerste für Futter an. (1979)
- Zum Kornanbau braucht man zu viel Arbeit. (1970)
- Die Ackerfläche ist kleiner geworden, weil der Mist weniger wurde, vielleicht deshalb … (1958)
- Ohne Grund. (1976)
- Wir sind eine kleine Familie. Wir kaufen Brot. (1966)
- Ich kaufe Brot, weil ich allein wohne. (1981)
- Wir kaufen Brot, weil der Backofen kaputt ist, und wir sind nur zwei Köpfe. (1971)
- Mit gekauftem Mehl wird das Brot viel besser. Nur Weizen bauen wir noch an. (1970)
- Kornanbau macht viel Arbeit. Die Kinder sind alle weg. Anbauen kann man nicht mit so wenigen Leuten. Ich gehe nicht mehr aufs Feld, ich bin ja schon alt. (1971)
- Wir bauen Roggen nicht mehr, aber noch Weizen an, weil man dann auch Kleie zum Brot verwenden kann. Wir mahlen auch zu Hause. (Jahr unbekannt)
- Getreideäcker sind in Heuwiesen verwandelt worden. (1971)
- Der Kornanbau bringt keinen Gewinn. Man braucht Geld, das Brotmehl zu kaufen, aber das Geld verdient man vom Milchverkaufen. Das ist leichter als Anbau. (Jahr unbekannt)
- Der Kornanbau macht sich nun nicht mehr bezahlt. Wir wollen aus den ehemaligen Äckern mehr Wiesen machen, mehr Heu machen und mehr Milch produzieren. Das zahlt sich viel mehr aus als der Getreideanbau. (1965)
- Aus Holz bekommen wir Bargeld. Damit kaufe ich Mehl zum Brot, das ist mir viel lieber als der Anbau. (1965)
- Ich backe Brot nicht mehr, weil die Familie kleiner geworden ist. Es nützt nichts, Korn anzubauen. (1971)
- Früher haben wir kein Geld gehabt, das Brotmehl zu kaufen. Wir haben früher nicht nur die Kühe, sondern auch die Ochsen zur Feldarbeit gebraucht, da es keine Maschine gab. Viele Ochsen und Kühe und *Khalbilan* haben wir halten müssen. Deshalb haben wir nicht genügend Kühe gehabt, daran [an ihrer Milch] zu verdienen. Wir haben seit 20 Jahren doppelt so viel Bargeld, durch die Kinderbeihilfe und die Rente. Wir können jetzt auch Vieh verkaufen, Milch verkaufen. Damit können wir erst das Mehl kaufen. Wir kaufen das Mehl, aber mit Brotbacken höre ich nicht auf, weil wir eine große Familie sind. Das Selbstbacken kostet weniger. Für Futter bauen wir noch Gerste und Hafer. (1975)
- Wir haben bares Einkommen [durch das Milchverkaufen, Holzverkaufen]. Dazu haben wir auch Sommergäste aus Deutschland seit 1972. [Darum kaufe ich das Mehl.] (1960)
- 1967 war ein Feuer, und die Scheune hat mit der elektrischen Mühle zusammengebrannt. Seit damals kaufen wir das Mehl. (1967)
- Durch bares Einkommen kaufen wir das Mehl. Das ist viel leichter. (1955)
- Nur Roggenmehl kaufen wir. (1977)
- Wir kaufen das Roggenmehl zum Brot. Unser Acker liegt zu hoch für den Roggen, während Weizen und Hafer gut aufwachsen. (1961)
- Durch bares Einkommen kaufen wir Mehl. Dann mische ich Roggen- und Weizenmehl halb und halb. Früher habe ich nur mit eigenem Roggenmehl Brot gebacken. (um 1955)

- Wir haben etwas mehr Geld als früher, deshalb bauen wir nicht mehr an. (1979)
- Wir sind über achtzig Jahre. Der Kornanbau ist für das Alter schon schwer. (1992)

In diesen – hier kurz zusammengefassten – Aussagen der Leute spiegeln sich mehrere Modernisierungsprozesse, die im Lesachtal stattgefunden haben. Der erste ist der Übergangsprozess von der Naturalwirtschaft zur Geldwirtschaft.

Nach dem Zweiten Weltkrieg war die Naturalwirtschaft auf Selbstversorgungsbasis beendet, es kam die Zeit der Geldwirtschaft ins Tal. Das erste Bargeld, das ins Haus kam, war die Kinderbeihilfe. Dieses regelmäßige sichere Einkommen ermöglichte den kinderreichen Lesachtaler Haushalten den Schritt in die neue Geldwirtschaft.

Der zweite Grund war der gestiegene Wert des Holzes. Man konnte nun am Holzverkauf sehr gut verdienen. Wurde bei einem besonderen Anlass ein größerer finanzieller Aufwand nötig, z. B. für die eigene Hochzeit, für Maschinen, Autos, für den Bau eines neuen Hauses oder die Renovierung des alten, konnte Geld durch Holzverkauf beschafft werden. Bei einem der Luggauer Haushalte beträgt das Einkommen aus Holz 70 % des Gesamteinkommens.

Der dritte Grund war die Ermöglichung des Milchtransports durch den Ausbau fester Brücken und der Autostraße, die zwischen Sillian und dem Lesachtal bereits von 1926 bis 1927 gebaut worden war. Dadurch wurde der Verkehr mit größeren Fahrzeugen auf weiten Strecken möglich.

Durch diese Motorisierung konnte die überschüssige Milch, die bis dahin nur am Hof verarbeitet wurde, in die Stadt (Lienz) verkauft werden, was den Bauern regelmäßig Bargeld einbrachte. Und das Holz, das bis dahin nur durch Schwemmen in der Gail transportiert wurde, konnte nun erstmalig mit Fahrzeugen direkt an den Bestimmungsort geliefert werden.

Die vierte Möglichkeit, Bargeld zu verdienen, war die Vermietung von Ferienquartieren an Urlaubsgäste, hauptsächlich aus Deutschland. Diese private Zimmervermietung nahm nach der Elektrifizierung des Tales Mitte der 1950er Jahre ihren Anfang. Durch den Tourismus kam die Geldwirtschaft erst richtig in Schwung.

Diese vier Schlüssel zur Geldwirtschaft, also die Kinderbeihilfe, das Holz, der Milchverkauf und der beginnende Tourismus, spielten eine sehr wichtige Rolle bei der Modernisierung des Tales.

Nun, was geschah im Lesachtal, als man Bargeld bekam? Wie die Leute erklären, haben sie zuerst mit dem Getreideanbau aufgehört, weil dieser erstens viel Arbeitszeit, zweitens viele Ackerflächen, drittens viel Arbeitskraft erfordert.

Wenn man mit dem Ackerbau aufhört, kann man diese Flächen in sonnigen, günstigen Lagen in Wiese umwandeln, sodass man zur Heugewinnung auf das Mähen der steilen Bergwiesen verzichten konnte. Auch aus diesem Grund gab man den Ackerbau auf. Nun verloren die Bauern zwar die Getreideäcker, konnten sich aber durch mehr Einkünfte Maschinen leisten. Sie brauchen keine Zugtiere mehr für die Feldarbeit, halten stattdessen mehr Kühe als früher, liefern mehr Milch und verdienen mehr daran.

Man findet noch einen weiteren wichtigen Grund für das Ende des Ackerbaus: Die Bauern haben heute keine Arbeitskräfte mehr. Früher hatten sie eine große Familie mit vielen Kindern, und auch Knechte waren da. Aber seit dem neuen Schulgesetz von 1962 gehen die Schulkinder in ihrem letzten Schulpflichtjahr, und zwar im 9. Schuljahr, entweder ins Polytechnikum (an der Hauptschule), oder sie gehen in die Stadt zum Besuch einer allgemeinbildenden höheren Schule (AHS) oder einer berufsbildenden höheren bzw. mittleren Schule. Im Lesachtal befinden sich nur Volks- und Hauptschulen. Darum müssen die Kinder im Alter von 14 oder 15 Jahren von zu Hause weg, wenn sie eine weiterführende Schule besuchen möchten. Und da die meisten Jugendlichen im Lesachtal nach der Pflichtschule noch eine höhere Schule besuchen, leben sie dann in der Stadt, aus der viele nicht nach Hause zurückkehren. Daher können die Bauern nicht mehr mit der Arbeitskraft ihrer Kinder rechnen.

Außerdem ist auch in den Bauernfamilien ein Geburtenrückgang festzustellen. Zusätzlich fehlt noch eine weitere wichtige Arbeitskraft auf den Höfen: Früher lebten in den meisten Familien auch die ledig gebliebenen Geschwister des Hofbesitzers, die den Hofbetrieb unterstützten. Diese Leute, die aus irgendeinem Grund zu Hause blieben, durften wegen der Knappheit an Grund und Boden einem ungeschriebenen Gesetz zufolge nicht heiraten, weil ein kleiner Betrieb nicht mehr als eine Familie erhalten konnte. Im 19. Jahrhundert konnte die Gemeindeverwaltung eine Heirat solcher Angehörigen sogar gesetzlich verbieten, weil die Betreuung und Unterstützung der aus solchen Ehen hervorgegangenen Kinder in Notfällen auf Gemeindekosten hätte erfolgen müssen. Seit es für die Altbauern eine Rente und für Erwerbslose eine amtliche Fürsorge gibt, und seit viele Schüler eine Berufsausbildung wählen (deren Finanzierung den Eltern früher nicht möglich gewesen wäre), sind viele Menschen im ländlichen Raum finanziell unabhängiger geworden; man bleibt nicht mehr als unterprivilegierte Arbeitskraft zu Hause. Außerdem gibt es noch ein großes Problem: Die jüngeren Hofbesitzer bzw. die jungen Männer, welche die Nachfolge auf einem Berghof antreten wollen, finden oft keine Braut mehr. Dieses Problem ist bei den Bergbauern besonders gravierend. Es ist nicht selten, dass ein Hoferbe über fünfzig noch ledig ist und schließlich ohne Nachfolger bleibt. Und die Eltern sind schon zu alt, um noch auf dem Feld zu arbeiten. Die Familienmitglieder werden immer weniger, man wird immer älter, daher wird mit dem Anbau von Getreide aufgehört.

Wir haben gesehen, welchen Modernisierungsprozess das Lesachtal nach der Zeit der Selbstversorgung durchlaufen hat. Aber seit dem Beitritt Österreichs zur Europäischen Union im Jahr 1995 haben sich die landwirtschaftlichen Verhältnisse ein weiteres Mal tief greifend geändert. Der Preis für die abgelieferte Milch ist wegen des Milchüberschusses im EU-Raum und auch in Österreich jetzt geringer als vor der EU-Zeit. Darum werden jene Betriebe gefördert, die keine Überschüsse produzieren. Das fehlende Einkommen muss durch Zuschüsse ausgeglichen werden. Die meisten Lesachtaler Bauern entschieden sich deshalb für den ökologischen Anbau, was mehr Zuschüsse, aber auch strengere Vorschriften zur Folge hat. Das Prinzip der Förderung ist folgendes: Wer weniger, aber ökologischer produziert, erhält mehr Unterstützung vom Staat. Österreich beansprucht 30 % der landwirtschaftlichen Förderungsmittel in der gesamten EU für die ökologische Produktion und hat mehr Biobetriebe als die gesamte übrige Europäische Union (Stand 1999).[92] Was vom Lesachtal heute gefordert wird, ist kein Getreideacker, sondern die gepflegte grüne Wiese mit wenigen, ökologisch gehaltenen Kühen. Wer Getreide anbaut, bekommt für den Acker unter einem Hektar keine Förderung. Für das Mähen am Steilhang erhält man übrigens mehr Fördergeld als für die Mahd auf der flachen Wiese. Darum fingen die Leute wieder an, die steilen Hänge zu mähen, die sie schon lange nicht mehr bewirtschaftet hatten. Somit sind die Getreideäcker, außer den wenigen Kornfeldern der Wassermühlenbesitzer, verschwunden. – Früher gab es in der Hoffnung auf eine gute Getreideernte die Wetterweihe; es gab das Wetterläuten, das Ährenlesen und das „Vaterunser“ beim letzten Kornschnitt. Heute baut man nur noch ein wenig Futtergetreide an. Aber wer betet schon für eine gute Futterernte?

Das geänderte Brot

Seitdem man mit dem Kornanbau aufgehört hat, gibt es zwei Wege zum täglichen Brot: Entweder man kauft Brot, oder man kauft Mehl und bäckt das Brot selbst. In kleineren Familien wird Brot gekauft. Denn in diesem Fall lohnt es sich nicht mehr, Korn anzubauen und Brot selbst zu backen. Wenn man Geld hat, kauft man das Brot. In der Großfamilie wird hingegen meistens nur das Mehl gekauft, gebacken wird das Brot noch selbst.Folgende Beweggründe führten dazu:

In den Kleinbetrieben gab es für den früher nicht üblichen Brotkauf einen aktuellen Anlass, das war ihr Backofen. Auf den Höfen, die keinen größeren Acker besaßen, wurde mit dem Getreideanbau aufgehört, sobald der Holzbackofen

92 Diese Auskunft ist Herrn Ing. Valentin Grader in der Kammer für Land- und Forstwirtschaft in Kärnten zu verdanken.

wegen seines Alters zerfallen war. Sie wollten keinen neuen bauen oder einen elektrischen kaufen. Sie beschlossen, von nun an ohne Backofen und ohne Getreideanbau zu leben. Sie fahren mit dem Auto zur Arbeit in die Stadt und kaufen das Brot von ihrem Gehalt. Heute bäckt in einer Kleinfamilie niemand mehr das Brot selbst, man kann es mittlerweile in allen Lebensmittelgeschäften kaufen.

Als man begann Brotmehl zu kaufen, bemerkte man sofort, dass das gekaufte Mehl, das in den für das Getreide klimatisch günstigeren Gebieten produziert wurde, von besserer Qualität ist. Das Brot aus dem eigenen Mehl war oft *„speckig"*, vom gekauften Mehl hingegen ging der Laib schön auf. Darum hat man ohne Zögern Mehl gekauft. Die Mehlpreise von Roggen und Weizen zeigten kaum Unterschiede. So hat man angefangen, Weizen- mit Roggenmehl zu mischen. Dann ging das Brot noch höher auf als früher.

Auf den Bauernhöfen habe ich in der Speis oft eine *Proatruume* („Brotrahme" = Brotgestell) gesehen. In der *Proatruume* ist durch senkrechte Trennstäbe jeder Brotlaib vom anderen getrennt, damit alle Laibe luftig aufbewahrt werden. Die Abstände der Zwischenstäbe sind in einem Dorf fast immer gleich, weil auch die Form des Brotes fast immer gleich ist. Misst das Brot in einem Ort in der Dicke ca. 4 cm, beträgt der Abstand der Stangen ca. 7 cm; bei einer Brotdicke von 7 cm beträgt der Abstand ca. 10 cm. Ich bemerkte, dass bei den Rahmen jeder zweite Trennstab herausgezogen war. Jede Bäuerin sagte, die Rahme sei sehr alt, ihr Mann habe die überflüssigen Stäbe entfernt. „In welchem Jahr war das?", fragte ich. Ihre Antwort war meistens: „Um 1960 oder 1961 oder so herum." Nehmen wir als Beispiel Annas Rahme. Anna wurde 1929 auf dem Hof ihrer Eltern geboren und hat ihn übernommen, ihr Mann hat eingeheiratet. Sie ist also eine sogenannte *Sachilangiitsche* („Sachleinmädchen" = das Mädchen mit Hof und Gut). Die *Sachilangiitschn* sind für mich oft eine besonders gute Wissensquelle, denn sie wissen mehr über die Geschichte ihres Hofes als die Eingeheirateten. Monika gehört beispielsweise auch zu ihnen. Bei Annas Rahme betrug die Breite zwischen den Teilungen ca. 7,5 cm. Also war das Brot ca. 4–5 cm dick. Wenn das Brot dicker als 5 cm wird, passt es nicht mehr in die früheren Zwischenräume; denn die Laibe müssen in der Rahme luftig aufbewahrt werden, sonst würden sie schimmeln. Darum zog man einfach jede zweite Stange heraus. Wenn dies „um 1961 herum" geschehen ist, muss das Brot um diese Zeit auf diesem Hof bereits dicker geworden sein, das heißt, man hat da angefangen, mit gekauftem Mehl, sogar mit Weizenmischung, Brot zu backen.

Es war an einem bestimmten Tag im Jahre 1981, als ich Anna beim Brotbacken beobachten konnte. Sie buk das Brot mit Germ und Sauerteig in ihrem elektrischen Backofen, in den 6 Brotlaibe auf einmal kommen, und beschickte den Ofen zweimal. Also 12 Laibe wurden gebacken. Der runde Laib war vor dem Backen ca. 6 cm dick und hatte einen Durchmesser von 20 cm, nach dem Backen war er ca. 8 cm dick, sein Durchmesser betrug 25 cm. Der Laib war tatsächlich zu dick für die ursprünglich engere Brotrahme. Anna erzählt, dass die Rahme früher einmal doppelt so breit war, nämlich 166 cm und 106 cm hoch, und dass darin dünnere 48 Brote Platz hatten. Doch vor 20 Jahren (1961) hat ihr Mann die Rahme genau in der Mitte durchgeschnitten und auch jede zweite Stange herausgezogen, denn es passen gerade 12 dickere Laibe in die abgeschnittene Hälfte der Rahme. (Siehe auch Foto S. 65.)

Am Lukastag

Am 18. Oktober ist Lukastag. Dieser Tag mag in anderen Gebieten, wo das Klima milder ist, nicht so wichtig sein wie z. B. der St. Martinstag (11. November), an dem mit Gebäck, Gänsen und Laternen die Übergangszeit vom Herbst zum Winter gefeiert wirt. Aber in Maria Luggau, im Hochtal, kommt der „Feierabend" nach der Jahresarbeit eher, schon im Oktober, weil es bald schneien wird. Der Lukastag war früher für die Luggauer und auch für die Lesachtaler der einzige große Einkaufstag mit Bargeld, wie mir Agnes aus der Erinnerung an ihre Kindheit (bis um 1920 herum) erzählte:

„Sonst ist der Lukasmarkt die einzige Einkaufsgelegenheit gewesen. Einmal im Jahr, am 18. Oktober, war Lukastag. Da sind viele Händler gekommen und haben viele Sachen verkauft. Die Mutter hat gekauft die blechernen Kaffeetassen [aus emailliertem Blech] – aber ohne Untertassen –, ja, blecherne Suppenteller hat's auch gegeben. Und Leder für die Schuhe. Sonst [noch] hat man am Lukasmarkt die Farben gekauft. Man hat damit den Stoff gefärbt, meistens rot oder blau. Der Vater hat am Markt ein Kitzlein gekauft, fünf, sechs Wochen alt. Das war zum Essen. Sonst noch, was die Leute gekauft haben, waren Eisenpfannen, Eisenlöffel, Schuhe, Sicheln, Sägen, Wetzstein, Bettgewänder, Federbetten usw. Und was die Leut' da verkauft haben, waren nur Ziegen und Kühe, mehr nicht."

Die Leute haben Ziegen oder Kühe verkauft. Das Vieh war damals die einzige Einkommensquelle. Ein anderer Bauer erzählte mir: Um 1925 herum konnte man eine gute Kuh um 400 Schilling kaufen, aber um 1981 kostete eine Kuh mit 400–500 kg Gewicht 10 000–12 000 Schilling, war also 25-mal so teuer.

Nun lassen wir Sepp, den kleinen *Gaaßa* (siehe S. 67 ff.), erzählen, wie es mit den Ziegen nach dem Sommer weiterging: „Bis 17. Oktober sind die Ziegen auf die Hochalm gegangen. Das war der letzte Tag. Und am Lukastag wurden viele Ziegen verkauft. Weil – im Winter hatten sie wenig Futter und sind wieder Junge dazugekommen, im Winter, *Khitzlan. Khitzlanbråtn* ist ja heute eine Delikatesse. – [Frage: Können Sie sich noch an den Preis erinnern?] – Ziege? Ich glaub, da wird sicher die Ziege nur 80 [Reichsmark] sein gewesen, weil ein Paar Schuhe ca. 140 bis 150 waren. – [Frage: Eine Ziege kostete weniger als ein Paar Schuhe?] – Ja, weniger. Mit zwei oder drei Jahren [wurden sie verkauft]. Da ist das Fleisch am besten, mit zwei bis drei Jahren. – Später dann nur Flaxen [= Sehnen; zähes Fleisch], wie halt eine alte Ziege ist. – Nach der Alm waren sie sehr gut im Fleisch, nach dem Sommer."

Die Ziegen hat der zehnjährige *Gaaßa* bis zum Lukastag gehütet, dann musste er zusehen, wie die Ziegen, mit denen er den ganzen Sommer zusammen war, am Markt verkauft wurden.

Am Lukastag wurden mit dem Erlös aus dem Verkauf von Tieren auch die Schulden beglichen, die sich im Laufe eines Jahres angesammelt hatten. Sepp, der kleine „Geißer", erzählt weiter: „‚Der Vater wird schon zahlen, er ist wohl mehr Leuten schuldig' [lacht]. Das ist auch von früher ein Spruch, weil die Kinder hatten kein Geld. Am achtzehnten [Oktober], am *Lukaståg,* zahlt der Vater."

Die dritte Funktion des Lukastages war die Entrichtung der Abgabe in Naturalien (bzw. in bar) für das Kloster im Ort. Den Erzählungen der Leute zufolge ist diese sogenannte „Schüttabgabe" folgendermaßen zu verstehen: „Am Lukastag wird auch die ‚Schüttabgabe'[93] dem Kloster von meiner Schwester oft noch mit Naturalien bezahlt, meistens aber mit Bargeld, 500 bis 800 Schilling." [Stand 1999, erzählt von Anna, geb. 1937]

„Bei der *Schittåpgåbe* hat man müssen abgeben Roggen, Weizen, Hafer, Holz und Hanf, Wolle, Flachs. Die Menge war je nachdem, wie groß der Bauer ist. Ein mittlerer Bauer hat dabei ungefähr einige *Maaßl* [siehe Zeichnung S. 136] Getreide, ein halbes Kilo Hanf, ein Kilo Wolle, ein halbes Kilo Flachs abgegeben. Schüttabgabe hat man auch ‚*Wiidn-Khorn*'[94] genannt." [erzählt von Theresia, geb. 1931]

„Zu deiner Frage konnte mir meine Mutter [Maria, geb. 1928] keine Auskunft geben, eine Nachbarsfrau wusste aber

93 Schuttabgabe bzw. Schüttabgabe. Schutt; „in der älteren Landwirtschaft bestimmte Menge Getreide als gegebener Lohn und Unterhalt", siehe DTWB: Bd. 15, Sp. 2104, unter *Schutt*. – *Schütt*; *Schütte*; „der Hirtenlohn und Getreide, welche dem Hirten sowohl als Lohn als auch für das Vieh gegeben werden", siehe DTWB: Sp. 2106, unter *Schütt*; *Schütte*.

94 Widum ist eine Bezeichnung in Bayern und Tirol für das unbewegliche Vermögen der Pfarrpfründe und insbesondere für das Pfarrhaus. S. Meyers Konversationslexikon (1897): Bd. 17, unter *Wittum*.

Der gedroschene Hafer zum Füttern in einem Getreidemaß-Viertel auf der „Ausschlage". (1984)

den Ausdruck noch: Zur ‚Schüttabgabe' hat man auch ‚Widumskorn' [siehe Seite 105, Fußnote 94] gesagt." [berichtet von Christoph, geb. 1966]

„Mit dem *Maaßl* [das kleine Maß für Getreide, ein oben und unten offenes Gefäß, durch Zwischenboden in zwei ungleiche Hälften geteilt: die größere Seite fasst 1 Maß (3 Liter), die kleinere ein halbes Maß (1,5 Liter), siehe Foto] hat man früher für die ‚Schüttabgabe' das Getreide gemessen. Die kleineren Bauern haben mit einem halben *Maaßl* gemessen." [Leopold geb. 1935] Die Schüttabgabe wird heute noch geleistet, aber meistens als Geldabgabe.

Der Lukastag hatte – für ein spezielles Produkt – noch eine weitere Bedeutung: Es wurden Stoppelrüben geerntet, gehackt und am Lukasmarkt verkauft. Die Kartitscher kamen gern, um sie zu kaufen, weil diese Rüben in ihrer Höhenlage nicht mehr gedeihen. Stoppelrüben (Wasserrüben), in Maria Luggau *Waadlruäbm* genannt, wurden nach der Winterroggenernte auf dem Acker angesät. Sie wurden gehackt und eingesalzen wie Sauerkraut und über den Winter hindurch gegessen.

Der Tiroler-Gailtaler Oswald Sint berichtet darüber: „Der Lukastag war ein alter Lostag [Lostage sind bestimmte Tage des Jahres, die nach dem Volksglauben für die weitere Wetterentwicklung und die Verrichtung bestimmter landwirtschaftlicher Arbeiten bedeutsam sind.]: ‚Lukas – Kraut aus!' hieß es. Das soll heißen: Es war Zeit, die Stoppelrüben aus dem Acker zu ziehen. Der Frost drohte, der um diese Zeit gewöhnlich zum ersten Mal auftrat. Mein Vater und auch manche Nachbarn hatten öfter Stoppelrüben gebaut, wenn der Winterroggen bis Oswaldstag [22. August] geschnitten werden konnte. Die Alten sagten, dass die Rüben am besten auf dem abgeernteten Roggenacker gedeihen, wenn man ihn tüchtig düngt."[95]

Der Lukastag, an dem der Jahrmarkt stattfand, war nach Sint also ein Lostag. Der erste Frost drohte um diese Zeit. Daher war der Lukastag für die Luggauer der „Feierabend" des Jahres; der Tag des Einkaufens, auch der Tag, an dem man Vieh verkaufte, alle Schulden abzahlte und an das Kloster Naturalien abgab. Dieser Tag war also der einzige Handelstag des Jahres in der Selbstversorgungszeit. Aber ursprünglich war er ein alter Lostag, weil ab diesem Tag in dieser Gegend der Winter so richtig anfangen kann.

In Liesing gab es ursprünglich einen Viehmarkt. Er hat sich heute in einen Krämermarkt (einen „Kleinen Frauenmarkt") verwandelt und findet am 9. September statt. Nach der Modernisierung haben die Märkte des Tales keine so große Bedeutung mehr, obwohl noch viele Krämer mit ihren Waren auf den Markt kommen. Denn man hat heute Autos, fährt damit in die Stadt einkaufen oder bestellt die Waren per Katalog. Auch befinden sich in jeder Ortschaft einige Läden.

Zu Allerheiligen, Allerseelen

Anfang November kann es im Lesachtal schon schneien. Die Lärchen gleichen noblen Damen, ihr Herbstgewand leuchtete eben noch in edlem Goldgelb, verliert aber nun seine Farbe. Andere Bäume haben ihr kräftiges Sommergrün bereits in dunklen Purpur verwandelt. Die Wassermühlen stehen still. Die ganze Atmosphäre des Tales wirkt gedämpft.

Der bekannte Lesachtaler Heimatforscher, Thomas Tiefenbacher, schildert das Leben zu Allerheiligen um 1967. Im Folgenden eine Zusammenfassung: „Der Allerheiligenvormittag bringt wie jeder Sonn- und Feiertag den gemeinsamen Gang zum Pfarrgottesdienst, dann aber färbt die Feststimmung ab.[96] Um 12 Uhr mittags beginnt das feierliche Totengeläute und dauert eine halbe, früher eine ganze Stunde. Es sind dieselben Töne wie in der Heiligen Nacht, wie am Ostersonntag – aber wehmütig, so traurig und bittend. Der Gottesdienst am Nachmittag und am Allerseelentag – feierliches Requiem, Gräberbesuch, Ablassbeten – vollzieht sich bei uns wie anderwärts. Unsere Friedhöfe sind nicht prunkvoll wie in der Stadt, aber schön sind sie doch. So ganz der Bergnatur angepasst ist und war besonders in früherer Zeit der Gräberschmuck: grünes Moos vom Walde, der Kranz ums Holzkreuz von Gräntenstauden [Preiselbeergrün] oder Tannen- und Fichtenzweigen. In den moosbedeckten Hügel steckt man die letzten vom Herbstfrost und Reif verschönten Blumen aus dem Hausgarten; dazu kommen ein paar Kerzen, eine Schale Weihbrunn, Gebet und Ablässe. Damit darf der Lesacher, der da ruht, wohl zufrieden sein."[97]

Früher hörte man zu dieser Zeit an den Nachmittagen Dorfkinder an der Haustür rufen:

„Pi-ggårschiän um a Pitschile!"[98] (Ich bitte gar schön um ein Pitschilein!) oder auch: „Pittschean a Pitschile für mi und mei Gitschile!" (Bitte schön ein Pitschelein für mich und mein Mädchen!)

Damals sind die Kinder zu Allerseelen und Allerheiligen *Pitschilan såmmln* gegangen.[99] Ein *Pitschile* ist ein kleines rundes flaches Brot und hat einen Durchmesser von ca. 20 cm.

„Ja, ja, ich bin auch gegangen *Pitschilan petteln*." So sagte mir Agnes, 1906 geboren, die mit dreizehn Jahren von

95 Sint (1986): S. 61 f.

96 Es ist wohl gemeint, dass sich dann die fröhliche Feststimmung verliert.

97 Tiefenbacher (1967): S. 3.

98 Nach einem Hinweis von Herrn Dr. Wilfried Schabus: *schiän* für „schön" nur in Maria Luggau (ML), sonst im Lesachtal *schean*. Diese Bittformel in ML klingt wie *Pi-ggårschon*, das „-schön" wird also lautlich reduziert und klingt wie *-schon* oder *-schun*.

99 „Bitsche": Spendebrot als Zukost zum Trauertrunke in Tirol, s. Koren (1954): S. 103 f. – Auch Kärntisches Wörterbuch (1862): S. 28 stellt dieses Wort zu *Pitsche* (Holzgefäß für Wasser oder Wein). Siehe auch Höfler (1901): S. 95. – Näheres zur Etymologie s. Glossar.

zu Hause weg „in Dienst“ [als Bauernmagd] ging und ihr hartes, karges Leben 2001 mit 95 Jahren vollendete. Hören wir nun ihrer Erzählung zu: „So ein *Pitschile* war so in der Größe [ca. 15–20 cm im Durchmesser, 7 cm dick]. Am Tag vor Allerheiligen sind wir gegangen *Pitschilan såmmeln*. Die ganze Nachbarschaft umeinander. Im ganzen Dorf haben wir *Pitschilan* gekriegt. Und dann noch so ein *Khrapfl* auch. Auf vielen Orten [bei vielen Höfen] hat man ein Pitschile gekriegt und ein *Khrapfl* [Bauernkrapfen mit Hohlraum] dazu. – *‚Pi-ggårschiän um a Piitschile!‘* So hat man geschrien bei der Haustür. Dann ist die Bäuerin gekommen, und nachher hat sie gefragt: ‚Wie viele seid ihr denn?‘, hat sie gefragt, wie viele wir sein, wie viele Kinder. [Wir sind gegangen] drei, vier auf einmal. Ja, Schwestern und Brüdern, alles.

Wir sind mit dem Rucksack gegangen. Auch nach Salach [Ortsteil von Maria Luggau, Seehöhe 1426 m]. Manchmal haben wir außer dem *Pitschile* auch ein normales Brot dazugekriegt. Wenn der Rucksack voll war, haben wir ihn in dem Bauernhof gelassen und sind mit einem anderen weitergegangen. Zum Schluss haben wir alle Rucksäcke geholt und nach Hause gebracht. Die Kinder von zehn oder fünfzehn Familien, ungefähr ein Achtel von den ganzen [allen] Häusern im Dorf, sind *Pitschilan pettln* gegangen. Ja, es waren damals 70 Häuser, und zu 60 Häusern sind wir hingegangen. *Pitschilan pettln* haben wir gemacht, bis der Hitler gekommen ist.

Wenn man [in die] Schule geht, geht man halt [*Pitschilan* sammeln]. Nach dem Ausschulen geht man nicht mehr. Bekommen hätte man sie schon länger, später auch noch. Aber wenn man so groß ist, geht man halt nimmer gern. [Wir haben] viele *Pitschilan* gesammelt. Da hat man den ganzen Winter Brot gehabt. Den ganzen Winter. Da hat die Mutter den *Påchoofn* [Backofen] eingeheizt, dann hat sie sie hineingetan und gedörrt, als *a ganzer* [unzerteilt], wie sie waren, *påll* [= (so)bald] sie *durre* [= dürr, trocken] sein gewesen, bald sie *hirt* [= hart] sind gewesen, wieder heraus und in einen *Grånt* [„Grant“= Korntruhe] hinein[100], und dann hat man halt, wenn man gebraucht hat, eines geholt.

Oh, man hat gute Zähne gebraucht [um das harte Brot zu essen]. Und dann hat man eine *Gråmbl* [Brotschneidevorrichtung[101]] gehabt. Da hat man [...] Bröcklein gemacht [und] hineingetan in die Suppe oder in die Milch, ja, ja, alles, wo man etwas hat dazu gekonnt essen. Die Milch hat man gekocht, weil sie hart sind, weil die kalte Milch sie nicht so schnell aufweicht.“

Josefa (geb. 1922), die im kleinen Weiler Promeggen zwischen Maria Luggau und St. Lorenzen, zur Welt kam, erzählt Folgendes über das *Pitschile*: „Da sind die ärmeren Kinder von Haus zu Haus gegangen und haben gebettelt: *‚Pi-ggår schiän, a Pitschile!‘*, haben sie geschrien, vor dem Tor. Nachher hat man ihnen gegeben – da hat meine Mutter schon allweil einen Ofen voll extra gebacken, dreißig mindestens, für die Pitschilan-Pettler. So in der Größe [ca. 15 cm], so ein Brot [gewöhnliches Roggenbrot]. Und nachher, zu Allerheiligen, ja, hat man Krapfen auch gehabt [gebräuchliche Allerheiligenkrapfen], nachher haben sie halt ein *Pitschile* gekriegt, und die einheimischen [Kinder aus dem eigenen Dorf] haben einen Krapfen auch dazugekriegt. Und da haben sie viel zusammengetragen, die ärmeren Familien, nachher [haben sie die Brotgaben] aufgeschnitten und a bissl gedörrt, und da hat mir eine Frau gesagt, [sie habe] bis Weihnachten solches Brot gehabt. Sie hat eine Suppe gekocht, das Brot hinein, und gegessen. Oh, da sind viele gekommen, von Liesing herauf, in Liesing unten waren so arme Holzknechte, na ja, arm und auch ziemlich getrunken, na ja, nachher ist für die anderen [Familienmitglieder] nimmer viel geblieben. Da sind [sie] ållweil selb viere [zu viert] gekommen. Und nachher – von

100 Man legt die Brotlaibe in Maria Luggau immer noch in die Korntruhe hinein, wenn die Gefriertruhe, die in Maria Luggau erst in den siebziger Jahren des 20. Jh. eingeführt wurde, voll ist. Das Getreide in der Korntruhe absorbiert die Feuchtigkeit, so dass das Brot nicht schimmlig wird.

101 Zu it. „*gramola*“ Hanfbrechel, s. Schabus (1971): Bd. 2, S. 460, unter *Protgramel*.

[Sankt] Lorenzen war auch so eine arme Familie, und da in Luggau waren auch ein paar, aber weniger. Ja, die haben viel zusammengetragen, ja. ‚Vergelt's Gott', haben die Kinder gesagt. [Sie haben einen] Rucksack getragen, und dort haben sie's hineingetan. Krapfen [hat man] mit Schmalz, nicht mit Öl [gebacken], Butterschmalz und Schweinfetten gemischt [herausgebacken]. Und oft hat man, [so]wie man ein Schaf hat abgestochen, den Talg auch untergemischt."

Agnes erzählte, wie sie *Pitschilan-Petteln* gegangen ist, Josefa andererseits erzählte, wie sie die *Pitschilan-Pettler* beobachtet hat. Bis in die Kriegszeit gab es diese Gewohnheit *Pitschilan* zu *petteln*. Aber das letzte Kind von Agnes, Bernadette, geb. 1944, kennt die *Pitschilan* nicht mehr: „*Pitschilan-Petteln* habe ich nie gehört. Nein, ich kenne das nicht." Die jüngeren Generationen kennen diesen Brauch nicht mehr, diese Tradition ist ausgestorben.

„*Ållerheiligenkhråpfn åtreibn giän*" – „Allerheiligenkrapfen abtreiben gehen", sagt man, wenn man von Hof zu Hof geht und eine Belohnung für die im Lauf des Jahres erbrachten Dienstleistungen einfordert bzw. „abtreibt". Krapfen werden im Lesachtal zu verschiedenen feierlichen Anlässen gebacken, also nicht nur im Fasching wie in der Stadt. Die Bauernkrapfen haben eine perfekte Kugelform, ihr Inneres ist hohl (siehe S. 42 f.). Zu Allerseelen und Allerheiligen kamen also nicht nur die Kinder ihrem Heischebrauch nach, auch der „Küher" (= Kuhhirte) und der Jungviehhalter, die im Sommer das Vieh der Nachbarschaft betreut hatten, suchten jeden Hof auf. Ihnen wurden pro Stück Vieh 1 *Maaßl* Korn (ca. 1 Liter) und ein Stück Brot mit einem Krapfen darauf überreicht, als Lohn für ihre Sommerarbeit.

Auch der „Wetterläuter", der im Sommer jede Nacht auf dem Balkon seines Hauses das Wetter beobachtet und bei drohendem Unwetter zum Schutz der Ernte die Kirchenglocke geläutet hatte, bekam als Lohn von jedem Hof einen Laib Brot oder ein *Maaßl* Korn und dazu drei Krapfen. Er bedankte sich mit: „*Vergelt's Gott in Himmbl aufn!*" (Vergelte es Gott in den Himmel hinauf!) Er ist schon lange tot, aber an seinen Gruß erinnert man sich bis heute.

In einem alten Gemeindeprotokoll aus dem Jahre 1922 von Maria Luggau steht Folgendes: „Antrag des Bürgermeisters und Ersuchen des Gemeindesekretärs als Entlohnung anstatt in Geld, Naturalien zu leisten, wurde einstimmig beschlossen, das gleiche wie dem Wetterläuter, die halbe Hube 1 Maaßl [3 Liter] und die 1/4 Hube 1/2 Maaßl Roggen oder Weizen zu geben."[102]

Der Wetterläuter bekam also im Jahr 1922 von jedem Besitzer einer Halbhube, einem sogenannten „Halbhuber", 3 Liter Roggen oder Weizen, und von jedem „Viertelhuber" 1,5 Liter. Hingegen lesen wir an dieser Stelle nichts über Brot oder Krapfen. Der Lohn für den Wetterläuter bzw. wohl auch für den *Gaaßa* oder für den Küher ist daher vom Heischegang der armen Dorfkinder, die um ein *Pitschile* gebeten haben, zu unterscheiden, wie es der Wortsinn von „abtreiben" (etwas eintreiben, was einem rechtmäßig zusteht) deutlich zeigt. Im Übrigen ist bei diesem Dokument auch noch bemerkenswert, dass der Gemeindebedienstete lieber mit Naturalien als in Geld entlohnt werden wollte. Der Grund dafür liegt in den wirtschaftspolitischen Verhältnissen jener Zeit, denn die damalige Kronen-Währung verlor wegen der Inflation nach dem Ersten Weltkrieg stark an Wert. 1925 wurde die Krone durch den Österreichischen Schilling ersetzt. Für 10 000 Kronen bekam man beim Umtausch nur einen Schilling. Bei einer derartigen Inflation sind Naturalien mehr wert als Geld. Der kleine *Gaaßa*, der im Sommer die Ziegen gehütet hatte, hat auch seinen Lohn bekommen. Darüber erzählte der inzwischen natürlich schon längst erwachsene Mann: „Den Ochsenlohn hat man am ersten Sonntag nach Dreikönig beim *Bäckwirt* erhalten. Der *Gaaßaluän* [„Geißerlohn"] ist zu Allerheiligen und Allerseelen ‚abgetrieben' worden. Ich habe einen großen Korb genommen und bin von Haus zu Haus

102 Nach dem Protokoll des Gemeinderats Maria Luggau vom 10. August 1922.

gegangen: ‚Bitt schön um den *Gaaßaluän!*' Und dann hat mir der Vater eine Liste mitgegeben, wo die Stück [Vieh] darauf waren, wie viel jedes Haus gehabt hat. Und den Korb für Brot und *Khråpfn* und *Nigilan*. Das ist der Korb gewesen. Auch als Lohn, zuerst das Geld [90 Pfennig],[103] und dann noch *Khråpfn* und Brote. Das [die Menge der Brote und Krapfen] kommt darauf an, wie großzügig die Bäuerin war.

Ja, ich bin [mit dem Buckelkorb zuerst] einmal ein Stück gegangen, dann bin ich nach Hause gegangen, um abzusichern [lacht], ja, ja, dann bin ich das andere Stück gegangen. Das weiß ich schon, wo am meisten [Brot] war. Bei *Groaßn* und *Jörgila*. Die hatten die meisten Ziegen, acht oder neun Stück.

Und dann hat die Mutter mir jeden Tag zur Schule mitgegeben, den Krapfen. Und die Brüder zu Hause haben auch bekommen. Brote haben wir zu Hause gegessen. Sie [die Mutter] hat dann einmal nicht gebacken. Ja, es hat viel geholfen.

[Frage: Warum arbeitet jetzt niemand mehr für einen *Gaaßalohn?*] – Hm, hm, ja. Die Verdienstmöglichkeit ist jetzt besser, irgendwo auswärts zu leben. Nicht mehr Voll-Landwirtschaftsbetrieb, sondern […] der Selbstversorgerbetrieb ist verschwunden. Es gibt jetzt mehr Geldwirtschaft. Aber man war ja viel zufriedener. Heute ist alles nur noch Hetze und Stress."

Der kleine *Gaaßa* war danach drei Jahre im Gymnasium in Innsbruck, dann musste er aus finanziellen Gründen damit aufhören und wurde Tischlermeister. Nach seiner Anstellung bei der Bankfiliale in Maria Luggau kaufte er 1983 den Gasthof *Bäckwirt*, der seit 1981 geschlossen gewesen war. Von 1985 an war der einstige kleine *Gaaßa* nun „der *Bäckwirt*". Er starb 1998 mit 63 Jahren.

An Allerheiligen und Allerseelen wurde früher für die Toten, für die Armen Seelen, die Glocke geläutet. Thomas Tiefenbacher schreibt über die Glocke zu Allerseelen: „Ein alter Volksglaube sagt: Während des Schiedunggeläutes am Allerheiligentage dürfen die Armenseelen aus dem Fegefeuer heraus, hernach müssen sie wieder hinein."[104]

Die Dorfleute haben die Gräber geschmückt und im Gottesdienst für die Armen Seelen gebetet. Allerheiligen und Allerseelen sind die Tage des Totengedenkens. Bezüglich der Brotkultur ist es bedeutungsvoll, dass an diesen beiden Tagen den armen Kindern des Dorfes Krapfen und Brote geschenkt wurden und auch die Hirten („Geißer" und „Küher") sowie der Wetterläuter beim sogenannten *Khråpfnåtreibm* („Krapfenabtreiben") den Naturalienanteil von ihrem Lohn erhielten. Diese sogenannten Allerseelenkrapfen (siehe S. 45) ohne Fülle – darum wurden sie von Max Höfler „Krapfennudeln" genannt – sind sonst nur in Tirol üblich.[105] Im Lesachtal, das direkt an Tirol grenzt, haben sich in den oberen Ortschaften – in Maria Luggau, St. Lorenzen und in Liesing – unter Tiroler Einfluss ausnahmsweise diese Tiroler Allerseelenkrapfen verbreitet. Im unteren Lesachtal hingegen ist zu Allerseelen der „Strutze" bzw. das *Striezl* („Strützlein") üblich.[106] Nun haben wir also Allerheiligen und Allerseelen im Zusammenhang mit der Brotbeschenkung kennengelernt. Im Folgenden soll auf den historischen und volkskundlichen Hintergrund dieses Brauchtums eingegangen werden.

Zunächst berichte ich über Dokumente des 17. Jahrhunderts aus der Bibliothek des Benediktinerstifts Marienberg im Vinschgau (gegründet 1146). Ich habe das Kloster 1984 besucht, weil dort gesäuerte dünne Brote, die *Paarlen*, gebacken werden, die man in Wien und auch anderswo

103 Im Kassabuch des *Bäckwirt* steht unter 1. Nov. 1944 als Privatausgabe „Gaser für halten 6,30 Mark." Laut eigener Angabe hat Sepp im Jahr 1944 sieben Stück Ziegen vom *Bäckwirt* gehütet. Also betrug der „Geißerlohn" pro Ziege 90 Pfennig. Übrigens betrug der „Geißerlohn" am 31. Okt. 1948 schon 17 Schilling (im Jahr 1948 zu 3 Mark für 1 Schilling umgerechnet), siehe „Kassabuch des Bäckwirts, Jänner 1939–April 1948" (handschriftlich, im Besitz des *Bäckwirt*).

104 Tiefenbacher (1967): S. 3.

105 Höfler (1907): S. 16.

106 „An diesem Tag gab es bei uns immer Krapfen, aber auch Brotstrutzen wurden gebacken", erzählt Paula, geb. 1927 in Obernosterer im unteren Lesachtal. Siehe auch Österreichischer Volkskundeatlas unter *Festtagsgebäck-Allerseelen*.

„Vinschgerln" nennt. Tatsächlich hat bei meinem Besuch gerade ein Mönch im riesengroßen Holzbackofen des Klosters 718 Paare davon gebacken. Da zeigte mir der Bibliothekar Pater Josef Toos ein in lateinischer Sprache verfasstes altes großes Tagebuch von der Hand des damaligen Abtes.[107] Ich fragte, ob die Brotspende darin erwähnt werde. Pater Josef nickte lächelnd, öffnete die betreffende Seite und las mir daraus auf Latein vor, dann übersetzte er den Text ins Deutsche. Wie zum Beispiel die folgende Stelle: „Am 19. Juni 1640 wurde der 30. [Todesgedächtnistag] für den verstorbenen hochwürdigsten Herrn Abt gefeiert. Und ein Almosen, das ziemlich groß war, ausgeteilt. Jedem Armen wurde ein großes Stück Brot gegeben, ein Stück Käse und ein Schnitzel von gebratenem Fleisch. Die Armen, die dieses Almosen erhielten, waren 340 an der Zahl."

Der Pater erklärte mir, dass die Leute immer dann zum Essen ins Benediktinerkloster eingeladen wurden, wenn dort jemand gestorben war. Außerdem wurde die Brotspende an die Armen auch zu Allerseelen durchgeführt. Pater Josef las vor: „Am 2. November 1646: Den Armen wurde ein großes Geschenk gemacht. Brot wurde 700 Leuten ausgeteilt."

Vom Brauch der Brotspende zu Allerseelen war auch in anderen Jahren zu lesen, die Anzahl der gespendeten Brote wurde mit 900 oder ähnlich großen Stückzahlen angegeben. Daraus ergibt sich, dass die Brotspende bereits im 17. Jahrhundert in diesem Südtiroler Benediktinerkloster üblich war.

Brotspenden an die Armen waren aber nicht nur im Benediktinerkloster Marienberg im Vinschgau üblich. Auch andere Orden, z. B. die Prämonstratenser, teilten jeweils am Todestag ihres Stifters 1 200 Brote, 400 Portionen Käse und 400 Maß Wein aus, und auch in Kremsmünster wurde an den drei „Spendtagen", d. h. am Gründonnerstag, am Sterbetag des Erzbischofs und zu Allerseelen, stets Brot und Fleisch an eine ungewöhnlich große Zahl von Menschen verteilt.[108] Die Armenbeschenkung zum Totengedächtnis war schon seit dem Mittelalter üblich. Auch unter dem allgemeinen Volk wurde bei Begräbnissen und zu Allerseelen (bzw. auch zu Allerheiligen) die Brotspende ausgeführt: Wir erinnern uns, dass auch bei einem Begräbnis im Lesachtal an jeden Teilnehmer eine Semmel ausgeteilt wurde (siehe S. 55).

Max Höfler stellte 1901 fest: „In Tirol wurde das ganz oder teilweise aus Weizen gebackene Spendebrot für die Teilnehmer am Totenmahle ‚Bitsche' genannt.[109] Ähnliches erfahren wir auch bei Zingerle: „Nach dem Begräbnis wird noch an vielen Orten ein Todestrunk gehalten, zu dem die Verwandten geladen werden. Im Burggrafenamte wird ein solcher Trunk Pitschen genannt, von den Broten gleichen Namens, die dabei aufgetischt werden."[110] Nach Matthias Lexer ist das *Pitschile* „bei Leichenbegängnissen und am Allerheiligenfest unter die armen Leute verteilt" worden (Näheres zur Etymologie von *Pitschile* siehe im Glossar). Wir sehen also, dass das *Pitschile* als Spendebrot zu Allerseelen ebenso wie bei Begräbnissen und beim Totengedenken Verwendung fand.

Hanns Koren erinnert daran, dass früher das Mahl, das der Tote annehmen und verzehren sollte, als Opfergabe direkt am Grab hinterlegt wurde. Später wurde zum Gedächtnis des Verstorbenen ein Totenmahl abgehalten sowie auch am Gedächtnistag aller Toten.[111] Außerdem gab es in Benediktinerklöstern die Sitte, dass das Gedeck eines verstorbenen Mitbruders nach dessen Tod noch dreißig Tage lang auf den Tisch gelegt und das für ihn aufgetragene Essen an Arme verschenkt wurde.[112] – Der ursprüngliche Sinn der Brotspende hat sich später gewandelt, da der Glaube an das körperliche Weiterbestehen und somit auch an die irdischen Bedürfnisse des Verstorbenen dem Glauben an die vom Körper losgelöste Seele gewichen ist.

107 Grafinger: Diarium.

108 Koren (1954): S. 47 ff.

109 Höfler (1901): S. 95. Siehe auch Kärntisches Wörterbuch (1862): unter *Pitschile*.

110 Zingerle (1871): S. 50 f., Nr. 446.

111 Koren (1954): S. 126 f.

112 Ebd., S. 145.

Daher lässt sich nach Koren annehmen, dass der Arme die Brote anstelle des Toten empfing. Die Heischebräuche der Armen zu Allerseelen waren ursprünglich eine Angelegenheit der die Toten verkörpernden kultischen Gemeinschaften gewesen. Man glaubte, im Heischegänger kehre der Tote wieder. Ursprünglich hat man dem Toten die Speise zum Grab hingetragen, und später holte sie sich der Tote selbst. Der Arme ist der Tote, so interpretierte man den Heischebrauch.[113]

Denkt man an die Vorstellung von den weinenden Armen Seelen im Fegefeuer besonders zu Allerseelen, wie Thomas Tiefenbacher weiter oben schildert, versteht man, dass man den armen Kindern gerne so viele Krapfen und Brote spendete, galt doch die Beschenkung der Armen zugleich den Toten.

Die Heischegänger haben sich mit folgendem Wunsch für die Brotspende bedankt: „*Vergelt's Gott in Himmbl aufn!*" Diese Dankesformel wird heute in christlichem Sinne vielleicht folgendermaßen verstanden: Dem Geber möge Gott einst im Himmel die gute Tat vergelten, die der Beschenkte hier auf Erden nicht vergelten kann. Denn der Geber wird vielleicht auch einmal eine „Arme Seele" sein, die Zuwendung und Barmherzigkeit braucht. Der ursprüngliche Sinn dieser Danksagung könnte aber vielmehr so gewesen sein: Die Spende, die dem Armen anstatt dem Toten, also anstelle der „Armen Seele", gegeben wird, solle in den Himmel hinauf gelangen, damit Gott die Arme Seele wegen dieser guten Tat von den Qualen des „Fegefeuers" erlösen möge.[114]

Einladung zum Kathreinkränzchen

Wenn man von Maria Luggau die Gail entlang durch dunklen Wald hinunterfährt, verbreitert sich das Tal plötzlich und man erblickt die sonnige herrliche Landschaft über der Radegund-Brücke. Die Berge liegen weit zurück. Der Himmel scheint hier weiter als über den anderen Ortschaften des Tales. Zu *Khathreini*, also am Tag der heiligen Katharina (25. November), findet in der Ortschaft St. Lorenzen ein Tanzabend, das Kathreinkränzchen statt, das hier einfach „*Khathrein*" genannt wird.

Zu diesem Tanz laden die Mädchen ihre befreundeten Burschen ein und nicht umgekehrt, wie eigentlich üblich. Dafür gibt es einen Grund, erklärt der Lorenzer Franz (geb. 1929): „Jeder *Puä* [„Bub", Bursch] hat das ihm gefällige *Gitschile* [Mädchen] schon an *Martini*, am 11. November, zu Tanz und Schmaus eingeladen. [Schafe wurden gestochen,

Kathrein-Kränzchenbacken der St. Lorenzer Mädchen. (2007)

Schafbraten wurde gemacht, und das Fell wurde bei Martini versteigert]; wenn er keins hat, geht er mit seiner Schwester, aber meistens mit dem *Gitschile*. Der Tanzabend heißt einfach ‚*Martini*'. Die Einladung zum *Khathreinen* ist also eine Gegeneinladung der Mädchen. Darum gehen sie wieder zu zweit zum Tanzen und Unterhalten. Ja, Tanzen ist die Hauptsache am Abend! Der *Khathreini* ist Abschlusstag,

113 Ebd., S. 133.
114 Siehe auch Koren (1954): S. 99 f. und Burgstaller (1970): S. 24.

Ein Junge mit dem Kathrein-Kränzchen. (2007)

weil nachher beginnt der Advent. Man darf bis zu *Stefani* [26. Dezember] nicht tanzen.

Schon eine Woche vorher habe ich mich drauf gefreut, weil es früher nicht viel Gelegenheit zum Tanzen gegeben hat, wie in den Discos von heute, nicht? Zu Martini musste man früher zuerst die Eltern des Mädchens fragen gehen, das man zum Martini mitnehmen wollte. Und man hat getanzt, bis zwölf oder ein Uhr, dann das Mädchen wieder nach Hause gebracht. Am Martini hat man meistens vorher ein Lamm oder ein Schaf geschlachtet und den Braten gegessen. [Alkohol] getrunken hat man eigentlich nicht. Nun hat dann am *Khathreini* das Mädchen den Burschen geholt und zum Kathrein mitgenommen. Meistens ist der Tanzabend in einer großen Bauernstube veranstaltet worden, und zirka zwanzig Paare sind zusammengekommen. Schon einige Tage zuvor haben die Mädchen *Schlipfkhråpfn* mit Kartoffeln und Zwiebeln für den Kathrein vorbereitet, im Bauernhof, wo Kathrein stattgefunden hat, ja, sehr viel [ca. 300 Stück], und sie versteckt aufbewahrt. Die Burschen sind sie nachher stehlen gegangen, damit die Mädchen sich wundern. Ich war oft dabei [lacht]."

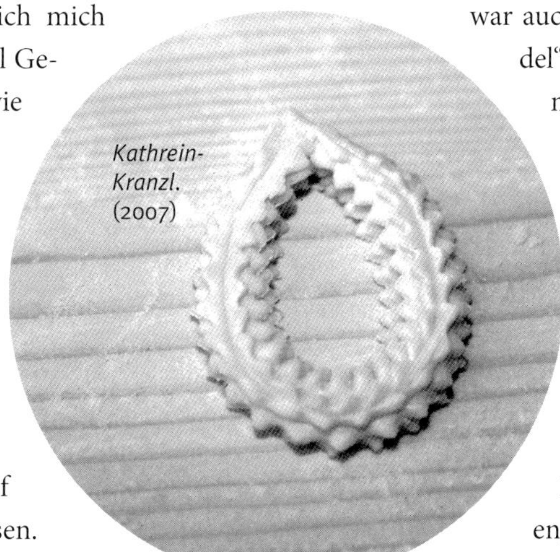

Kathrein-Kranzl. (2007)

Laut Paula (geb. 1927) wurde den Burschen beim „Kathreinen" Eingemachte Suppe, Schlipfkrapfen und Reinling mit Kaffee angeboten. Die Schlipfkrapfen wurden schon vorher im Nachbarhaus von den Mädchen gemacht, 200–300 Stück, auf ein Brett gelegt und gut versteckt aufbewahrt. Aber die Burschen sind die Krapfen suchen gekommen und haben sie heimlich weggenommen. „Nachher haben wir gesehen, dass viele Krapfen auf die Straße gefallen sind. Wir waren recht ärgerlich, ja."

Eine besondere Spezialität beim „Kathreinen" ist das schöne Gebäck namens *Khathrein-Khranzl*, das man auch *Khitzonudln* („Kitzernudeln") nennt.[115] Dieses Gebäck war auch in Maria Luggau als „Kathrein-Nudel" bekannt, dort ist es aber zusammen mit dem Brauch des Kathreinens bereits ausgestorben. Das Mädchen buk früher ein *Khranzl* nur für den Burschen, der es zu *Martini* eingeladen hatte, und schenkte es ihm als Gegengabe für seine Martini-Einladung. Heute backen die Mädchen gemeinsam so viele Kränzchen, wie Burschen eingeladen werden. Ist ein Mädchen mit einem Burschen enger befreundet, schenkt es ihm aus der Menge der gemeinschaftlich gebackenen *Khranzlan* noch ein zweites dazu, sodass dieser Bursch dann außer dem gemeinschaftlich gebackenen

115 Nach freundlicher Mitteilung von Herrn Hans Guggenberger (geb. 1957) und Frau Theresia Guggenberger (geb. 1932) in St. Lorenzen. Burgstaller (1959), S. 18, berichtet auch von „Kitzernudeln aus Birnbaum". Siehe auch Kärntisches Wörterbuch (1862): unter *Kizer*.

auch noch das persönliche *Khranzl* seiner *Gitsche* bekommt. Das *Khranzl* ist aus einfachem Nudelteig, im Fett von dem Schaf, das am Martini geschlachtet wurde, herausgebacken, ca. 6 cm lang, 5 cm breit und 1,5 mm dick. Es wird an einem roten Band aufgehängt. „Aber die Farbe des *Khranzls* muss weißlich sein", sagte mir der Franz. Der Bursch isst das *Khranzl* nicht, sondern lässt es von seinem Anzug baumeln und hängt es nachher als Andenken an den Abend daheim an die Wand oder in seinen Kleiderkasten, bis zum nächsten „Kathreinen".

Das Gebäck, das in Maria Luggau *Kathrein-Nudel* und in St. Lorenzen entweder *Khathrein-Khranzl* oder *Khizo-Nudel* heißt, wird folgendermaßen zubereitet.

Rezept Khathrein-Khranzl

Einen einfachen festen Nudelteig aus Mehl, Wasser und Salz kneten, 1 mm dünn ausrollen; bei drei oder vier dünnen Nudelteigstreifen von ca. 2 cm Breite und 13 cm Länge mit dem Teigrad Zackenränder schneiden, dabei jeden Streifen etwas schmaler als den jeweils vorigen machen, dann die Streifen vom breitesten bis zum schmalsten übereinanderlegen, diese in der Mitte noch einmal durch Radeln spuren, die beiden Enden der Streifen zum ovalförmigen Kränzlein übereinander legen, zusammendrücken, schließlich in heißem Fett backen. – Als Fett verwendet man *Inslat* („Unschlitt"), das ist ausgelassenes Fett vom Schaf, damit das Gebäck hell bleibt. Das *Inslat* macht den Teig sogar hart.[116] Damit man das Kranzl aufhängen kann, wird ein rotes Band durchgezogen. Der beim Fest neben dem Mädchen Sitzende erhält meist ein einfaches Kranzl mit rotem Band, der Freund hingegen, der auf der anderen Seite des Mädchens sitzt, ein doppeltes Kranzl mit rotem Band.

Zu Kathrein findet man auch das herzige Stoffpuppenpaar *Josl und Trine* („Josef und Katharina"). Diese beiden Figuren wurden früher aus Brotteig in einer Größe von etwa 30 cm von einem Bäcker gebacken und am Ende beim Kathreintanz versteigert. Seit ca. 25 Jahren (1980) gibt es das Paar als Puppen,[117] und zwar den *Josl* in Lesachtaler Musikkapel-

116 Nach freundlicher Mitteilung von Herrn Franz und Frau Paula Guggenberger in St. Lorenzen.

117 Nach freundlicher Mitteilung von Herrn Hans Guggenberger und von Frau Paula Guggenberger.

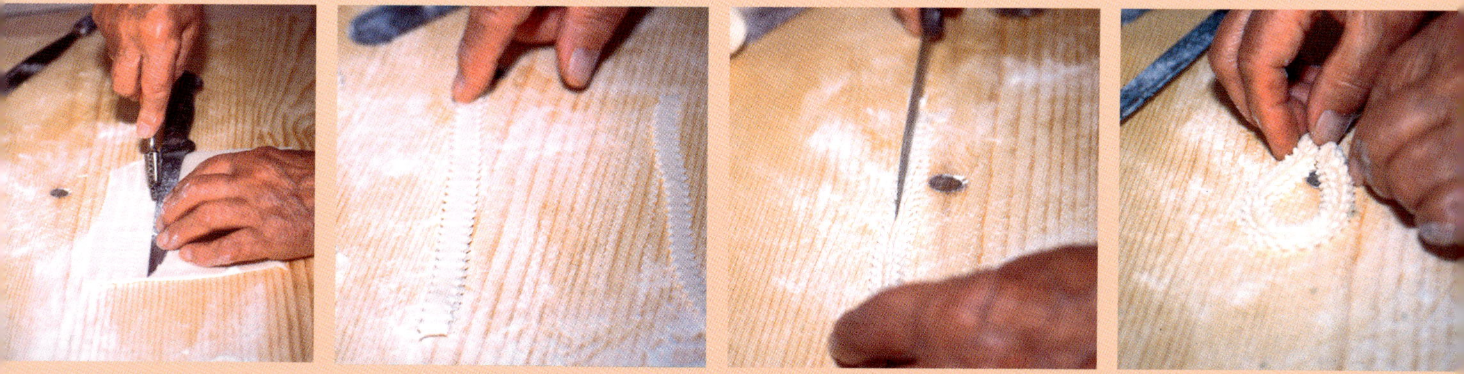

Beim *Kathrein-Kranzl*-Backen. (2007)

lentracht und die *Trine* in Lesachtaler Mädchentracht. Die beiden Puppen werden von einer Lorenzerin im Auftrag der Veranstalterin des Tanzabends vorher angefertigt. Am Kathreinabend wird das Puppenpaar zuerst von den Mädchen zusammen mit dem Ziehharmonikaspieler feierlich abgeholt. Dann gehen alle mit dem Paar zu jenem Haus, in dem die Tanzunterhaltung stattfindet und die Krapfen aufgetischt werden. So beginnt das Fest. Und am Ende des Abends, um Mitternacht (bereits am Morgen des 26. November), wird das Pärchen verlost.

Die Puppen *Josl* und *Trine* (1995)

Sehr interessant für uns ist, dass wir beim *Kathreinen* zwei Gebildbrote (siehe S. 23) finden: das *Khathrein-Khranzl* (aus Nudelteig) und das Paar *Josl und Trine* (früher aus Brotteig, heute Stoffpuppen). – Am Abend wird die *Trine* zur Vertreterin der Lesachtaler Mädchen, weil der Tag zur heiligen Katharina gehört. Und der *Trines* Partner, der *Josl*, wird deshalb so genannt, weil Josef neben Johannes der häufigste Name im Lesachtal ist. Somit ist der *Josl* der Vertreter der Lesachtaler Burschen. Das *Khathrein-Khranzl* – bzw. die „Kitzernudeln" – mit den zahlreichen kleinen Zacken symbolisiert offensichtlich das Rad, auf das die heilige Katharina geflochten werden sollte. Anscheinend wird auch das Teigrad, mit dem der Teig in Streifen geschnitten wird mit dem Marterrad der Heiligen verknüpft. Auf diese Weise erschienen (und erscheinen heute noch) zu *Khathreini* die Gebildbrote der Katharinenfigur und des Katharinenrades. An diesem Tag mussten sogar alle Mühlen stillstehen,[118] denn das Mühlenrad erinnert ebenso wie das Spinnrad an Katharinas Rad. Trotzdem hat der Tanzabend eigentlich keine religiöse Verbindung mit der Heiligen selbst. Widmen wir uns nun der kulturellen Bedeutung des Tanzabends und lernen damit die Rolle der Gebildbrote näher kennenlernen!

Mit dem ersten Adventsonntag beginnt die Adventszeit und damit das neue Kirchenjahr. Er fällt je nach Jahr auf einen Tag zwischen dem 27. November und dem 3. Dezember. Die Adventszeit endet

118 Graber (1934): S. 336.

am Heiligen Abend mit dem Sonnenuntergang.[119] Das heißt, der erste Adventssonntag beginnt nach alter liturgischer Gewohnheit mit dem Sonnenuntergang (der Vesper zum Sonntag) frühestens am Abend des 26. November. Daher wird uns klar, dass der Kathreinabend am 25. November auf den letzten Abend im Kirchenjahr fällt.

Das Ende eines Zeitraums bzw. eine Wende oder nach den Worten Arnold van Genneps: ein „Übergang“ zwischen unterschiedlichen Zeiträumen ist nicht nur im Lesachtal, sondern weltweit mit rituellen Feiern verbunden.[120] Es gibt fröhliche, lustige, teils zügellose Zeremonien bzw. Veranstaltungen. z. B. sind folgende Festlichkeiten in Europa noch heute üblich: der Silvesterabend an der Jahreswende, das Bohnenfest am Dreikönigstag (am Ende der Weihnachtszeit), der Fasching bzw. Karneval am Übergang vom Winter zum Frühling, das *Martini*-Fest am Übergang vom Herbst zum Winter, die Tagundnachtgleiche im Frühling und Herbst, ferner das Mittsommerfest zur Sommersonnenwende am 21. Juni, mit der die Tage wieder kürzer werden, und das Mittwinterfest am 21. oder 22. Dezember, mit dem die Tage wieder länger zu werden beginnen (Letzteres fällt in Europa mit den Zeremonien am Jahresende zusammen), usw. Und *Khathreini* an der Kirchenjahreswende ist auch solch eine Übergangszeit.

Das „Handwörterbuch des deutschen Aberglaubens“ berichtet über *Khathrein*: „Die Lustbarkeiten machten einer stillen Zeit Platz, die Stimmung wurde ernster. Umso lustiger und fröhlicher ging es beim letzten Tanz, dem Kathreinstanz, her.“[121] *Khathrein* steht unmittelbar vor dem Advent, der „stillen Zeit“, in der – bis zu den im II. Vatikanischen Konzil (1962–65) verfügten Neuerungen – streng gefastet und still gelebt werden musste. Also kann man den Kathreinstag als einen kleinen „Fasching“ vor der Fastenzeit betrachten.

An einem Übergang entsteht nach Victor Turner eine gesellschaftliche Reflexion („public reflection“), die von darstellenden Elementen mit Symbolgehalt begleitet wird („performance“; „fashioning of symbolic objects“): In solchen Darstellungen sind neben dem bloßen Text z. B. auch Gestik und Mimik, Musik und Tanz, Zeichnungen und Gemälde oder bildhauerische Elemente enthalten. Diese Veranstaltungen sind meistens sogar sehr lustig. Sie umrahmen die Übergangszeit gleichsam und grenzen diese gegenüber dem Alltäglichen ab. Und innerhalb des Rahmens ist meistens „etwas Heiliges“ eingeschlossen.[122] Diese Theorie weist uns auf die symbolischen Faktoren am *Khathreinabend* hin: Das Puppenpaar *Josl und Trine*, früher in Form von Gebildbroten dargestellt, verstehen wir als „die symbolischen Objekte“ für den Kathreinabend. Denn das Paar wird zu Beginn dieses Abends bei demjenigen Mädchen, das das Puppenpaar hergestellt hat, abgeholt, begleitet vom Ziehharmoniker – das bedeutet eine wirksame Inszenierung des Erscheinens dieser Figuren. Und am Ende des Festes wird das Paar verlost – früher wurde es versteigert –, womit sein Verschwinden dargestellt wird. Mit dem Erscheinen und dem Verschwinden der symbolhaften Figuren wird der Zeitraum des Tanzabends als der besondere Zeitraum eines Übergangs umrahmt. Und die „Performance“ am Übergangsabend ist hier natürlich der Tanz der Jugend.

Es ist auch nicht zu übersehen, dass der Kranz „hell“ gebacken werden muss. Wahrscheinlich deshalb, weil Weiß die Unschuld bedeutet, wobei hier wohl eher die Unschuld des Mädchens als die der Heiligen gemeint ist, denn das Mädchen schenkt ihrem Burschen den Kranz (ihre Unschuld). Dieser Kranz ist neben dem Paar *Josl* und *Trine* das zweite unentbehrliche Symbol für diesen Abend. Und der Kranz sowie das Paar sind eigentlich Gebildbrote, die die Gestalt der heiligen Katharina und ihr Marterrad wiedergeben. Im Kathreinsbrauchtum spielen die Gebildbrote die Rolle, die

119 Wikipedia: unter *Advent* (Stand 2006).

120 Gennep (2005): passim im Kap. 9.

121 Handwörterbuch des Aberglaubens: Bd. 4, Sp. 1080, unter *Katharina*.

122 Turner (1979): S. 465 ff.

Heilige zu symbolisieren und dadurch den letzten Tanzabend des Kirchenjahres auszuzeichnen.

Bleibt nur noch die Frage: Was bedeuten die vielen *Schlipfkhråpfn* im Zusammenhang mit Kathrein? Dieses Gericht wurde gewöhnlich samstags feierlich auf dem großen bemalten Keramikteller, dem *Khråpfntallo* („Krapfenteller"), serviert, der nur für die *Schlipfkråpfn* am Wochenende auf den Tisch kam. Schlipfkrapfen sind die Speise am Feierabend und hier eines Kirchenjahres. Nun erinnere ich mich an die vielen Erzählungen der Leute über die *Schlipfkhråpfn*; früher haben die Mütter zu ihren Kindern oft gesagt: „*Schlipfkhråpfn* darf man nicht zählen. Wenn man sie zählt, sind es sowieso zu wenig." Dieser Satz ist abermals ein Hinweis darauf, dass man in der Selbstversorgungszeit nicht genug zu essen hatte. Man musste mit dem zufrieden sein, was man gerade auf dem Teller hatte, obwohl die Zahl der *Schlipfkhråpfn* nicht ganz zur Kopfzahl der Familie passen mochte. Mit den unzähligen *Schlipfkhråpfn* zu *Kathrein* stellt man die Üppigkeit des Feierabends heraus, zugleich sind sie ein gutes Omen für das neue Kirchenjahr. Zu den *Schlipfkhråpfn*, die von den Mädchen hergerichtet werden, gibt es einen lustigen Brauch: das „Stehlen" vonseiten der Burschen, was als Ausnahme gilt und sich von der Alltagsordnung unterscheidet und damit auch zu den Phänomenen des Übergangs gezählt werden kann.

Heute ist das Brauchtum um den Kathreintag, das früher im ganzen Lesachtal üblich war, außer in St. Lorenzen ausgestorben.

Der handbemalte *Khråpfntall* mit *Schlipfkhråpfn*, der sonst in der Schüsselrahme aufgestellt wird. (2007).

Im *Winter*. (2000)

Winter

Winter – Die Zeit der Erwartung

Am Heiligen Abend

In einem schneebedeckten Haus am Waldrand: In der warmen Küche steht eine Bäuerin mit Schürze und Kopftuch. Es ist der Vormittag des 24. Dezember. Im Haus, in dem Jung und Alt zusammenwohnen, ist allerhand los. Im Herd, auf dem die großen und die kleinen dampfenden Töpfe stehen, knistert das Holz. Die Bäuerin knetet einen Germteig (dem gleichen wie für den Reinling) aus Weizenmehl, Milch, Eiern und Hefe fest in einer Schüssel, dann lässt sie ihn auf der Holzbank am Herd eine Stunde gehen. Darum muss die Küche warm sein.

Heute zu Mittag kommen *Schtockplattlan* („Stockblätterlein") auf den Tisch, eine Speise, die es im Jahr nur einmal gibt. Die Bäuerin stellt das Nudelbrett auf den Esstisch in der Küchenecke am Fenster, bestreut es mit Weizenmehl und schöpft mit der Teigschaufel eine Portion Teig für einen Fladen aus der Schüssel. Sie walkt den Teig zu einem runden Fladen von ca. 20 cm Durchmesser zweieinhalb Zentimeter dick aus und sticht mit der Gabel viele Löcher hinein. Sie macht viele Fladen. Ob sie etwa für jeden in der Familie einen Fladen herstellt? Sie füllt den Herd mit dicken Holzscheiten und nimmt einige Ringe aus der eisernen Herdplatte heraus. Jetzt stellt sie einen großen, tiefen Topf über das Feuer, in den sie ausnahmsweise sehr viel Öl hineingießt. Nun können die *Schtockplattlan* im Topf herausgebacken werden, bis sie schön aufgegangen sind.

Da öffnet sich die Küchentür ein wenig. Die Oma des Hauses lugt durch den Türspalt in die Küche herein. Unter dem langen Rock trägt sie dicke wollene Strümpfe, die in Filzpantoffeln stecken. Als sie mich erblickt, kommt sie am Stock bis zu mir herein und fragt mich ängstlich: „Wie lange bleiben Sie bei uns? Um wie viel Uhr gehen Sie weg?" Da ergreift die junge Bäuerin hastig ihren Arm und wispert der schwerhörigen Oma mit verhaltener Stimme, aber doch so, dass auch ich es hören kann, ins Ohr: „Oma, so was sagt man nit. Bleib in der Stube!"

Die Sorge der alten Oma war nicht ganz unbegründet. Denn tatsächlich gibt es im Dorf die überlieferte Redensart: „Kommt Besuch, während man *Schtockplattlan* isst, wird einer im Haus sterben."

Viele Dorfleute haben mir von dieser Redensart berichtet und sie haben dabei immer sofort hinzugefügt: „Das ist aber nur Aberglaube!" Trotzdem habe ich den Eindruck, dass dies vor allem für die Alten mehr bedeutet als bloßer Aberglaube. Vielleicht denken sie: „Wenn einer im Haus stirbt, während die Japanerin da ist und wir *Schtockplattlan* essen, werde ich es sein!" – Die Oma geht, noch immer etwas besorgt, zurück in die Stube. Das Öl im Topf ist nun heiß genug. Die Bäuerin bäckt die *Schtockplattlan* nacheinander heraus.

Schtockplattlan. (2007)

Dann mischt sie in einer Schüssel gestampften schwarzen Mohn, Zucker und *Bockshörndlmehl* (= Johannisbrotmehl bzw. Karobemehl) mit Wasser zu einer pastaartigen Masse zusammen. Sie bestreicht die Oberflächen der goldgelben *Schtockplattlan* reichlich mit dieser schwarzen Mohnpaste, gießt ebenfalls reichlich gesättigtes Zuckerwasser darüber. Dann schichtet sie die „Stockblättlein" auf einem großen Suppenteller übereinander und stellt den gefüllten Teller vorsichtig auf den Esstisch. Zum Schluss gießt sie noch einmal viel Zuckerwasser über die aufgestapelten „Stockblättlein" als Überzug (siehe das Rezept S. 121). Damit ist es aber immer noch nicht getan. In einer alten Pfanne – oder in dem alten Dreifuß-Eisentopf, sofern die Familie noch einen solchen besitzt – erhitzt man Weihrauch und die getrockneten Kräuter von der Kräuterweihe zu Mariä Himmelfahrt (15. August) und räuchert mit den entstehenden Dämpfen die *Schtockplattlan.* Das ist die erste Räucherung zur Weihnachtszeit. Noch am selben Abend wird die Räucherung wiederholt, danach noch einmal zu Silvester und am 5. Januar, dem Abend vor dem Dreikönigstag.

Die mit Weihrauch gesegneten *Schtockplattlan* isst man genau um 12 Uhr zu Mittag, dabei werden sie wie eine Pizza in dreieckige Stücke geschnitten. Und auch die traditionelle Brennsuppe (bestehend aus dem Rest des zum Herausbacken verwendeten Öls oder Schmalzes sowie aus Mehl und Wasser) ist schon fertig gekocht. Jetzt beginnt im Haus die für mich so geheimnisvolle Zeit. Dabei sollen alle Familienmitglieder am Tisch zusammenkommen, doch darf jetzt kein Fremder mehr anwesend sein. So verlasse ich geschwind das fremde Haus. In meiner Unterkunft angekommen, höre ich von draußen die Kirchenglocke zwölf Uhr schlagen.

Mehr als einmal habe ich seit 1978 hier im Dorf und auf einigen nahen Bauernhöfen beim Backen von „Stockblättlein" zugesehen, doch den Geschmack dieses Gerichts durfte ich nie kennenlernen. Hier möchte ich betonen, dass dieselben Bäuerinnen, die mir das *Schtockplattlan*-Backen gezeigt haben, mir sonst immer einen Laib Brot mit auf den Weg gaben, nachdem ich ihnen beim Brotbacken zugeschaut hatte. Nur bei den *Schtockplattlan* machten sie eine Ausnahme, wohl wegen des „Aberglaubens".

Einmal jedoch, im Sommer, habe ich Hanni (geb. 1938), die im Dorf als eine gute *Påcherin* bekannt ist, darum gebeten, mir zuliebe *Schtockplattlan* zu backen. So kam es, dass ich das erste – und wohl auch letzte – Mal *Schtockplattlan* essen durfte.

Rezept Schtockplattlan *nach Johanna Salcher*

Zutaten

A) Teig: gleich wie *Raindling*, *Kråpfn* und *Niigilan* (siehe S. 25)
B) Fülle: gestampfter Mohn: ca. 500 g
Bockshörndlmehl (Johannisbrotmehl; aus Italien): 250 g
geriebene Haselnüsse: 200 g (damit wird der Geschmack der *Bockshörndln* milder);
Schwarzbeersaft (Heidelbeersaft, damit der Geschmack der Masse süßsäuerlich wird) + etwas Wasser + etwas Rum: so viel, bis die ganze Menge pastaartig wird. (Als Ersatz für Schwarzbeersaft kann man auch einen anderen Saft gemischt mit Zitronensaft nehmen.) Zucker: 200 g
C) viel Öl (besser Schweineschmalz)
D) Butter: 100 g
E) dickes Zuckerwasser (Zucker + Wasser + Rum)

Zubereitung

1. Den Teig für 5–6 Stück *Schtockplattlan* ca. 1 cm dick auswalken.

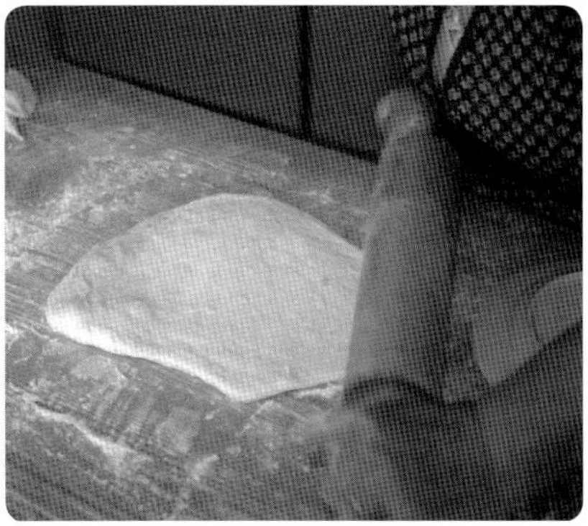

2. Einen runden Teller in einer für die *Schtockplattlan* passenden Größe (ca. 20 cm im Durchmesser) nehmen, diesen umgekehrt auf den Teig legen

und den Rand entlang mit dem Teigrad ein Stück herausschneiden.

3. Den ausgeschnittenen Teig aufs bemehlte Nudelbrett legen und mit einem Tuch abgedeckt ca. 15 Minuten gehen lassen.

4. In einem großen Topf genügend Öl erwärmen.

5. Die Ober- und Unterseite des Teigs mit einer Gabel öfters einstechen, damit der Teig beim Herausbacken flach bleibt.

6. Den Teig im Öl bei guter Hitze herausbacken und die gebackenen *Plattlan* auf Papier herauslegen.

7. Die Butter erwärmen und schmelzen lassen.

8. In einer Schüssel Mohn, *Bockshörndln*, Haselnüsse und Zucker gut mischen, die Saftmischung hineingießen und wieder gut mischen, bis die Masse pastaartig wird.

9. Per Pinsel mit Zuckerwasser beide Seiten des „Blättleins" befeuchten.

10. Die ganze Oberseite eines „Blättleins" mit Paste bestreichen (nicht zu viel).

11. Die geschmolzene Butter mit einem Löffel auf die Oberfläche der Paste und stellenweise auch an den Rand des „Blättleins" tropfen lassen.

12. Das nächste *Plattl* darauflegen und den Vorgang (von Nr. 10. bis 12.) bis zum letzten Stück wiederholen.

Das Trockengerüst für Getreidegarben, Kese (Harpfe) im Schnee. (2000)

Schtockplattlan kommen am Heiligen Abend zu Mittag mit Milch oder mit Brennsuppe auf den Tisch. Als Vorspeise wird bei Hanni eine kräftige Gerstensuppe („Ritschert") gegessen. Diese Suppe bereitet sie zu, indem sie Rollgerste, Erbsen, weiße Bohnen (diese drei Zutaten wurden über Nacht in Wasser eingeweicht), dazu Kartoffeln, Karotten, Porree sowie etwas Geselchtes kleinschneidet und in einem Topf (Hochdrucktopf) mit Wasser und Suppengewürzen kocht.

Ein junger Lesachtaler, Joachim (1966–1998), erklärte mir, *Schtockplattlan* werden heute nur dort gebacken, wo noch alte Leute im Haus sind. Bei den Jüngeren werden heute keine mehr hergestellt. Tatsächlich erzählte mir auch eine ältere Bäuerin Folgendes: Ihre junge Nachbarin hat sie darum gebeten, ihr das *Schtockplattlan*-Backen beizubringen, denn sie wusste nicht, wie man sie zubereitet. Sie musste sie aber für ihre Tochter unbedingt backen, weil diese beim Weihnachtstheater in der Volksschule dem kleinen Jesuskind in der Krippe ein *Schtockplattl* schenken sollte, die typische traditionelle Lesachtaler Mittagsspeise am Heiligen Abend.

Maria (geb. 1936) erzählte mir: „Am Heiligen Abend, zu Dreikönig und am Ostersonntag musste man früher unbedingt zu Hause bleiben. Auch die Kinder durften nicht zu ihren Freunden gehen. Seit dem Fremdenverkehr ist diese Sitte lockerer." – Erinnern wir uns an die Redensart, die für den Karsamstag nach der Speisensegnung üblich war: „Wer zuerst daheim ist mit dem geweihten Korb, der wird im Sommer das Heu als Erster fertig haben." So sind alle mit dem Korb nach Hause geeilt wegen dieses Spruches. Sowohl im Zusammenhang mit den *Schtockplattlan* als auch bei der Speisensegnung gibt es demnach die Aufforderung, an den darauffolgenden Feiertagen, zu Weihnachten und zu Ostern, zu Hause zu bleiben und mit der ganzen Familie gemeinsam in der Kirche zu feiern.

Nun fragen wir wieder Leopold, welche Arbeiten im Winter getan werden müssen. „Wenn Schnee ist, dann wird der Mist auf den Schlitten aufgelegt und aufs Feld gezogen, dann wird nur auf einem Fleck ein Haufen gemacht und im Frühjahr wird er dann auseinandergegeben. Das *Heuziehen* ist immer eine sehr interessante Arbeit, da helfen so zehn Leute zusammen, wenn man viel Heu zum Heimziehen hat, nicht? Dann kommen sie alle und dann wird früh, um vier oder fünf in der Früh, gut gegessen zu Hause, und dann geht man mit der Laterne hinauf, weil es noch hart ist, und da wird Schnaps mitgenommen, und dann tut man so zehn oder fünfzehn *Fuädo* [Fuder] heim am Tag, das ist immer recht lustig. Oh, schon als Kind hab ich müssen gehen, von zu Hause, aber zu anderen bin ich erst mit vierzehn oder fünfzehn Jahren gegangen helfen. Aber da hat man immer Gutes zu essen gekriegt und einen Schnaps, und das war immer lustig.

Wir haben auch müssen die Dächer abschöpfen, wenn es viel schneit, da hat man viel Arbeit mit dem Schnee. Da hat's oft Winter gegeben, wo man wirklich die ganze Zeit nur Schnee schaufeln hat müssen, um zur Kirche zu kommen und ins Gasthaus oder halt überhaupt weiterzukommen. Da hat's aber nebenbei immer noch die *Khiiä* [„Kühe"], füttern, melken, und das ist jeden Tag in der Früh mindestens eineinhalb Stund und abends eineinhalb Stund. Das ist sehr viel Arbeit für den Bauern."

In den Bauernhöfen findet man um diese Zeit Zweige in einer Vase. Die Leute sind am Barbaratag (4. Dezember) in den Obstgarten gegangen und haben von einem Obstbaum Zweige geholt in der Erwartung, dass sie zu Weihnachten sprießen, wenn sie sie an eine warme Stelle stellen. Mitten im kalten Winter grünen natürlich keine Bäume. Diesen in weiten Teilen des Landes verbreiteten Brauch verknüpfen die Lesachtaler mit der Erwartung, dass bald wieder alle Bäume blühen und Früchte tragen werden.

Vor dem Heiligen Abend geht man in den Wald, um einen „Christbaum" zu holen. Es gibt in diesem Tal genug Tannen von schönem Wuchs mit symmetrisch ausgebreiteten Ästen und himmelwärts strebendem Wipfel. Marianne (1920–2005) erzählte mir, dass sie als Kind [um 1930–35] bei der Nachbarin Josefa (1892–1986) zu Weihnachten einen Christbaum in der Stube hat stehen sehen: „Damals hat man

Heuziehen auf dem Schnee. (1985)

Der Christbaum wird geholt. (1988)

sonst nirgendwo so einen geschmückten Baum gesehen. An jeden Tannenzweig waren bunte Papierstreifen gebunden, und zwei kleine Kerzen auch an den Zweigen gesteckt."

Schtockplattlan

Der Name für das festliche Gericht, *Schtockplattlan*, bedeutet „aufgestockte Blätter", weil die Fladen mehrfach übereinander gestockt (= geschichtet) werden. Zwischen den einzelnen *Plattlan* befindet sich die gesüßte Mohnfülle. Aber früher bestand die Fülle nicht aus Mohn, sondern aus *Schwårzparproat* („Schwarzbeerenbrot"). – Erinnern wir uns an die Mühle mit dem Stampfwerk (siehe S. 94): Das *Schwårzparproat* (ungesäuerte Fladen aus Schwarzbeeren, Weizenkleie, etwas Weizenmehl und Zucker) wurde im Sommer (Mitte–Ende Juli) gebacken und bis zur Weihnachtszeit getrocknet aufbewahrt. Es wurde sehr hart. Darum musste es zuerst in der Mühle zu Mehl gestampft und dann mit Wasser geknetet werden, bevor es gemeinsam mit Mohn auf die Oberflächen der *Plattlan* gestrichen wurde. – Diese Schwarzbeerenpaste wurde außerdem auch als Fülle bei den *Schlipfkråpfn* verwendet.

Die *Schtockplattlan*, mit denen nur einmal im Jahr, am Ende des Advents, der Mittagstisch gedeckt wird, sind für die Lesachtaler etwas Spezielles, denn sie werden aus Weizenmehl zubereitet. Weißes Brot buken sie früher sonst nur in Form von Reinling zu Ostern, abgesehen vom Knödelbrot, also dem selten gebackenen Weizenbrot für Tiroler Knödel. Meist wurde dazu aber auch Roggenbrot verwendet. Die *Schtockplattlan* sind in Tirol und Kärnten unter diversen Namen bekannt, z. B. „Krapfenstock", „Rockblattl" [Rauchblättlein], „Blattlstock", „Stockblattl".[123]

Die im Lesachtal üblichen *Schtockplattlan* wurden vor dem Zweiten Weltkrieg nicht in Schmalz herausgebacken, sondern im Backofen gebacken. Sie sind aber nach wie vor flache Laibe, also Fladen. Die Form des Backwerks veranlasst uns zu folgenden Überlegungen: Warum werden mehrere Fladen aufeinandergetürmt, während anderes Fladengebäck nicht in dieser Form gegessen wird? In diesem Zusammenhang sollten wir uns an die Zeit erinnern, zu der es *Schtockplattlan* gibt: zu Mittag am 24. Dezember als letzte Speise in der Adventszeit. Hier findet im engeren Sinne wieder ein Übergang statt, nämlich der Übergang von der Advents- bzw. Fastenzeit zur Weihnachtszeit und, mit der Wintersonnenwende, der Übergang der Jahreszeiten. Wir verstehen nun auch die Bedeutung der Räucherungen am Heiligen Abend, zu Silvester und zum Dreikönigstag: Sie sind Segenszeichen an Abenden von Übergängen, d. h. am Anfang und am Ende der Weihnachtszeit sowie am Jahresende.

Den Brauch des übereinandergestapelten Fladenturms finden wir also mitten in einer markanten Übergangsperiode. Erinnern wir uns an die Vielzahl der *Schlipfkhråpfn* bei einem anderen Übergangsfest, nämlich *Kathreini*, das sich mit dem Ende des alten Kirchenjahres deckt. Der dahinter liegende Grundgedanke am Ende eines Jahres ist auf alle Fälle der Wunsch nach Wohlergehen für den kommenden neuen Zeitraum, man ist empfänglich für gute Vorzeichen von

123 Burgstaller (1983): S. 119.

Thresile segnet ihre *Schtockplattlan* mit dem Weihrauch. (1988)

Glück, Fruchtbarkeit und Fülle. Die übereinandergetürmten Fladen zeigen die äußere Form dieser Üppigkeit. Und diese Üppigkeit will man sich vor Augen halten, als Symbol der Fülle für das ganze kommende Jahr.

Die alten Lesachtaler sagen oft: „Unser Essen war früher eher bescheiden." In der Selbstversorgungszeit gab es wegen der natürlichen Gegebenheiten nicht viele Variationsmöglichkeiten bei der Ernährung, auch nicht bei festlichen Anlässen. Aber gerade deshalb ist jedes Festtagsgebäck mit Brauchtum verbunden und so kostbar, dass es durch nichts zu ersetzen ist, wenn es einmal verloren geht. Das traditionelle Festtagsgebäck ist nur mehr in jenen Familien üblich, in denen die Alten noch im gemeinsamen Haushalt wohnen und diese Gerichte nicht missen wollen. Immerhin ist aber in den letzten zehn Jahren eine Wiederkehr der traditionellen Speisen bei den Festen zu bemerken, wozu auch der Tourismus einen Beitrag leistet. Man bäckt dabei wieder gern für die Touristen das im Jahreslauf verankerte traditionelle Festtagsgebäck.

Nikolaustag

Am Nikolaustag (6. Dezember) ist kein besonderes Gebäck im Lesachtal zu finden, während in anderen Gebieten Europas zahlreiche verschiedene Gebildbrote bekannt sind. Es gibt keine krampusartigen (ruprechtartigen) oder menschenartigen Teufel-Figurgebäcke, wie z. B. *Grittipenz* in der Schweiz, *Taai-Taai* in Holland, *Weckmann* mit einer Pfeife im Rheinland oder *Krampus* in Bad Mitterndorf in der Steiermark.

Zu *Schtefani*

Josefa, die im 19. Jahrhundert geboren wurde, erzählt uns, wie sie Weihnachten als Kind um die Jahrhundertwende erlebt hat: „Am Nikolaustag haben die Kinder damals gar nichts gekriegt.

Links: Segnung mit dem Weihrauch am Heiligen Abend. (1988); rechts: Eine besondere Pfanne für das Räuchern mit Christus-Monogramm. Im Besitz des Hofes *Jöra* in Tscheltsch. (2007)

Wie ich Kind war, gab es noch keinen Kuchen oder Kekse. Man hat auch zu Weihnachten Brot gegessen. Im Brot waren ein paar *Weimpalan* [„Weinbeerlein"]. Das sind ‚*Fochantzn*', dazu sagt man auch ‚Weihnachtszelten'. Die waren so groß wie normales Brot bei uns und auch aus Roggen gemacht. Jedes Kind hat eine *Fochantze* gekriegt. Das war das ganze Weihnachtsgeschenk. Wie die *Fochantzn* gebacken worden sind, hat die Mutter gesagt, wir dürfen sie vor Weihnachten essen. Eigentlich hat man sie aber erst ab *Schtefani* [26. Dezember] gegessen. Jeder im Haus hat sein Stück gekriegt, dann hat man es versteckt und jeden Tag heimlich Stück für Stück gegessen. Ich hab meins immer im [Kleider-]Kasten am Dachboden versteckt. Die Mutter hat uns sehr streng gesagt: ‚Stehlt es nicht von den anderen!' Heute bäckt man *Fochantzn* auch noch, aber das ist nichts Besonderes mehr."

Josefas Mutter hat ihren Kindern streng verboten, die anderen nicht zu „bestehlen". Da wunderte ich mich: War es üblich, dass die Kinder heimlich etwas von den anderen nahmen?

Später ist mir dann der wahre Sachverhalt klar geworden, nachdem ich die folgende Erzählung vom *Gaaßa* vernommen hatte: „Die *Familienfochantze*, die der ganzen Familie gehört hat, hat der Vater schon angeschnitten und ein Kreuz gemacht zum Frühstück am Christtag. Normales Brot [hat die Mutter] schon [angeschnitten]. Wenn was extra ist, da ist der Vater zuständig [lacht]. Wir haben ja eine patriarchalische Gesellschaft. Zu den Feiertagen, da hat man *Fochantze* essen können, soviel man hat wollen. An Werktagen nicht, da war's verschlossen für alle, nur wenn Besuch gekommen ist, dann hat die Mutter *Khekslan* und *Fochantze* auf den Tisch gestellt, und wir sind dabeigesessen und haben geschaut, wie sie die Bissen in den Mund stecken – Sie wissen ja, wie die Kinder sind [lacht]. Oder wenn ich zum Taufpaten oder zur Oma gegangen bin, haben sie für alle zusammen eine *Fochantze* mitgegeben, ein bisschen geselchten Speck oder harte Würstchen oder Butter. *Fochantzn* hat man lange gehabt, bis im Februar. Und dann sind sie aber hart geworden, da hat man sie in die Milch getunkt oder mit Kaffee gegessen.

Die *Fochantze* [außer der *Familienfochantze*] haben wir meistens schon am Heiligen Abend gekriegt. Und die eine war jedem sein Eigentum. Jedes Familienmitglied bekommt einen Laib. Man versteckt ihn unter dem Bett oder im [Kleider-]Kasten, und die Mädchen auch, sie kriegen auch. Und in unserer Jugendzeit [1950er Jahre], da war der Brauch, dass man das Zimmer besucht hat, wo die Mädchen schlafen, wenn die Mädchen in der Kirche waren oder im Stall oder in der Küche, da sind die Jungen hinauf und haben das Brot [*Fochantze*] genommen. Ja, wo sie's versteckt hat [muss er herausfinden]. Und abgeschnitten, ein Stück, das erste Stück, das *Scherzl* [= Randstück], war gefragt. Er musste möglichst viele von vielen Mädchen haben, zehn oder fünfzehn, stehlen, immer stehlen. Das *Scherzl*, das Stück, egal, ob's noch so klein [2 bis 3 cm dick] war. Man konnte auch rundherum das *Scherzl* wegschneiden und das andere zurücklassen. Dann war nur noch in der Mitte so ein Viereck [lacht]. Das [Stehlen] ist nur für ledige Jungen. Die Verheirateten dürfen nicht zu den unverheirateten Mädchen stehlen gehen." – Ich fragte ihn: „Wie ist es, wenn die *Fochantze* schon angeschnitten war, als man sie beim Mädchen gefunden hat?" – „Da hatte sie keinen Wert mehr", antwortete er.

Der ehemalige „Geißer" Sepp erzählt fröhlich weiter: „Und dann mit einem Korb ins Dorf, ins Gasthaus! Wer am meisten gebracht hat, das war der schneidigste Bursch, der mutigste, nicht? ‚So viele Frauen hån i, i kånn auf an jedn Finger aane heiratn!' [So viele Frauen habe ich, ich kann auf jeden Finger eine heiraten!] Das war eigentlich der Grundgedanke von dem, nicht? Man kann im Gasthaus prahlen und sagen: ‚Hier, an jedem Finger habe ich eine!' Ja, zu meiner Jugendzeit. Ich bin sehr oft dabei gewesen. [*Fochantzn*-Stehlen ist geschehen] immer am Stefanitag. Am ersten Weihnachtstag ist man nur zur Kirche gegangen und nicht ins Gasthaus. Erst am Stefanitag oder Neujahrstag. In ein fremdes Haus gehen [am Weihnachtstag], das hat immer geheißen, das bringt Unglück. Oder am Ostersonntag. Da haben dann die Gasthäuser meistens geschlossen gehabt. Ja, das [*Fochantzn*-Stehlen] ist in meiner Jugendzeit noch sehr geläufig gewesen. Heute nehmen die Bräuche ab."

Nun wollen wir Thresile (geb. 1931) zuhören, wie sie die *Fochantzn* aus ihrer Jugendzeit in Erinnerung hat: „Am Stefanitag gibt es in der Kirche Salz- und Wasserweihe. Das heißt ‚Stefaniwasser'. Am Abend beginnt das ‚Stefanikränzchen'. Das ist der Tanzabend im Gasthaus. Früher, in meiner Jugendzeit, sind die Verlobten zu Stefani miteinander tanzen gegangen. Oder nicht mit einer Bestimmten, ist man auch in Gruppen gegangen. Beim Stefanikränzchen ist der Bub zum Mädchen gekommen und hat die Eltern gebeten, dass sie tanzen gehen darf, und nach dem Tanzen hat das Mädchen dem Buben eine *Fochantze* geschenkt. Heute tut man das nimmer mehr."

Sepp sagt: „Das [*Fochantzn*-Schenken als Gegengabe beim Stefanikränzchen] war ein alter Brauch, meistens der Fall, wenn sie [der Bursch und das Mädchen] schon etwas länger bekannt waren. Das erste [*Scherzl*-Stehlen], das war der Fall, wo sie meist nicht bekannt waren, oder nur, um eine Gaudi [Spaß] zu machen im Gasthaus. Aber später, wie ich schon mit Anna [seiner Verlobten] gegangen bin, dann hat sie mir eine [*Fochantze*] geschenkt. Und ich hab sie dann zu Hause auch versteckt, dass nicht alle Geschwister das bekommen [lacht]."

Eines Tages habe ich die alte Bäuerin Annamaria (geb. 1928) besucht, um das *Fochantzn*-Backen kennenzulernen. Hier schreibe ich ihr Rezept auf, das von ihrer Mutter überliefert ist. Aber zur Zeit ihrer Mutter war es noch einfacher, es wurden nur etwas Gewürz, Zucker und gedörrte Birnen hineingemischt. Annamaria sagte: „Birnen wachsen hier nicht. Aber man hat von den Bekannten im unteren Gebiet immer etwas bekommen. *Khloatzn* [gedörrte Birnen] waren die billigste Frucht, billiger als Rosinen oder Feigen."

Die Birnen erinnern mich an eine Erzählung von Anton (1927–2003) über folgenden Brauch: das *Khraagln*. Dabei legte eine [Brechlerin] einem Burschen eine vom [Brechelfeuer] (Brechen ist ein Arbeitsvorgang in der Flachsaufbereitung.) rußgeschwärzte Flachssträhne um den Hals und stellte dabei eine (brauchtümliche) Forderung. Lehnte der Bursch ab, rieb sie die Strähne so an seinem Hals, dass ihm dabei die stark juckenden Abfälle in den Kragen rieselten. Anton schildert, wie er einmal von der Annamaria „gekrägelt" wurde: „Die Maria [= Annamaria], die Schwester meiner Frau, hat mich einmal *gekraaglt*. Dabei hat sie den folgenden Spruch gesagt: ‚*Pirn zåhln oda mi håbn!*' [Birnen zahlen oder mich haben (heiraten)].

Und dann gibt's eine Antwort: ‚*Pirn zåhln leuchtet mir nit in, i hätt' schon eha di im Sinn. I bin zwår nua a Pauernpua, åba zi lebn hätt' ma paade gnua.*' [Birnen zahlen leuchtet mir nicht ein, ich hätte schon eher dich im Sinn. Ich bin zwar nur ein Bauernbub, aber zu leben hätten wir beide genug.]

Wenn man ein Mädchen gern hat, das einen *gekhraaglt* hat, hat man sie geküsst. Um die [Brechel-]Zeit war Lukasmarkt. Und da hat man Obst zu kaufen gekriegt, da hat man dem Mädchen Birnen geschenkt. Aber so ernst mit dem Heiraten, so genau hat man das nicht genommen. Die Mädchen sind den Burschen mit dem Flachs weit nachgelaufen, um sie zu *khraagln*, besonders den, den sie gern gehabt haben."

In St. Lorenzen gibt es zu Stefani im Unterschied zum *Fochantzn*-Stehlen in Maria Luggau den Brauch *Fochantzn*-Anschneiden. Edith (geb. 1930 in St. Lorenzen) erzählt: „Die Burschen sind auf die Nacht [abends] am *Schtefani* das *Scherzl* der *Fochantzn* abschneiden gegangen, nicht heimlich, sondern ganz öffentlich, mit Ziehharmonika, zehn oder fünfzehn Burschen zusammen, von Haus zu Haus und alle *Fochantzn* waren weg. Wie die Burschen gekommen sind, haben die Mädchen schon gewusst, was die wollten. Manchmal hat man die Mädchen auch mitgenommen, auf die Unterhaltung. Die *Scherzln* sind im Gasthaus unter den Burschen aufgeteilt worden. Das erste *Scherzl* war begehrenswert. Und das war vielleicht für die Mädchen eine Ehre, wenn ihre *Fochantze* angeschnitten wurde. Den Brauch gibt's aber nicht mehr. Vor dem [Zweiten Welt-]Krieg [hat's das gegeben]."

Über diesen Stefani-Brauch von St. Lorenzen gibt es einen Bericht, der vom Kärntner Volkskundler Georg Graber vor dem Zweiten Weltkrieg geschrieben wurde: „Ein eigenartiger Stephansbrauch daselbst [in St. Lorenzen] ist das sogenannte Zelten- oder Fochantzentführen. Der Weihnachtszelte oder die Fochantze ist ein Brot, in das feingeschnittene Feigen, Nüsse, Kletzen, Weinbeeren und Zwetschken gemengt werden. Solche werden in jedem Haus am Christfilge [= Heiligen Abend] gebacken. Am Abend des Stephanstages sammeln sich die Burschen des Ortes, Peitschenknall und Schellenklingen kündet ihr Kommen. Ein von Burschen gebildeter, mit künstlichem Kopf versehener Schimmel zieht, von einem maskierten Burschen geführt, einen Schlitten. Auf dem Schlitten steht ein großer Korb. So ziehen sie mit Musik und Gesang von einem Hause zum andern und sammeln von den Mädchen die Zelten ein. Einer der Burschen trägt einen Schlegel, ein anderer eine sogenannte Bretterklinge. Wo sie ein Stück Fochantze erhalten, legen sie es auf den Boden. Der eine hält die Bretterklinge auf den Laib, der andere schlägt mit dem Schlegel darauf, dass das Brot in Stücke springt. Diese werden im Korbe verwahrt. Wo sie nichts erhalten, dringen sie in das Haus ein und stehlen die Fochantzen, die ihnen an diesem Tage gerne gegönnt werden. Zuletzt fahren sie zum Wirt und verzehren dort unter Lachen und Singen die Beute. Ein Stück behält jedoch jeder Bursche zum Andenken über die Feiertage auf."[124]

Nach Marianne (geb. 1924 in St. Lorenzen) wurde der Laib beim Schneiden senkrecht gehalten.

Fochantze

Unter *Fochantze* bzw. *Weihnachtszelte* versteht man in Maria Luggau, St. Lorenzen und in Liesing das Weihnachtsfrüchtebrot. Aber weiter unten – ab Birnbaum – nennt man dasselbe Brot *Khloatznproat* („Kletzenbrot"). Dort ist das Wort *Fochantze* unbekannt. Man findet die Benennung *Fochantze* im Lesachtal nur in einem beschränkten Gebiet, nämlich in den Ortschaften, die näher an der Grenze zu Osttirol liegen. Eberhard Kranzmayer erwähnt bereits 1949, dass man diese Bezeichnung „in Oberkärnten und auch dort nur noch in der ältesten Generation" kennt.[125] In Osttirol gibt es das ähnliche Wort *Fogatz* bzw. *Fogatze*, *Fogatzlan*. Dieses Wort bedeutet in Kartitsch im Tiroler Gailtal, etwa 18 km von Maria Luggau entfernt, nicht Weihnachtsfrüchtebrot, sondern so heißen dort kleine einfache Fladen (ca. 15 cm im Durchmesser und 2,5 cm hoch) für Kinder, während das gewöhnliche Brot *Preatl* (ca. 25 cm Durchmesser, 3–4 cm hoch) genannt wird. Was man in Kartitsch *Fogatze* nennt, heißt im Lesachtal *Zeltl* (siehe S. 81), und eine Brotart wie die Lesachtaler *Fochantzn* nennt man in Kartitsch *Tommasnpreatl* [„Tomasleinbrötlein", Brot am Tomastag].[126]

Nennen wir nun diese Wortgruppe provisorisch „Fochantzen-"Wortfamilie. In den Verbreitungskarten des Festtagsgebäcks ist festzustellen, dass Gebäck mit Benennungen aus dieser Wortfamilie zu Festtagen wie Ostern, Weihnachten und Allerseelen, aber auch im Alltag üblich ist bzw. war, und dass man darunter in den verschiedenen Verbreitungsgebieten verschiedene Arten von Brot in unterschiedlicher Qualität versteht. Die „Familienmitglieder" existieren, nicht weit voneinander entfernt, in Tirol und im Kärntner Grenzgebiet.

Aber woher stammt die Herkunft der Wortfamilie? Der Ursprung der Familie Fochantze ist *focatia* und rührt von dem lateinischen *focus*, „Herd", her.[127] Es bedeutet: „das auf dem Herd gebackene Brot", während das im Backofen gebackene im Lateinischen *panis* heißt. Das lateinische Wort *focatia* erscheint in den verschiedenen romanischen Tochtersprachen in jeweils unterschiedlicher Form: So z. B. im

124 Graber (1941): S. 162 f.

125 Kranzmayer (1949): S. 456.

126 Nach freundlicher Mitteilung von Herrn Dr. Lois Ebner aus Kartitsch.

127 Heyne (1901): Anm. 31, S. 268.

Rezept Fochantze

nach Annamaria Oberluggauer

Zutaten

für 4 Stück von ca. 26 cm Durchmesser und ca. 6 cm Höhe

Für den Teig:
Germ: 2 Stück (84 g)
Weizenmehl (50 %) + Roggenmehl (50 %): ca. 3 kg
Kümmel
Brotgewürz: 40 g
Salz
lauwarme Milch: ca. 400 g + etwas Zucker

Für die Fülle:
Rosinen: ca. 500 g
gedörrte Feigen (klein geschnitten): 200 g
Haselnüsse (klein gehackt): 200 g
Zitronat: 100 g
etwas Zimt
Zeltengewürz (Lebkuchengewürz): 40 g
Zucker: ca. 150 g oder mehr nach Belieben
(außerdem nach Belieben: gedörrte Pflaumen, Arancini, Walnüsse, Rum)

Zubereitung

1. In einer kleinen Schüssel (Schüssel A) Milch, Zucker und Hefe umrühren.

2. In eine große Schüssel (Schüssel B) Mehl, Brotgewürze, Kümmel und Salz geben.

3. In eine mittelgroße Schüssel (Schüssel C) Zimt, Feigen, Zitronat, Zeltengewürz, Rosinen und Zucker geben und gut mischen.

4. In die Schüssel B in der Mitte eine Vertiefung bilden, den Inhalt der Schüssel A hineingießen und gut kneten. Wenn der Teig gut durchgeknetet ist, die Oberfläche schön glatt streichen, ein Kreuzzeichen darauf machen und mit einem Tuch zudecken.

5. Es werden ein Brotbrett, ein Brottuch und Mehl in einer Schüssel gebraucht. Das Brottuch wird aufs Brotbrett gelegt. Ein Nudelbrett wird auf dem Tisch bereitgestellt, Brottuch und Nudelbrett werden bemehlt.

6. Den elektrischen Backofen vorheizen (Unterhitze: 180 °C, Oberhitze 200 °C).

7. Wenn der Teig doppelt so hoch aufgegangen ist, wie er war, mit der Teigschaufel Teig für einen Laib aufs Nudelbrett geben, ein Viertel der Menge aus der Schüssel C darauflegen, nochmals knetend die Menge gut mischen, rund formen und aufs Brottuch legen. Diesen Arbeitsgang bis zum letzten Laib wiederholen, Laibe eine halbe Stunde aufgehen lassen.

8. Die aufgegangenen Laibe in den Ofen hineinschießen und ca. 45 Minuten backen.

9. In einer Schüssel dickes Zuckerwasser mischen. Beim Herausnehmen der *Fochantzn* mit einem Pinsel Zuckerwasser auf die Oberseite der Laibe streichen.

Italienischen als *focaccia* (oberitalienisch *fogaccia*). Aus dem Französischen kennen wir die *fouace*, die auch im Werk „Gargantua und Pantagruel" von François Rabelais (um 1494–1552) öfter erwähnt wird.[128] Im Spanischen gibt es *hogaza* und im Katalanischen *fogassa*. Im Althochdeutschen erscheint es als Lehnwort aus dem Lateinischen *fochenza* bzw. *fochanza*, im Mittelhochdeutschen als *vochenze* bzw. *vochenz*[129].

Der Ursprung der „Fochantzen"-Wortfamilie ist also das romanische Wort *focatia* als Bezeichnung für einen direkt im Herd unter der Asche gebackenen Fladen. Von dort entwickelten sich sowohl die Sache als auch das Wort in verschiedenen Ländern unterschiedlich. Der ursprüngliche Fladen wurde ein eigenständiges Gebäck, teils süß und fein, teils grob und primitiv. Sehr interessant ist, dass wir im oben genannten Görzer Urbar vom Jahr 1381 das Wort *vochnitz* als Teil der sogenannten „Kleinrechte" vorfinden. Das sind die verpflichtenden kleineren Abgaben der Untertanen als Zeichen für ihre Unterordung unter ihren Grundherrn.[130] Diese Abgaben bestehen meist aus Brot, Hühnern usw.

Im Urbar liest man z. B. Folgendes: It(em) steffan in d(er) asangen dint phg xii phut, hab(er) iiii gal, für vochnitz iii phg un zwo schuld ob er slecht – [Weiters, Stefan in der Assing dient 1 Pfennig 12 Pfund, Hafer 4 Galfen (= Hohlmaß), anstatt Fochnitz 3 Pfennig und 2 Schultern (vom Schwein), wenn er schlachtet] (Fol. 2) It(em) nicla an d(er) aynat,1 march, hab(er) iiii gal, für vochnitz iii ß, ii schult(ern) ob er slacht. – [Weiters, Nicolaus an der Aynat (= „Einöde"): 1 Mark; Hafer 4 Galfen; statt Fochnitz 3 Schilling; 2 Schultern, wenn er schlachtet.] (Fol. 3)

Auf diese Weise erscheinen überall im Lesachtal die zitierten „vochnitz", sie werden aber nicht als Naturalien gezinst, sondern es wird ihre Ablöse in Bargeld verlangt, während von den Höfen im geografisch niedriger gelegenen fruchtbareren Drautal, z. B. vom Nikel in Ranig, 12 Brote und 2 Fochnitzen in Naturalien gezinst wurden.[131]

Aus dem Urbar geht jedoch nicht hervor, aus welchen Zutaten die *Fochantze* damals (1381) gemacht wurde. Es muss jedoch qualitativ ein Luxusgebäck gewesen sein, zumindest besser als das gewöhnliche Brot, denn die Anzahl der abzuliefernden Fochnitzen ist wesentlich geringer als die der Brote.

Liest man das Reisetagebuch von Paolo Santonino, das aus den Jahren 1485–1487 stammt und somit um 100 Jahre jünger ist als das oben zitierte Görzer Urbar, erfährt man, dass von den Adeligen Weißbrot verzehrt wurde, selbst im Alpengebiet, das ja nach der Brot-Geografie zum Schwarzbrotgebiet gehört. Für Santonino war das Weißbrot, „das schneeweiße Brot" (24.10. sowie 30.10.1485) oder „das weiße federleichte Brot" (17.9.1486), der Erwähnung wert, weil es in Kärnten nicht alltäglich, das Schwarzbrot hingegen allgemein üblich war. Nach Helmut Hundsbichler war das Weizenbrot im mitteleuropäischen Schwarzbrotgebiet in der Zeit des Spätmittelalters milieufremd. Das Weißbrot war ein typischer Indikator für hohes „Prestige".[132] Berücksichtigt man das, wird man zu dem Ergebnis kommen, dass „vochnitzen" wohl aus Weizen gemacht wurden. Übrigens verlangte der Grundherr von seinen Lesachtaler Bauern keine „vochnitzen" in Naturalien, sondern drei Schilling als Ablöse. Wahrscheinlich wurden *„vochnitz"* in diesem Hochtal wegen des geringen Weizenanbaus selten gebacken und daher bereits durch Geld ersetzt. Sehr interessant ist, dass die mittelalterliche Brotbenennung „vochnitz", heute „Fochantze" , im isoliert gelegenen Grenzgebiet Lesachtal über 600 Jahre lang erhalten blieb und heute für das Kletzenbrot üblich ist.

128 1,25 u. 1,32 usw.

129 Mittelhochdeutsches Handwörterbuch (1872–1878): unter *vochenze*.

130 Nach freundlicher Mitteilung von Herrn Dr. Dieter Neumann.

131 Görzer Urbar (1381), Fol. 35.

132 Hundsbichler (o. J.): S. 1.

Brotbacken bei Thresile einst und heute

Thresile lernte ich bei meinem ersten Besuch im Lesachtal im Jahre 1978 kennen; sie war die erste Bäuerin, die mir das Brotbacken zeigte. Dies war der Anfang meiner Forschungstätigkeit im Lesachtal. Sie war damals die einzige Bäuerin im Dorf Maria Luggau, die noch im alten gesonderten Holzbackofen Brot buk. Seither beobachtete ich oft bei ihr das Brotbacken, bis zum Jahr 1999, als der Holzbackofen abgerissen und der neue elektrische eingeführt wurde. Während dieser zwanzig Jahre hat sich das Leben im Lesachtal wesentlich verändert und modernisiert, auch das Leben Thresiles.

Thresile wurde 1931 mitten im Dorf Maria Luggau als zehntes von Josefas (1892–1986) vierzehn Kindern geboren und hat 1960 in einen Bauernhof am Ortsrand eingeheiratet, ziemlich weit entfernt vom Ortskern, etwa eine halbe Stunde zu Fuß. Ihr Mann war Bauer und Musikkapellenmeister des Dorfes. Damals lebten noch die Großmutter, die Mutter und die Tante ihres Mannes auf dem Hof. Es war also eine große Familie, doch fehlte – abgesehen von Thresiles Mann – die männliche Arbeitskraft, da ihr Schwiegervater schon im Krieg gefallen war. Thresile bekam vier Kinder. Sie hat gleich nach ihrer Heirat selbst Brot gebacken. Die Schwiegermutter

Aus dem alten Album der Mutter und der Tochter, Josefa und Thresile

❶ Die Familie auf dem Hof *Mooser*. Josefa (1892–1986), die Mutter Thresiles, die mit dem Vater links im Bild zu sehen ist, war damals etwa fünf Jahre. (um 1897)

❷ Josefas Mann und ihre Kinder, für die Josefa als Erste im Dorf einen Weihnachtsbaum aufstellte. Thresile (geb. 1931) ist die 2. von rechts. (um 1944)

❸ Thresile mit ihrer Mutter (1985)

❹ Thresiles Hochzeit. Auf dem ersten Platz rechts in der ersten Reihe sitzt ihre Schwiegermutter. (1960)

hat ihr das Brotbacken beigebracht, hernach sich aber ganz und gar der Stickerei gewidmet. Thresile musste Haushalt, Landwirtschaft, Kindererziehung und Brotbacken das ganze Leben hindurch alleine leisten.

Mit der Fleischgabel stach sie in die Laibe, wie es ihr die Schwiegermutter beibrachte. (1984)

Der Backofen, in dem Thresile Brot gebacken hat, stand im Keller, der durch eine Holztreppe vom Freien aus zugänglich war. Der ursprüngliche Holzbackofen hatte in der Küche gestanden, alt und brüchig. Darum war ein neuer im Keller gebaut worden. Es war gerade nach dem Zweiten Weltkrieg, der Bauer war im Krieg gefallen. Der Ofen wurde deshalb 1949 ausnahmsweise vom Nachbarn gebaut. Ansonsten wurde ein Holzbackofen auf einem Bauernhof meistens vom Bauern selbst errichtet. Der im Keller erbaute Ofen stand direkt auf der Erde – der Keller hatte keinen Boden –, seine Öffnung in 85 cm Höhe wurde mit einer Eisenplatte geschlossen. Der Boden und die gewölbte Decke des Ofens bestanden aus Schamottestein. Seine Außenseite wurde zur Isolierung erst mit Kalk, dann mit den Natursteinen und dem Lehm bedeckt. Über der Öffnung, die mit der Eisenplatte verschlossen wurde, befanden sich zwei runde „Atemlöcher“, die man beim Anheizen aufmachen konnte. Über der Öffnung und hinter der Mauer war der Rauchfang.

Wie das Lesachtaler Brot gebacken wird, haben wir schon bei Monika kennengelernt (siehe S. 47). Daher möchte ich von Thresiles Art zu backen nur die Besonderheiten vorstellen.

Vor 1999 hat sie das Brot folgendermaßen zubereitet: Sie knetete den Teig im alten hölzernen Backtrog aus halb Roggen- und halb Weizenmehl, insgesamt ca. 15 kg für 14–15 Laibe, ohne Sauerteig, nur mit Germ, Brotgewürz, Salz und Wasser. Sie bewahrte das Mehl im „Grant“ (Truhe) aus Fichtenholz in der Speis auf. Seit 1970 wurde kein Getreide mehr angebaut, sie musste das Brotmehl zukaufen. Sie schaufelte es mit der ebenfalls hölzernen Mehlschaufel in den Backtrog, damit hatte sie, ohne zu wiegen, die richtige Menge. Der Backtrog, der auch aus Fichtenholz gefertigt war, stammte noch von den Vorfahren. Er wurde nicht jedes Mal ausgewaschen. Nachdem der Teig fertig geknetet war, strich sie die Oberfläche des Teigs mit der nassen Handfläche glatt und machte

Die Rauchfangstruktur des Hofes Promegger. (1992)

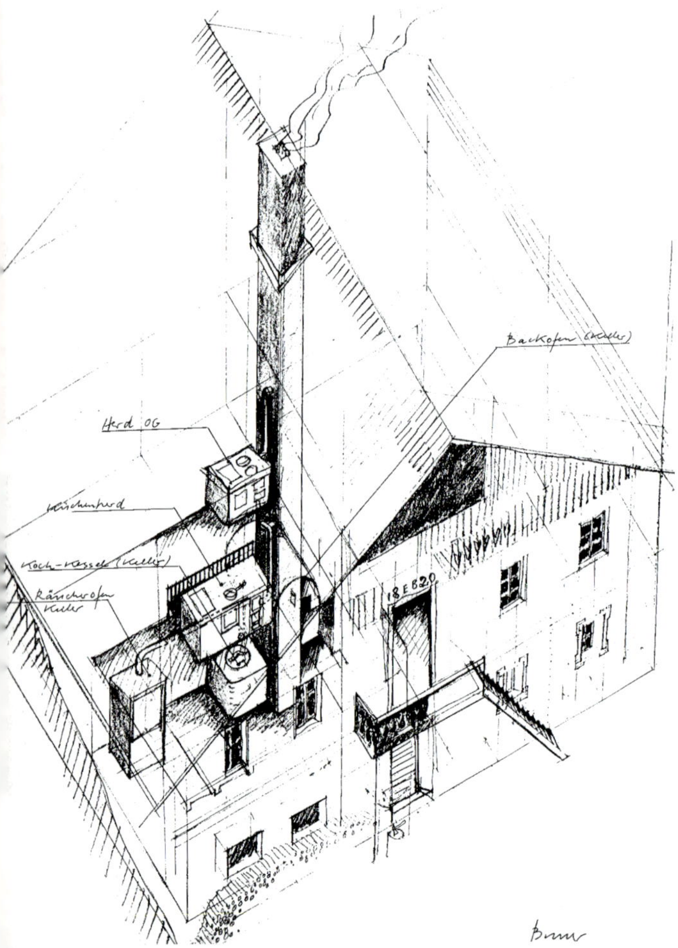

das Kreuzzeichen in den Teig, dreimal an dieselbe Stelle mit den Worten: „Im Namen des Vaters und des Sohnes und des Heiligen Geistes, Amen!“ Dann deckte sie den Teig mit dem Trogdeckel zu.

Während der Teig aufging, heizte ihr Mann den Ofen an, der mit 21 Scheitern von 80 cm Länge und ca. 15 cm Durchmesser gefüllt war. Diese waren ein Jahr unter dem Dach getrocknet und am Vortag von ihrem Mann im Backofen aufgeschichtet worden. Die Innenhöhe des Ofens betrug ca. 85 cm. Im Ofen wurden die Scheiter wie folgt aufgeschichtet: zuerst zwei Scheiter in der Länge, darüber fünf Scheiter in der Breite, darüber wieder fünf in der Länge, und so abwechselnd weiter, zum Schluss auf der obersten Schicht vier und dann noch ein Scheit darüber. Dabei nahm er jedes Scheit auf den *Schissla*, schob es in den Ofen hinein und schichtete so die Scheiter von außerhalb des Ofens nach und nach auf. Die so aufgeschichteten Scheiter nennt man *Haisl* („Häuslein“). Der Ofen wurde drei Stunden vor dem Einschießen der Laibe angeheizt, dann wurde zwei Stunden lang geheizt.

Sobald der Teig genügend aufgegangen war, hob sie ihn mit der für einen Laib portionierten Teigschaufel heraus aufs stark bemehlte Nudelbrett auf dem Küchentisch, kratzte

Rechts: Der Sonderholzbackofen befand sich im Keller, der von der Außenseite erreichbar war. (1984); unten: ❶ Im Ofen wurden immer 21 Scheiter zu einem *Haisl* aufgeschichtet. (1984) ❷ Die Glut wurde mit einer Krücke auf den ganzen Ofenboden ausgebreitet. (1984) ❸ Nach dem Ofenauswischen wurden die Laibe auf dem Brotbrett von ihrem Sohn zum Ofen heruntergebracht. (1984)

mit dem „Schaber“ aus Metall den Teig von der Teigschaufel, knetete ihn nochmals leicht durch, formte daraus einen runden Laib und legte diesen auf das bemehlte Brottuch, das auf dem Brotbrett ausgebreitet war. Zuletzt formte sie noch einen kleineren Laib aus dem vom Backtrog herausgeschabten Teig und erklärte: „Das heißt man ein *Schoobale*! Das wird als Erstes gegessen, sonst hat man darauf keinen Appetit mehr, nach dem guten Brot, nicht?“ Nachdem sie alle runden Laibe, 15 Stück, auf die zwei Brotbretter der Reihe nach ausgelegt hatte, deckte sie das Brottuch darüber und ließ die Laibe gehen. Dann bereitete sie noch einen anderen Gebäckteig zu, etwa für Reinling oder Buchteln, die mit dem Brot ebenfalls im Ofen gebacken wurden. Dann nahm sie eine Fleischgabel und stach mehrere Löcher in jeden Laib, weil dadurch die Laibe während des Backens ohne aufzubrechen schön in der Form bleiben.

Sie ging wieder zum Backofen, breitete die Glut im Ofen mit der „Krucke“ auf dem ganzen Ofenboden auseinander und machte die Tür wieder zu. Nach einer Viertelstunde kehrte sie mit der Krücke die heiße Asche in eine alte große Pfanne heraus. Die Asche wurde nach dem Abkühlen auf die Wiese gestreut. Jetzt nahm sie geschwind eine *Taase*, eine Art Besen aus Fichtenzweigen, den ihr Mann am vorigen Abend an einen Stiel gebunden hatte, und steckte sie in einen Eimer mit Wasser. Mit dieser *Taase* kehrte sie den ganzen Ofenboden aus, besonders die Stelle, wo das *Haisl* gewesen war. Diese Stelle kühlte sie sorgfältig mit Wasser, damit die Bodenhitze gleichmäßig wurde. Ihr Mann brachte dann eilig die Brotlaibe auf den Brotbrettern von der Küche herunter. Er musste am Backtag in der Nähe des Hauses arbeiten. Thresile schoss nun Stück für Stück die Laibe mit dem *Schissla* mit ernster Miene rasch in den Ofen hinein. Nachdem sie den Ofen verschlossen hatte, machte sie mit der rechten Hand ein kleines Kreuzzeichen in seine Richtung.

Nach einer Stunde holte sie die Laibe mit dem *Schissla* wieder aus dem Backofen heraus. Ihr Mann trug die Laibe auf den Brotbrettern in die Speis. Dort ließ man die Laibe abkühlen, dann kamen sie in die Tiefkühltruhe. Früher hat man sie in die *Proatruume* („Brotrahme“) gestellt, die in der Speis von der Decke hing und bis heute dort hängt. So war das Brotbacken bei Thresile im Jahr 1978.

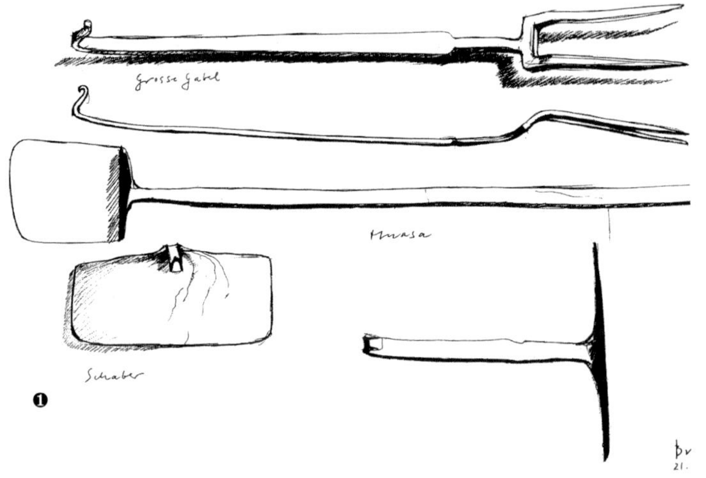

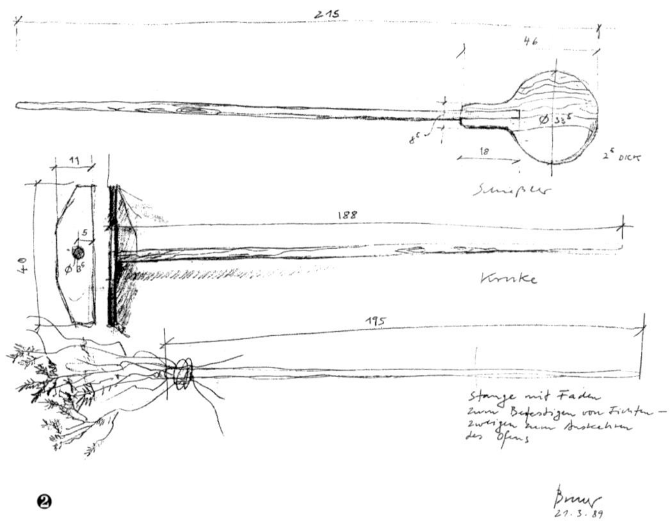

❶ Von oben: Fleischgabel aus Metall, *Muäsa, Schååwa.* (1989)
❷ Von oben: *Schissla*, *Khrukhe*, *Taase* für den Holzbackofen. (1989)

Als ich 1981 wieder bei ihr war, berichtete sie mir, dass ihre Schwiegermutter inzwischen gestorben war. Sie nahm ein Foto aus der Vitrine des Geschirrschranks und zeigte

Backtrog und Holzküchenherd (dessen Kamin siehe Abb. S. 132). (1989)

mir den Sarg mit dem Blumenschmuck. Ich habe Thresile wieder beim Brotbacken zugeschaut. Es hatte sich überhaupt nichts geändert. Als ich dann 1984 ein weiteres Mal bei ihr war, erzählte sie mir traurig, dass ihr Mann bei einem Unfall gestorben war. Sie nahm ein Sterbebildchen aus der Schublade des Geschirrschranks und gab es mir. Jetzt half ihr ältester Sohn Sepp statt ihres Mannes beim Brotbacken. Ansonsten hatte sich dabei nichts verändert. Sie wunderte sich, dass ich immer wieder zu ihr kam, um beim Brotbacken zuzuschauen, und ihr immer wieder die fast gleichen Fragen stellte. 1985 führte ich ein Fernsehteam aus Japan zu ihr, bei dieser Gelegenheit zeigte sie uns wieder ihre Art des Brotbackens, die sich noch immer nicht geändert hatte. 1989 bin ich mit meinem eigenen Filmteam ins Lesachtal gekommen, um die Lesachtaler Brotkultur zu filmen, sodass wir ihr Brotbacken, das immer gleich geblieben ist, auch wissenschaftlich genau festhalten konnten.

1999 geschah dann die große Veränderung: Sie war auf dem Weg zu ihr bereits von Weitem zu erkennen. Außen und innen war das Haus von ihrem Sohn renoviert worden. Die Stube war prächtig mit neuem Holz getäfelt. Thresile führte mich in den Keller. Dort, wo früher auf dem Erdboden die Kartoffeln gelagert wurden, befand sich nun ein schönes Schlafzimmer. An der einst rußigen dunklen Stelle, wo immer der Backofen seinen unbeweglichen Platz eingenommen hatte, war nun ein gefliester Duschraum eingebaut. Thresile sagte zu mir: „Sie haben den Backofen gern gesehen, immer wieder. Mir ist aber gar nicht leid um ihn. Jetzt habe ich einen elektrischen Backofen. So einfach geht es damit!“ Der Keller und der Backofen waren verändert worden, nicht aber die Küche. Dort war alles wie früher: der Holzherd, die Küchenbank, der glänzende Kupferdeckel des Wassertanks im Herd und auch die der Größe nach in einer Reihe an der Wand hängenden Schöpfer. Unverändert war auch Thresiles Platz am Küchentisch, an dem sie stand und aus dessen Schublade sie ihr Brot und Messer herausnahm, alles war so wie immer. Sehr selten habe ich sie am Tisch sitzen gesehen. Sie antwortete mir auf meine Fragen, erzählte mir ihr Leben immer in der Küche, während sie kochte, z. B. Knödel oder Butterschmalz. Alle Erzählungen der Frauen entstehen in der Küche, die der Männer immer in der Stube oder auf dem Feld.

Der Grundriss des Holzbackofens. (1989)

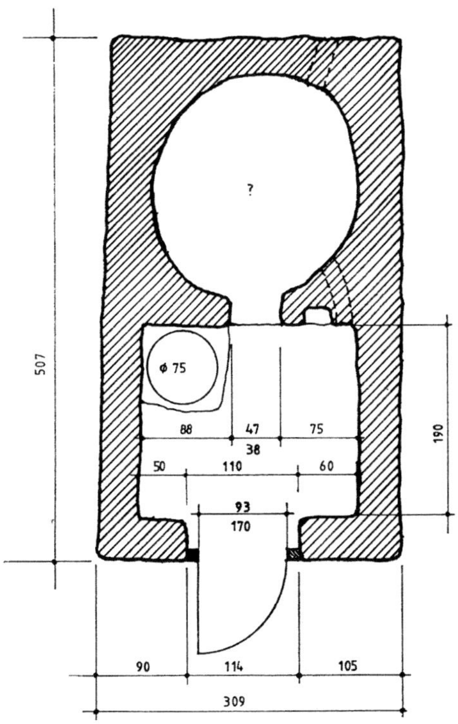

Eines Tages zeigte sie mir das Brotbacken mit ihrem elektrischen Ofen. Ich schildere nun diesen Vorgang, denn im Unterschied zu früher hatte sich daran manches geändert.

In der Küche knetete sie den Teig in einer sauber gewaschenen Plastikschüssel und formte die meisten Laibe rund, aber manche auch länglich. Die länglichen Laibe waren bei ihr ganz neu, obwohl sie bei den anderen Bäuerinnen bereits üblich waren. Sie war so lustig wie noch nie beim Brotbacken, singend stach sie mit der Fleischgabel die Löcher in die meisten Laibe wie immer, aber plötzlich hörte sie damit auf und murmelte: „Was soll ich jetzt machen, mit den anderen?“ Da ergriff sie ein Küchenmesser, sagte zu sich: „So?“ und machte damit Einkerbungen in Form dreier paralleler Linien.

Ich erkannte, dass dies das Zeichen ihrer Mutter war. „So hat es die Mutter daheim gemacht, nicht wahr?“, fragte ich.

Der 1998 zerstörte alte Holzbackofen des Hofes *Promegger*. (1989)

Maaßl zum Mehlmessen. (1989)

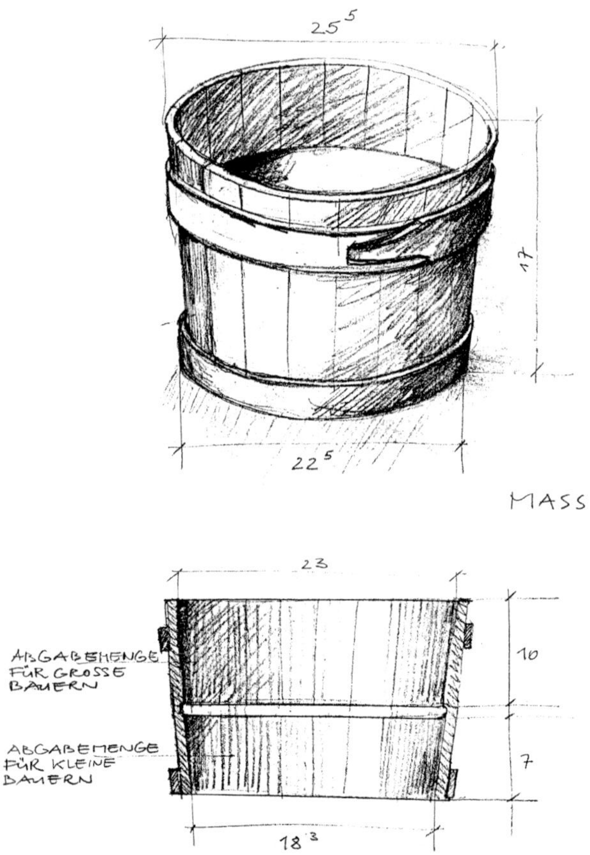

„Ja, ja, sie hat es so gemacht.“ Sie schaltete singend den elektrischen Backofen in der *Laawe* ein, während die Laibe auf den Brotbrettern aufgingen. Das Brotbacken mit dem elektrischen Backofen war für sie nach dem jahrelang geübten Backen mit Holz gar nicht schwierig. „Ich will nicht auf mein Leben zurückschauen. Man muss ja weiterleben!“, sagte sie, als das Brot schön braun gebacken aus dem Ofen kam. „Wir wollen ‚Du‘ sagen! Du kannst mir [beim Geschirrspülen] helfen“, sagte sie zu mir, 20 Jahre nach unserer ersten Begegnung.

Frauenarbeit, Männerarbeit, Kinderarbeit beim Brotbacken

Bei Holzbacköfen mit einer Etage wie bei Thresile beträgt die maximale Innenhöhe des Gewölbes ca. 80 cm oder etwas mehr, damit können 15 Laibe bei ausreichender Hitze auf einmal gebacken werden (auf anderen Höfen können bis zu 40 Laibe gebacken werden). Im Lesachtal war wie überall auf der Welt auch eine bestimmte Art der Scheiteraufschichtung bekannt, um viele Scheiter leistungsstark abbrennen zu können. Dieses Scheiter-Aufschichten war eine Arbeit für Kinder. Wollen wir Leopold zuhören, wie er als Kind bei seiner Nachbarin Scheiter aufschichten half: „Die [Nachbarin] ist vors Tor gekommen und hat mich gerufen: ‚*Pold, khimm aufa! Morgn tia-ma pâchn!*' Dann habe ich schon gewusst, ich musste in den Backofen hineinkriechen, weil sie einen Buben gebraucht hat, der *aichnschliaft* [= hineinkriecht] in den Ofen. Sie hat mir dann die großen Scheiter *aichngireckt* [„einhingereckt" = hineingereicht] mit dem *Schissla*, weil das waren über einen Meter, und dann musste ich ein schönes Scheiterhaus aufrichten drinnen. Und wenn's dann fertig war, bin ich hinaus, und dann hat sie mir immer ein paar *Zuckerprecklan* [= Zuckerstücke] oder irgendwas gegeben."

Das *Haisl*-Aufschichten gehörte zur Kinderarbeit, weil die Kinder durch die Öffnung in den Ofen hineinkriechen konnten. – Auch in dem berühmten Märchen von „Hänsel und Gretel" soll Gretel für die Hexe in den Ofen hineinkriechen. – Wenn die Kinder nicht helfen konnten, weil sie zu klein waren, musste meistens der Ehemann der Bäckerin mit dem *Schissla* ein *Haisl* bauen. Thresiles Mann übernahm am Backtag sogar noch einige andere Hilfsdienste; von ihm wurden die Laibe auf den *Flekkn* getragen, und auch die Fichtenzweige zur *Taase* gebunden. In anderen Häusern wurde der Teig manchmal von den Männern geknetet. Das Brot wurde also nicht von der Frau allein hergestellt.

Betrachten wir nun den ganzen Arbeitsprozess, vom Kornsäen bis zum Anschneiden eines Brotes, an dem Mann und Frau und Kinder beteiligt waren: Männer säen, Kinder helfen dabei; Frauen jäten das Unkraut im Kornfeld, Männer schneiden das Korn; Frauen und Kinder sammeln die Ähren; Männer dreschen, mahlen und bringen schließlich das Mehl in den Korngrant; Frauen machen ins Mehl ein Kreuzzeichen, kneten den Teig, backen ihn zu Brot, Kinder helfen beim Scheiteraufschichten; Frauen schneiden das Brot mit einem Gebet an. Bei besonderen (offiziellen) Anlässen schneiden die Männer als Hausherren das Brot an (s. S. 126).

Als *Thresile* 1998 einen Elektrobackofen kaufte, änderte sich die Form ihrer Brote: Im Vordergrund ein längliches Brot, dahinter ein kleines *Schââbale* und weitere vier runde Laibe, wovon ein Laib mit der Einkerbung ihrer leiblichen Mutter und die anderen drei mit der ihrer Schwiegermutter zu sehen sind. (1999)

Diese Arbeitsvorgänge zeigen uns, dass vom Kornsäen bis zum Einlagern des fertig gemahlenen Mehls im Grant sich zuerst besonders die Männer, danach hauptsächlich die Frauen mit der Herstellung des täglichen Brotes beschäftigen. Gegenseitige Hilfeleistungen sind dabei selbstverständlich. Es ist deutlich zu erkennen, dass diese Arbeitsteilung zwischen den Männern und den Frauen hier räumlich bestimmt wird; die Männer arbeiten auf dem Feld und in der Mühle, also außerhalb des Hauses und allgemein sichtbar, während die Frauen innerhalb des Hauses, also eher im Verborgenen, ihre Aufgaben erfüllen.

Einkerbung als Zeichen des Hauses

Die Bewohner von Maria Luggau wunderten sich oft, dass ich im Dorf überall umherging und immer dieselben Fragen nach der Backweise wiederholte. Eine Frau sagte mir: „Brotbacken ist überall gleich. Es gibt ja keinen Unterschied." – Das stimmt teilweise schon, weil Größe, Dicke und Zutaten überall im Dorf sicherlich gleich sind. – Diese Bäuerin kam eines Tages bei ihrer Nachbarin in der Küche vorbei, als ich gerade das Brotbacken beobachtete. Sie schaute eine Weile mit mir zusammen dem Arbeitsvorgang zu und sagte schließlich: „Ich habe das erste Mal einer anderen beim Brotbacken zugeschaut. Ja, sie tut sicher anders als ich!" Jede Frau kennt eine eigene Backweise, die ihr überliefert wurde oder die sie selbst entwickelt hat. Ich erinnere mich auch an das folgende Erlebnis: Eines Abend war ich im Dorf zu einer alleinstehenden alten Frau unterwegs. Da traf ich Thresile auf dem Weg. Sie begrüßte mich, schaute, was ich im Arm trug, und fragte: „Wohin gehen Sie mit meinem Brot?" Das Brot war jenes, das ich vor einigen Tagen von ihr bekommen hatte und nun mit der alten Frau gemeinsam essen wollte. Ich habe mich sehr gewundert, dass Thresile sofort ihr eigenes Brot erkannte. Wenn ich die Frauen fragte, ob sie das eigene Brot von dem der anderen unterscheiden können, antworteten sie: „Na klar!" So glaubt man einerseits, dass das Brot überall gleich gebacken wird, andererseits erkennt man aber das selbst gebackene sofort.

Es galt nun herauszufinden, auf welche Art sich die Backweisen der Frauen unterschieden, um die Überlieferungslinie festzulegen. Sie hatten fast das gleiche Backwerkzeug, kneteten den gleichen Teig aus Roggen und Weizen gemischt und formten die Laibe in der fast gleichen Größe. Nur ein Kennzeichen im Backvorgang gab es, das offensichtlich ein Brot vom Brot der anderen Frauen unterschied: die Form der Einkerbung. Seitdem man zum Roggen auch Weizen mischt, geht der Laib viel höher auf. Damit der Laib beim Aufgehen seine schöne Form erhält, macht man eine Einkerbung. Wenn man diese Einkerbung nicht durchführt, reißt die Oberfläche des Laibes beim Aufgehen. Die Einkerbung am Brotlaib wird als eine der Backtechniken von Frau zu Frau überliefert. Daher darf diese Einkerbung als Kennzeichen des herkömmlichen Hausbrotes gelten und unterscheidet das Brot des einen Hauses von dem des anderen. So sehen z. B. die Einkerbungen von Thresile, ihrer Schwiegermutter und ihrer leiblichen Mutter aus[133]:

Allerdings wurde früher, als man das Brot ohne Weizenmehl herstellte, keine Einkerbung gemacht. Daher wird die Einkerbung als Kennzeichen erst deutlich, seit man Roggen- und Weizenmehl mischt.

Die 26 ausgewählten Beispiele von Einkerbungsformen derjenigen 60 Frauen, bei denen ich im Jahr 1989 forschte, lassen Folgendes erkennen (siehe Tab. 1, S. 150 im Anhang): Die elf Frauen, die von ihrer Schwiegermutter oder von einer anderen Frau in dem Bauernhaus, in das sie eingeheiratet hatten, das Brotbacken erlernten, praktizierten meist eine andere Form der Einkerbung als ihre leibliche Mutter (Nr. 3, 4, 6, 7, 9, 16, 20, 23, 26). Der Fall Nr. 12 ist insofern eine Ausnahme, als überhaupt keine Einkerbung, weder bei der Frau noch bei ihrer eigenen Mutter, gemacht wird. Das bedeutet, dass weder die eigene Mutter noch die Schwiegermutter eine Einkerbung machten, da die beiden in der Zeit lebten, als

133 Hier von links nach rechts.

man Roggenbrot ohne Weizenmischung und deshalb auch ohne Einkerbung buk. Bei Nr. 15. ist die Ähnlichkeit der Kerbungen beider Mütter bloßer Zufall. Die Frau Nr. 23 ist die Tochter der Frau Nr. 9.

Andererseits ist bei den 14 Frauen, die bei ihrer leiblichen Mutter Brotbacken lernten, die Form der Einkerbung meistens genauso wie bei ihrer Mutter, also überlieferungstreu (Nr. 1, 5, 8, 10, 13, 14, 17, 22, 24, 25). Betrachtet man die vier „Ausnahmen" genauer, dann stellt sich Nr. 11 als die einzig wirkliche Ausnahme heraus, insofern nämlich, als diese Brotbäckerin eine andere Form der Einkerbung verwendet als ihre Mutter, obwohl sie bei ihr Brotbacken gelernt hat. Nr. 18 und 19 sind wieder Beispiele aus der Zeit, in der die jeweilige Mutter nur Roggenbrot buk und daher keine Kerbungen ausführte. Nr. 26 zeigt, dass die eingeheiratete Frau bei der Schwiegermutter Brotbacken lernte, aber trotzdem die Einkerbungsform ihrer eigenen Mutter, neben jener der Schwiegermutter, überlieferte.

Nr. 2 zeigt den Fall, dass die leibliche Mutter Brot buk, währenddessen die von mir befragte Frau selber kein Brot buk. Übrigens lernte die alte Bäuerin Nr. 18 Brotbacken bei ihrer Mutter, die damals keine Einkerbung machte, aber sie schuf ihre eigene Einkerbungsform (siehe Schema) in dem Moment, als sie Weizen- zum Roggenmehl mischte. Ihre Tochter (Nr. 25) lernte bei ihr (Nr. 18) Brotbacken, und im eingeheirateten Haus buk die Tochter in der Art und Weise ihrer eigenen Mutter weiter, da ihre Schwiegermutter 78 Jahre alt und krank war.

Zwei-Etagen-Backofen, gebaut 1936 von einem Ofensetzer beim Heiraten der Schwiegermutter auf dem Hof *Hansela*. (1999)

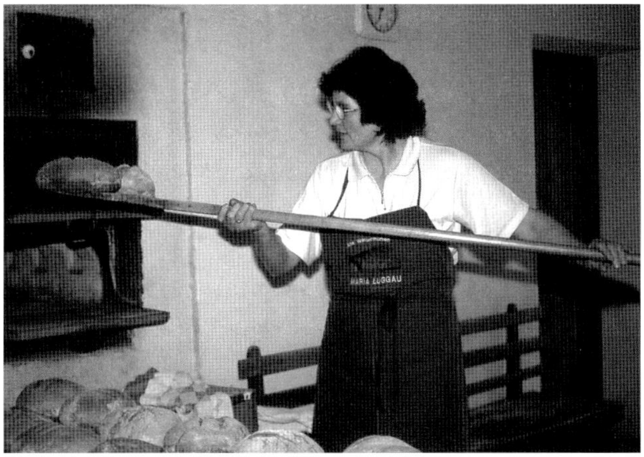

Auf diese Weise wird das Einkerbungszeichen immer weiter überliefert, gleichsam wie eine Signatur der Bäckerin des jeweiligen Hauses.

Das Verschwinden der Holzbacköfen und die neuen Baderäume

Es gab im Lesachtal bis zur Einführung des elektrischen Backofens drei unterschiedliche mit Holz zu beheizende Backöfen: Einer war der mit nur einem Ofenboden, der hauptsächlich zum Brotbacken gebraucht wurde; der andere war der Stubenofen, der auch nur einen Boden hatte, aber auch zum Zweck der Stubenheizen verwendet wurde; der dritte war derjenige mit zwei Ofenböden, der sogenannte Zwei-Etagen-Backofen. Der Sonderbackofen mit nur einem Boden ist von der Konstruktion her der älteste Typ. Seine Existenz ist bereits durch verschiedene Funde aus der Jungsteinzeit nachgewiesen worden. Dieser Sonderbackofen hat nur einen Hohlraum, in dem das Holz verbrannt und aus dem die Asche herausgekehrt wird, in den die Laibe hineingeschossen und aus dem sie wieder herausgenommen werden. Der Typ des Stubenofens existiert hingegen erst seit dem Mittelalter; damals wurde der Wohnraum von der verrußten Küche getrennt. Der Zwei-Etagen-Backofen wurde während des Zweiten Weltkriegs industriell hergestellt, um Platz und Brennholz zu sparen, er kostete 400–500 Reichsmark.

Diese drei Ofentypen waren im Lesachtal parallel bis in die 1950er Jahre in Gebrauch. Nach der Elektrifizierung wurde der Stubenofen weiter benützt, da er auch zum Heizen verwendet wurde. Der Zwei-Etagen-Backofen überlebte ebenfalls, denn er braucht weniger Platz und Holz als der Ein-Boden-Backofen. Der letztere war so groß, dass ca. 40 Brotlaibe auf einmal gebacken werden konnten. Viele Leute berichteten mir, dass man nach dem Krieg nicht mehr so viel Brot buk, da weniger Leute als früher im Haus lebten. Außerdem verschlingt ein so großer Ofen viel Holz.

Elektrische Backöfen kaufte man erst, wenn die alten Holzbacköfen, die mehrere Hundert Jahre im Haus gestanden waren und über Generationen von den in den Hof eingeheirateten Frauen genutzt worden waren, gesprungen oder zusammengebrochen waren. Die alten Holzbacköfen wurden nicht mehr repariert, und weil sie viel Platz einnahmen, sogar „rußig und hässlich" waren, wurden sie abgebaut. Heute ist nur noch ein einziger Sonderbackofen in Frohn in Gebrauch. Ein paar schon lange nicht mehr aktive Öfen stehen noch in einigen anderen Höfen, z. B. in Guggenberg und in Stabenthein.

Wo der alte Holzbackofen gestanden war, wurde oft ein richtiges Bad oder eine Dusche installiert, die es vorher auf den Bauernhöfen nicht gegeben hatte. Bis dahin hatte man sich im ovalen Holzbottich mit heißem Wasser aus dem Wasserkessel gewaschen. Es war die Zeit der Modernisierung durch die Elektrizität und zugleich auch der Beginn des Tourismus im Lesachtal. Da man für die Touristen besseren Komfort schaffen wollte, wurde an der Stelle des alten Holzbackofens Bad oder Dusche eingebaut.

Bei wem lernte man das Brotbacken?

Kommen wir zurück zu Thresile. Sie sagte mir immer, sie habe das Brotbacken bei ihrer Schwiegermutter gelernt und nicht bei ihrer leiblichen Mutter Josefa (1892–1986), obwohl diese im selben Dorf lebte und bis in die 1980er Jahre selbst Brot buk. Nach dem Tod der Schwiegermutter bereitete Thresile das Brot weiterhin genauso zu, wie es die Schwiegermutter sie gelehrt hatte. Doch nicht Thresile allein lernte das Brotbacken bei der Schwiegermutter.

Nach meiner Erhebung von 1989, die ich mit 61 verheirateten Frauen durchgeführt hatte, antworteten mir 17, dass sie das Brotbacken bei der Schwiegermutter, und 41, dass sie es bei der leiblichen Mutter gelernt hatten. Eine erlernte es von ihrem Mann, eine weitere von der Tante ihres Mannes, und eine gab an, es aus dem Kochbuch gelernt zu haben. Die Frauen lernten also das Brotbacken vorwiegend bei ihrer leiblichen Mutter, aber 28 % der befragten Frauen lernten es bei der Schwiegermutter, und zwar aus folgenden Gründen:

1. weil die leibliche Mutter kein Brot gebacken hatte,
2. weil die leibliche Mutter schon tot war, bevor die junge Frau Brotbacken lernte,
3. weil der Backofen auf dem Hof, in den die junge Frau eingeheiratet hatte, von einem anderen Typ war als der daheim.

Auf dem Hof, in den Thresile einheiratete, stand ein Sonderbackofen, während ihre Mutter seit 1950 einen Zwei-Etagen-Backofen besaß. Bei einem anderen Backofentyp musste man das Backen erneut lernen: Wie viele Scheiter der Ofen braucht, wie lange sie brennen müssen, an welchem Zeichen man die ausreichende Hitze erkennt, wie der Rauchabzug kontrolliert wird, in welchem richtigen Moment die Brotlaibe hineingeschossen werden usw. Das alles musste die junge Frau bei der Vorgängerin gründlich lernen. Es war eine sehr ernst zu nehmende Sache. Wenn das Brot misslungen wäre, hätte man einen Monat lang nur diese verdorbenen Brote zu essen gehabt. Auch wenn der Ofen vom gleichen Typ gewesen wäre, hätte man das Backen bei der Person lernen müssen, die sich mit dem Ofen auskannte.

Vergleicht man die Backöfen daheim mit denen, die auf dem Hof des Ehemannes den Frauen zur Verfügung standen, die bei der Schwiegermutter (17 Frauen, Nr. 1–Nr. 17) bzw. bei ihrem Mann (eine Frau, Nr. 18) oder bei der Tante (eine Frau, Nr. 19) im Haus Brotbacken lernten, ergibt sich daraus Folgendes (siehe jeweils Tabelle 2, S. 150 im Anhang):

1. Alle drei Frauen in der Tabelle, die bis 1941, also bis zum Zweiten Weltkrieg, heirateten, hatten sowohl im Elternhaus als auch im Haus ihres Mannes den Sonderbackofen und lernten bei einer Person im Haus ihres Mannes Brotbacken (Nr. 1, 18, 19).
2. Auch in den Fällen, in denen es in beiden Häusern unterschiedliche Backofentypen gab, lernten die Frauen

im Haus ihres Mannes Brotbacken (Nr. 3, 4, 5, 6, 8, 10, 11, 15, 16).

3. Die sechs Frauen, die im Elternhaus keinen Backofen hatten, lernten im Haus ihres Mannes Brotbacken (Nr. 2, 6, 7, 12, 13, 14).
4. Trotz des gleichen elektrischen Backofentyps lernte eine Frau im Haus ihres Mannes Brotbacken (Nr. 9).

Aus der Tabelle erkennen wir die Tendenz, dass die Frauen unabhängig von den Ofentypen in beiden Häusern im Haus des Ehemannes das Brotbacken lernten. Eigentlich lernten vor dem Zweiten Weltkrieg fast alle Frauen nach ihrer Einheirat bei der Schwiegermutter Brotbacken, da es nur zwei Ofentypen zum Brotbacken gab, und zwar den Ein-Boden-Sonderbackofen wie bei Thresile und den Stubenofen wie bei Monika. Jeder Ofen wurde einst vom Bauern des Hofes gebaut, er musste keiner Baunorm entsprechen. – Bei den Öfen gibt es daher Unterschiede bezüglich des Alters, der Größe, des Standortes. Je älter ein Ofen ist, desto mehr Scheiter braucht er, und das Backen dauert länger. Daher variieren auch die notwendige Menge der Scheiter, die Verbrennungsdauer, der Zeitpunkt zum Auskehren der Asche usw. Am schwierigsten war es, über die backgemäße Temperatur Bescheid zu wissen und diese konstant zu halten. Man hat immer die gleiche bestimmte Anzahl Scheiter in gleicher Dicke und Länge verwendet, sodass jedes Mal eine annähernd gleiche Hitze im Ofen entstand. Manche Frauen machten vor dem Auskehren eine Probe, indem sie z. B. eine Hand in den Ofen hielten, um die Hitze zu spüren, oder sie legten eine Zeitung hinein, beteten ein „Vaterunser" in einer bestimmten Geschwindigkeit und prüften nachher die Farbe der Zeitung. Wie man die „gute" Hitze erhält, wusste die Schwiegermutter am besten. Auch wenn die einheiratende Frau von zu Hause denselben Ofentyp kannte, lernte sie das Backen im neuen Haus bei derjenigen Person, die mit dem Ofen von Grund auf vertraut war.

So gesehen hängt also die Überlieferung der Backmethode vom jeweiligen individuellen Backofen ab. Dieses System, dass nämlich die Schwiegermutter der Schwiegertochter das Brotbacken beibrachte, wurde durch die regionale Tradition und durch die Einstellung der Familie noch verstärkt. Es gab und gibt z. B. nach der Erzählung von Hans in Klebas, geb. 1957, folgende alte Tradition für einheiratende Bräute: „Meine Mutter [geb. 1926 in Liesing] hat mir erzählt, dass ihr der Vater bei ihrer Heirat gesagt hat: ‚Du kommst ins neue Haus. Dann musst du das tun, was die dort sagen!' "

Rosa in Obergail (geb. 1939 in Frauental, geheiratet 1966) erzählte mir Folgendes: „Daheim hat man einen Holzofen gehabt. Ich habe [Brotbacken] schon daheim gelernt. Aber die Schwiegermutter [gest. 1988] hat bis 1975 selber Brot gebacken. Nachher habe ich angefangen zu backen. Ich mache aber Brot genauso wie die Oma [die Schwiegermutter]. Sie machte [als Einkerbung] am Laib ein ‚Auge Gottes'. Ich mache es auch wie sie. Man richtet sich ja nach dem Haus, nicht? Seit zirka zehn, fünfzehn Jahren [seit etwa 1990] mache ich mit dem länglichen Korb den Laib länglich. Da kommt kein ‚Auge Gottes' mehr hinein."

Rosa konnte schon bei der Heirat Brot backen. Aber für das Brotbacken am Hof war ihre Schwiegermutter zuständig. Erst neun Jahre nach ihrer Heirat hat Rosa diese Arbeit übernommen, als die Schwiegermutter schon sehr alt war, und der richtige Zeitpunkt, die Form des Laibes zu ändern, war erst nach dem Tod der alten Bäuerin gekommen.

Von den 61 von mir befragten Frauen antworteten 21, dass sie erst einige oder mehrere Jahre nach ihrer Heirat mit dem Brotbacken begonnen haben.

Eine gute Brotbäckerin, Josefa in Moos (geb. 1922, geheiratet 1953), erzählte mir auch, dass ihre Schwiegermutter (1879–1956) nach der Heirat des jungen Paares immer noch Brot buk. Sie hörte damit auf, als der elektrische Backofen ins Haus kam. *Iätz påchsch du!* [Jetzt bäckst du!] *I versteh vom Elektrischn wiänig*, sagte sie zu ihr. Nicht nur diese, sondern auch viele andere Schwiegermütter hörten bei der Einführung des elektrischen Backofens mit dem Backen auf.

Allerdings knetete die Schwiegermutter, seitdem Josefa für das Brotbacken zuständig war, weiterhin ihren eigenen Brotteig für sich selbst und brachte Josefa die Laibe zum Backen im elektrischen Ofen. „[Sie war] so hartnäckig. In diesem Punkt war sie schon ein ganz seltener Fall!", lachte Josefa. Thresiles Mutter buk bis in die 1980er Jahre das Hausbrot selbst, da sie keinen elektrischen Ofen kaufte und wie eh und immer noch den Zwei-Etagen-Backofen verwendete. Als ihre Schwiegertochter Hilda (geb. 1933, geheiratet 1961) nach 20 Jahren das Brotbacken übernahm, machte sie es genauso wie Josefa. Beide führten die Einkerbung in gleicher Form aus, mit drei parallelen Linien.

Nun wissen wir, dass die Art und Weise des Brotbackens vor der Zeit der Elektrifizierung in den meisten Fällen von der Schwiegermutter zur Schwiegertochter überliefert wurde.

Die Überlieferung der Backweise des Hausbrotes

Erstaunlicherweise waren unter den 61 befragten Frauen 41, also mehr als die Hälfte, die antworteten, dass sie bei der leiblichen Mutter Brotbacken gelernt haben. Widerspricht das nicht der oben formulierten Schlussfolgerung, dass die Art des Brotbackens „in den meisten Fällen von der Schwiegermutter zur Schwiegertochter überliefert wurde"? Wenn sich am Hof, in den sie eingeheiratet hatten, ein elektrischer Ofen befand, dann mussten die jungen Frauen das Backen nicht bei der Schwiegermutter lernen. Die Bäuerin Monika (1952–1997; geheiratet 1976) erklärte mir als Dreißigjährige in aller Deutlichkeit: „Brotbacken habe ich aus Büchern gelernt. Das ist gar nicht schwierig, wenn man macht, was im Buch steht. Nur die Temperatur im Ofen muss man richtig einstellen. Dann geht alles automatisch! Man muss nicht unbedingt bei der Schwiegermutter lernen."

Monika war im Jahr 1989 in Maria Luggau die einzige Frau, die das Brotbacken aus einem Kochbuch gelernt hatte. In ihrem genormten Backofen war ein Thermometer eingebaut, welches das schwierigste Problem beim Brotbacken weitgehend löste. Mit dem elektrischen Ofen kann also jede Frau ohne große Probleme Brot backen. Wenn aber die Schwiegertochter selbstständig Brot buk, konnte die Schwiegermutter beim Backen keinen Einfluss mehr auf sie ausüben. Die Bäckerin fragte dabei die Schwiegermutter auch nicht, welche Form der Einkerbung am Laib in der Familie bis dahin üblich gewesen war. Sie machte oft einfach ihre eigene Einkerbung, wie sie es von daheim von ihrer Mutter kannte. Auf diese Weise entstand beim Brotbacken ein Überlieferungsbruch: Die Schwiegertochter brachte die bei der leiblichen Mutter eingeübte Kultur des Brotbackens in den Hof ein, in den sie einheiratete.

Erinnern wir uns jetzt zum Beispiel an Theresia, Stefans Frau, die nach der Kornernte mit ihren Kindern Ähren gelesen und für sie *Zeltlan* gebacken hat. Ich habe schon im vorhergehenden Kapitel über ihre Kerbung auf den Brotlaiben berichtet (siehe S. 81). Als ich dieses (#) Zeichen sah, war mir sofort klar, dass sie die Tochter der alten Frau war, die im unteren Teil des Dorfes wohnt. Theresia nickte mit dem Kopf und machte große Augen. Bei meiner bisherigen Erhebung im Dorf war dieses Zeichen einzigartig gewesen, sodass es mich beeindruckt hatte. Nun fand ich dieses besondere Zeichen zum zweiten Mal – bei Theresia. Sie erzählte mir Folgendes: Als sie 1977 in den Hof eingeheiratet hatte, war die Schwiegermutter (1899–1980) schon 78 Jahre alt und krank. Darum musste Theresia sofort nach der Heirat ohne Anleitung durch die Schwiegermutter Brot backen. Auf dem Hof hatte noch bis 1962 der alte Holzbackofen gestanden; danach war der elektrische gekauft worden, da der Holzbackofen nicht mehr zu gebrauchen war. Theresia hatte bei der eigenen Mutter auch schon mit dem Elektroofen Brotbacken gelernt. Darum konnte sie sofort mit dem Backofen auf dem Hof ihres Mannes Brot herstellen. Sie machte die einzelnen Arbeitsgänge genauso wie ihre Mutter. Wir wundern uns also nicht, dass das Einkerbungszeichen der Mutter übernommen wurde. Dieses Zeichen ist heute auf zwei Höfen überliefert, allerdings bäckt Theresia wegen der geringeren Anzahl von Familienmitgliedern derzeit kein Brot mehr.

Wenn wir uns nun die Backöfen der 41 Frauen, die bei der eigenen Mutter Brotbacken lernten, genauer ansehen (siehe Tabelle 3, S. 151 im Anhang), ergibt sich Folgendes:

1. Wenn die Schwiegermutter bei der Einheirat der Schwiegertochter sehr alt bzw. kränklich oder verstorben war, konnte die Schwiegertochter nicht bei ihr Brotbacken lernen, sondern musste sofort selbst mit dem Holzbackofen backen, wie Nr. 20, 21, 23, 24, 26, 29, 30, 36, 37, 38, 43, 47, 48, 51, 53, 54, 55, 56, 58, 59, 60.
2. Abgesehen von diesen Frauen, die aus zwingenden Gründen sofort selbst ans Backen gingen, finden wir vier Fälle vor, in denen die Frau daheim und im Haus ihres Mannes den gleichen Ofentyp hatte, so bei Nr. 22 (Stubenofen), Nr. 27, 42 (Elektrobackofen) und bei Nr. 50 (Zwei-Etagen-Backofen).
3. Zwei Frauen führten das Backen nach der Art ihrer eigenen Mutter im Haus des Ehemannes mit einem anderen Holzbackofen als daheim weiter, wie Nr. 25 und 44 (Holzbackofen mit einer Etage daheim und Zwei-Etagen-Backofen im Haus ihres Mannes).
4. Eine Frau hörte nach der Heirat mit dem Backen auf (Nr. 50).
5. Zwei Frauen buken im Haus ihres Mannes mit dem Holzbackofen mit einer Etage nach Art ihrer eigenen Mutter (Nr. 59 und 60).
6. In allen anderen Fällen heirateten die jungen Frauen in Häuser, in denen es bereits Elektrobacköfen gab, wie Nr. 28, 31, 34, 35, 39, 40, 41, 42, 45, 49, 57.

Finden wir nun die Gründe heraus, warum die Frauen im Haus des Ehemannes nach der Art und Weise ihrer eigenen Mutter Brot gebacken haben.

Außer in zwingenden Fällen wie oben unter Punkt 1 buken die Frauen nach der Art ihrer eigenen Mutter, wenn sie sowohl daheim als auch im Haus des Mannes den gleichen Ofentyp hatten (Punkt 2) oder wenn im Haus des Mannes ein genormter Ofen wie der Zwei-Etagen-Backofen stand (Punkt 3). Wesentlich ist hier, dass der Zwei-Etagen-Backofen nach einer industriellen Norm gebaut wurde. Mit einem genormten Ofen, sei er mit Holz oder mit Elektrizität geheizt, konnte man ohne Anleitung der Schwiegermutter Brot backen. In allen anderen Fällen konnten die Frauen im Haus ihres Ehemannes mit dem Elektrobackofen, der ebenfalls genormt ist, anhand der schriftlichen Gebrauchsanweisung des Ofens oder anhand eines Brotbuches Brot backen. Mit dem Normofen konnte man also ohne einen langwierigen Anlernprozess sofort Brot backen, unabhängig vom Ofentyp im Elternhaus, zumal im Ofen ein Thermometer eingebaut war. – Die Fälle Nr. 60 und 61 können hingegen nicht klar bewertet werden.

Wir haben nun erkannt, dass die Backweise der leiblichen Mutter nur im zwingenden Fall oder beim industriell genormten Ofen überliefert wurde. Denken wir daran, wie das Backen vor dem Zweiten Weltkrieg, vor der Einführung des Elektroofens und des Zwei-Etagen-Backofens, vor sich ging. Damals gab es nur zwei Ofentypen, den Sonderbackofen und den Stubenofen, die meistens von den Bauern selbst unter diversen Baubedingungen errichtet wurden. Daher versteht sich, dass das Brotbacken üblicherweise bei der Schwiegermutter erlernt wurde, solange im Haus ein Sonderbackofen stand. Mit der Einführung des Elektroofens änderte sich dies,

Elektrobackofen, gekauft 1956. (1978)

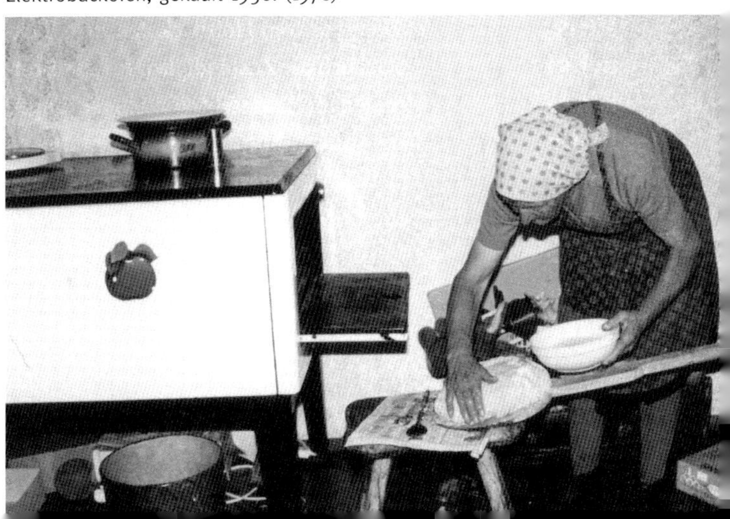

somit wurde die traditionelle Überlieferungslinie von der Schwiegermutter zur Schwiegertochter völlig unterbrochen.

Mit einigen Ausnahmen hatte die Schwiegermutter das Vorrecht zu backen, solange der alte Backofen oder der Stubenofen im Haus in Gebrauch waren, da sie sich beim Ofen am besten auskannte. Denn wer den Ofen beherrschte, hatte das Recht zu backen. Deshalb lernten die meisten jungen Frauen bei ihrer Schwiegermutter einige Jahre lang backen, bis sie es selbst konnten. Manche Frauen haben sogar noch später mit dem Backen begonnen, da sie in der Zwischenzeit von ihren kleinen Kindern in Anspruch genommen wurden. Manche Schwiegermütter wollten aber auch selbst weiterbacken, manchmal bis ins hohe Alter, solange sie die Kraft dazu hatten, wie das Beispiel von Thresiles Mutter zeigt. Diese Frau ließ in ihren letzten Jahren die Schwiegertochter den Teig kneten, aber zwei für das Brotbacken wichtige Arbeitsschritte, die Kontrolle der Ofenhitze und das Einschließen der Laibe, übernahm sie selbst. In den meisten Fällen beendete die alte Mutter aber mit der Hofübergabe an den Nachfolger auch diese Tätigkeit. Meist geschah dies nach dem Tod ihres Mannes oder auch früher, denn der Backofen gehörte zum Hof und wurde durch Generationen von den Bäuerinnen, die in den Hof eingeheiratet haben, benützt. Der Ofen war kein individuelles Eigentum der Bäuerin, wie z. B. ihr Kleiderkasten als Teil der Ausstattung, sondern eben ein Teil des Hofes. Die Frauen sagten mir oft: „Wie ich gekommen bin [eingeheiratet habe], ist der Ofen schon da gestanden. Er ist immer da gewesen."

Mit dem Wandel des Ofentyps vom Holzbackofen zum Elektrobackofen änderte sich auch die Zuständigkeit für das Brotbacken. Seit der Elektroofen im Haus steht, können die jungen Frauen nach ihrer Heirat sofort, ohne die Schwiegermutter zu fragen, backen. Die meisten jüngeren Frauen ergänzen ihre Kenntnisse über Brot im Backkurs, und aus Brotbüchern lernen sie neue Backtechniken, neue Brotsorten oder das Wissen über nahrhaftes Brot dazu. Durch solche jungen Frauen gibt es eine positive Weiterentwicklung in der Brotbackkunst.

Durch den Elektroofen hat sich nicht nur die Zuständigkeit für das Brotbacken in den Familien geändert, sondern auch die Form der Laibe, obwohl sie weiterhin aus dem gleichen Mehl zubereitet wurden. Bei meiner Erhebung von 1981 buken alle, mit einer einzigen Ausnahme, runde Brotlaibe. Diese Frau, die das Brot länglich formte, sagte mir: „Die Oma [meine Schwiegermutter] hat mir gesagt, die Laibe soll ich länglich machen." Die Schwiegermutter hatte schon einen Elektroofen. Da die Innenfläche des elektrischen Ofens viereckig war, sollte man die Laibe nicht rund, sondern länglich formen, um den Ofenraum besser zu nutzen. Besonders seit der Einführung der Tiefkühltruhe in den 1970er Jahren wurden die Brote in länglicher Form wegen der Platzausnutzung

Maria und ihre Kinder. Jüngere Frauen lernen heute das Backen verschiedener Brotarten durch Backkurse, aus Kochbüchern oder in der Haushaltsschule kennen. (1999)

in der Truhe immer beliebter. Der dritte Grund für die längliche Form der Laibe war die elektrische Brotschneidemaschine. Damit sind längliche Laibe leichter zu schneiden als runde, sagen die Frauen. Ihre Kinder nehmen die von der Maschine schön gleichmäßig geschnittenen Brotscheiben lieber in die Schule mit, so berichtete mir lachend eine junge Mutter. Durch das Schneiden des Brotes in der Schneidemaschine entfällt oft das Gebet beim Anschneiden, das beim runden Brotlaib gesprochen wurde, wenn man auf der flachen Rückseite mit der Messerspitze das Kreuzzeichen machte: „Herr, segne dieses Brot und alle, die davon essen!“

Bei meiner Forschung 1981 habe ich auf einem Hof etwas Beeindruckendes erfahren. Die alte Mutter (1914–1999) erzählte mir Folgendes: Sie hat ihre Schwiegertochter das Brotbacken gelehrt, weil die Schwiegertochter zwar von daheim den elektrischen Backofen kannte, aber im neuen Haus einen Zwei-Etagen-Backofen vorfand. Die Schwiegermutter berichtete: „Sie hat bei mir gut gelernt und kann jetzt gut backen. Aber ein Mal ist es geschehen – sie hat plötzlich alle Laibe länglich gebacken. Ich habe sehr gestaunt. Nachher habe ich ihr davon abgeraten. ‚Du sollst nie mehr wieder so was backen. Das Brot vom Bauern war immer rund. So ist das Bauernbrot.‘ Seitdem bäckt sie das längliche nimmer.“ Und eines Tages habe ich diese Schwiegertochter auf der Straße gesehen. Ich fragte sie, in welcher Form sie die Laibe macht. Sie antwortete, ohne zu zögern: „Ich mache sie immer rund, ja!“ Ich erwähnte das Gespräch mit ihrer Schwiegermutter nicht, auch nicht, dass die Schwiegertochter doch einmal längliche Laibe gebacken hatte, weil ich den Grund wusste. Ihre eigene Mutter daheim war jene, die als einzige Frau in Maria Luggau längliches Brot buk.

Das war nun ein Beispiel dafür, wie eine Schwiegermutter immer noch über das Brotbacken die Hausordnung dominieren konnte, auch nachdem sie das Brotbacken der Schwiegertochter überlassen hatte. Bemerkenswert ist auch, dass die junge Frau eines Tages wie ihre leibliche Mutter längliches Brot backen wollte. Eigentlich lernen ja heranwachsende junge Frauen die Haushaltsführung von ihrer eigenen Mutter daheim. Aber beim Brotbacken gab es für diese Frau eine grundlegende Veränderung, da im Haus des Ehemannes ein Holzbackofen stand.

Thresile, die auf den Hof mit dem alten Holzbackofen eingeheiratet hat, lernte bei der Schwiegermutter alles über das Brotbacken und hielt sich hinfort daran. Selbst nach dem Tod der Schwiegermutter buk sie noch 18 Jahre lang so weiter, wie sie es von jener gelernt hatte. Die Veränderung kam schließlich, als sie den Elektroofen kaufte. Nun fing sie an, die Laibe teilweise länglich zu formen, da sie wohl schon wusste, dass bei dieser Form mehr Brot im Elektroofen Platz findet. Aber wohl nicht nur deswegen. Sehr beeindruckt war ich, als sie plötzlich das Messer ergriff und damit genau die gleiche Einkerbung wie ihre eigene Mutter, Josefa, in einige Laibe ritzte, nachdem sie mit der Fleischgabel in die meisten anderen Laibe schon die gewöhnlichen Löcher gemacht hatte. Das ist ein typisches Beispiel für das folgende häufig zu beobachtende Phänomen: Die Einführung des elektrischen Backofens gibt Anlass zur Innovation beim Brotbacken. Thresiles „Fall“ lässt vermuten, dass sie sich durch den Ankauf des Elektroofens vom alten Holzbackofen „befreit“ fühlte. Es war gleichzeitig eine geistige Befreiung von der Einstellung der Familie des Mannes gegenüber den tradierten Werten des Hofes. Nicht die Bäuerin als Individuum überlieferte die alte Backkultur mit dem Holzofen; diese war vielmehr gebunden an den Hof, der schon im Urbar vom Jahr 1381 genannt wurde und über 600 Jahre lang an zahlreiche Generationen weitergegeben wurde.

Erst als Thresile ihren eigenen Elektroofen gekauft hatte, fiel ihr plötzlich, 40 Jahre nach der Heirat, jene Einkerbung der eigenen Mutter wieder ein. So viele Jahre hatte sie die Brotkultur von daheim im Unterbewusstsein bewahrt. Es scheint, als hätten Frauen, die auf den Hof ihrer Männer einheirateten, in ihrem Innersten so etwas wie eine DNA der Brotkultur der leiblichen Mutter, auch wenn sie das selbsttätige Brotbacken erst im neuen Haus erlernten.

Epilog – Die erzählte Brotkultur

Die in der Mitte der 1950er Jahre ins Lesachtal eingeführte Elektrizität beschleunigte die Modernisierung des Lebens und veränderte auch die Brotkultur des Tals. Der Schlüssel zu dieser Veränderung war der genormte elektrische Backofen mit einem Thermometer. Dieser elektrische Backofen hat den alten Holzbackofen innerhalb von fünfzehn Jahren im Sturmschritt verdrängt.

Zu diesem Änderungsprozess vom Holzofen bis zum Elektroofen erzählte mir beim Interview jede Frau, die selbst Brot in ihrem Ofen buk, und auch jeder Mann, der mehr oder weniger schöne Erinnerungen daran hatte, so manches Erlebnis, das auch mit dem täglichen Brot zusammenhing. Wenn Frauen vom früheren Brotbacken erzählten, kam auch ihre ganze Lebensgeschichte dazu. Dabei fehlte nie die Geschichte über die leiblichen Mütter und die Schwiegermütter, denn das Brot war von den Müttern überliefert worden. Eine Frau erzählte von ihrer jung verstorbenen Mutter, nach deren Tod sie selbst schon mit fünfzehn Jahren Brot backen musste. Die andere erzählte von ihrer kranken Mutter, die bis an ihr Lebensende sonntags Semmeln aß. Eine erzählte, dass die leibliche Mutter bei der Großmutter Brotbacken gelernt hatte und dass mehrere Tanten noch im Dorf lebten.

Auch hörte ich mehrere Erzählungen über die Schwiegermütter. Eine Schwiegermutter war so hartnäckig, dass sie die junge Frau kein Brot backen lassen wollte. Erst beim Kauf eines elektrischen Backofens gab sie der Jungen endlich das Recht, Brot zu backen, weil sie selbst nichts davon verstand. Eine meiner Erzählerinnen hatte keine Schwiegermutter mehr im Haus. Mehrere Frauen hatten aber im eingeheirateten Haus eine behinderte Schwiegermutter. Oftmals betreute die Schwiegermutter die Enkelkinder, während die junge Frau auf dem Feld arbeitete. Oder die gesunde Schwiegermutter war bis zum Schluss in der Landwirtschaft tätig, während die junge Frau für den Haushalt zuständig war. Auf diese Weise wurde meine Recherche durch die Verwandten der leiblichen Mutter und der Schwiegermutter immer erweitert und ich lernte die Familiengeschichte der einzelnen Frauen mindestens drei, manchmal fünf Generationen zurück kennen.

Genauso erzählte mir keine Frau, ohne dabei von ihrem Mann und ihren Kindern zu berichten, da ja das Brot für ihre Familie gebacken wurde. Wie ihr Mann das Korn säte und mahlte, wie er im Wald verunglückte. Wie die Kinder geholfen haben, das Brot zum Backofen zu tragen. Eine alte Frau wusste noch auswendig, bis zu welchem Jahr sie Brot gebacken hatte. So ging in diesem Jahr ihr letztes Kind von zu Hause weg, und danach lebte sie mit ihrem Mann allein, ohne Brot zu backen. Dann erzählte mir die alte Frau noch von der Arbeit und dem Leben ihrer Kinder in der Stadt.

Männer erzählten auch gern von den Arbeitsvorgängen in den verschiedenen Jahresabschnitten, vom Kornsäen im Frühling bis zur Ernte, dann vom Dreschen im Herbst und davon, wie das Korn zur Brotbereitung gemahlen wurde. Sie vergaßen auch nicht, mit mir über die lustigen, aber schon verschwundenen Feste zu reden, die mit Brot oder Gebäck zu tun hatten. Schließlich wurden alle Lebensgeschichten,

Winterlandschaft eines Lesachtaler Bauernhauses.

die mit Brot verknüpft waren, in meinen Heften und Tonbändern eingetragen.

Sehr auffallend ist, dass der Heiratskreis in diesem hinteren Hochtal der Alpen sehr eng war. Die meisten Frauen sind zum Einheiraten zu Fuß von zu Hause zu ihrem Mann gegangen, das Tal hinauf oder hinunter bzw. die Gail herüber oder hinüber. Es gab sogar einen Sonderfall: Eine Frau brauchte nur ein paar Schritte zu gehen, um einzuheiraten, da die beiden Familien in einem Doppelhaus direkt nebeneinander wohnten. Die Frauen, ihre Mütter, ihre Schwestern und auch ihre Verwandten lebten daher im Tal nicht weit voneinander entfernt.

Durch diese Lebensverhältnisse der Lesachtaler und die vielen von Zeitzeugen erzählten Geschichten aus dem vergangenen Alltagslebens, die im engen Tal intensiv miteinander verknüpft waren und einander vielschichtig überlagerten, ergeben meine Recherchen über Brotkultur eine einheitliche Geschichte des Lesachtals. Zum Schluss darf ich hier noch Folgendes in Erinnerung rufen: Wer einer Geschichte über Brotkultur lauscht, lernt Lebesgeschichte kennen. Denn: Brot ist Teil des Lebens.

Nachwort

Ohne die liebenswürdige Unterstützung zahlreicher Personen und Gewährsleute wäre dieses Buch vom Brot nie entstanden. Hier möchte ich mich für ihre Mitwirkung bedanken.

Dieses Buch wurde im Auftrag des Lesachtaler Dorf- und Brotfestkomitees von mir verfasst. Es ist wohl ein seltener, besonderer Fall, dass der Auftrag, ein Buch über das heimische traditionelle, für das tägliche Leben unentbehrliche Brot zu schreiben, einer fremden Forscherin aus Japan erteilt wird. Durch diese Initiative konnte ein Buch über die eigene wertvolle Brotkultur publiziert werden, um diese Tradition im Tal festzuhalten und fortzuführen. Den Weg von der Planung des Buches bis zur Herausgabe begleitete mit Unterstützung Herr Hans Guggenberger vom Komitee, Lehrer an der Hauptschule Lesachtal.

Es ist eine Ehre für mich, dass Herr o. Univ.-Prof. Dr. Konrad Köstlin vom Institut für Europäischen Ethnologie an der Universität Wien, der meine Forschung und die vorliegende Arbeit mit wertvollen Ratschlägen betreute, in seinem Vorwort das Buch empfiehlt.

Herr Hon.-Prof. Dr. Wilfried Schabus, der lange vor mir den Lesachtaler Dialekt für seine Dissertation erforscht hatte, lektorierte gründlich mein Manuskript. Das Glossar am Ende des Buches wurde von ihm für die Leser verfasst, zum Verständnis der Lesachtaler Mundart.

Frau Brigitte Lugger, die ehemalige Direktorin der Volksschule Maria Luggau, unterstützte mich viele Jahre bei meiner Feldforschung im Lesachtal, half mir beim Abhören der Dialektpassagen auf den Tonbändern und verbesserte mein Deutsch im Textteil des Buches.

Frau Lene Mayer-Skumanz, die beliebte österreichische Kinder- und Jugendbuch-Autorin, sah ebenfalls den Text des Manuskripts durch, begleitete mich ständig mit praktischen Ratschlägen für das Buch und ergänzte meine fehlenden Kenntnisse.

Frau Mag. Elisabeth Schabus-Kant, Universitätslektorin in Wien, Frau Mag. Gabriele Brandhuber und Frau Mag. Renate Egger korrigierten auch teilweise mein Manuskript und gaben mir wichtige Ratschläge.

Herr Dr. Dieter Neumann vom Museum der Stadt Villach unterrichtete mich persönlich mehrmals in der Lesung und Interpretation des handschriftlichen Görzer Urbars vom Jahr 1385. Er gab mir mit interessanten Dokumenten Hinweise auf geschichtliche Tatsachen.

Herr Dr. Helmut Hundsbichler vom Institut für Realienkunde in Krems, der als Spezialist für die Reisetagebücher von Paolo Santonino einst einen Beitrag für meine japanische Ausgabe schrieb, übersetzte für dieses Buch einen Teil der Tagebücher aus dem Original.

Herr Prof. Jörg Breuer, Architekt in Hamburg, der nach meinen Außenaufnahmen vom Lesachtal freundlicherweise Zeichnungen der Backwerkzeuge und Bauernhöfe auf meinen Wunsch anfertigte.

Herrn Ernst Joast, Bäcker- und Konditormeister in Lienz, verdanke ich den Vorschlag für den Titel dieses Buches „Brot – Teil des Lebens“. Er schlug ihn bei unserer Unterhaltung in Tokyo vor, wo er japanischer Mitarbeiter im Brotbacken mit einem neu gebauten Holzbackofen unterwies.

Eiko Funada, April 2009

Gewährsleute

† Josef Seywald in Maria Luggau
Anna Seywald in Maria Luggau
Gerald Seywald in Maria Luggau
Brigitte Lugger in Maria Luggau
Leopold Lugger in Maria Luggau
† Joachim Lugger in Maria Luggau
† Marianne Salcher in Maria Luggau
† Josefa Lugger in Oberluggau
Helena Freiberger in Oberluggau
Josefa Oberguggenberger in Oberluggau
Regina Oberguggenberger in Oberluggau
Maria Salcher in Oberluggau
Johann Salcher in Oberluggau
† Anna Salcher in Oberluggau
† Frieda Salcher in Oberluggau
† Josefa Ortner in Maria Luggau
Hanni Salcher in Maria Luggau
Josefa Winkler in Maria Luggau
Gabriel Strieder in Schade
Cille Hackhofer in Schade
Annamaria Oberluggauer in Seire
Christoph Oberluggauer in Seire
Anna Villgrater in Seire
Anna Strieder in Ante
Helga Mitterdorfer in Ante
Michael Oberluggauer, Gasthof Luggau
† Agnes Fritzer in Tiefenbach
† Anton Tiefenbacher in Tiefenbach
Philomena Tiefenbacher in Tiefenbach
Rosina Unterluggauer in Raut
† Moidl Guggenberger in Raut
August Guggenberger in Raut
Maria Guggenberger in Raut
† Elisabeth Guggenberger in Raut
Josefa Lugger in Moos
Theresia Lugger in Moos
P. Gregor M. aus Moos
† Anna Unterguggenberger in Moos
Theresia Oberguggenberger in Moos
Maria Waldner in Stoffanell
† Josefa Oberguggenberger in Stoffanell
Maria Oberguggenberger in Stoffanell
Stefan Salcher in Guggenberg
Theresia Salcher in Guggenberg
Marianne Unterguggenberger in Guggenberg
Maria Salcher in Promeggen
Theresia Salcher in Promeggen
Monika Soukup in Liesing
Erwin Soukup in Liesing
Josefa Unterguggenberger in Tscheltsch
Maria Stabentheiner in Stabenthein
Elfriede Stabentheiner in Stabenthein
Josef Stabentheiner in Stabenthein
Edith Guggenberger in St. Lorenzen
Franz Guggenberger in St. Lorenzen
Theresia Guggenberger in St. Lorenzen
Paula Guggenberger in St. Lorenzen
Marianne Guggenberger in St. Lorenzen
Hans Guggenberger in Klebas
† Anna Guggenberger in Klebas
Juliane Egartner in Klebas
Anna Gailer in Liesing
Rosa Lanner in Obergail
Erna Mitterberger in Wodmaier
Bernadette Mitterberger in Wodmaier
Philomena Strasser in Kartitsch
Zita Strasser-Schett in Kartitsch
Anna Kofler in Kartitsch
Leopold Strasser in Kartitsch
Maria Kofler in Kartitsch
Maria Strasser in Kartitsch
Elisabeth Bodner in Kartitsch
Sigrid Bodner in St. Oswald
Familie von Oswald Sint in St. Oswald
Josef Steinringer in Lienz
Ernst Joast in Lienz

Anhang

Tabelle 1

Einkerbungsformen der Brotbäckerin und die ihrer leiblichen Mutter

Nr.	Bei wem die Frau Brotbacken lernte	Eigene Einkerbung	Einkerbung ihrer leiblichen Mutter
1	LM	(|||)	(|||)
2	Nicht gelernt	–	(⁘)
3	Andere	◯	(|||)
4	SM	(⁘)	–
5	LM	(⁘)	(⁘)
6	SM	(⁘)	–
7	Andere	◯	–
8	LM	(△)	(△)
9	SM	(///)	(||)
10	LM	(|||)	(|||)
11	LM	◯	(X)
12	SM	◯	◯
13	LM	(⁘)	(⁘)
14	LM	(||||)	(||||)
15	SM	(||||)	(||||)
16	SM	(⁘)	(|||)
17	LM	◯ (|||) (⁘)	◯ (|||) (⁘)
18	LM	(#)	◯
19	LM	(△) (|||) (⁘)	◯
20	SM + LM	(⁘)	(Y)
21	LM	(|||)	◯
22	LM	(⁘)	(⁘)
23	SM	◯	(///)
24	LM	(X)	(X)
25	LM	(#)	(#)
26	SM	(|||) (⁘)	(⁘)

Erklärung der Abkürzungen:

SM: Schwiegermutter;

LM: leibliche Mutter;

Andere: Verwandte oder andere Frau außer SM und LM;

– bäckt (buk) kein Brot;

(⁘) Löcher am runden Laib mit einer Fleischgabel anstatt Einkerbungen;

◯ keine Einkerbung am runden Laib;

alle anderen Striche im Kreis: Kennzeichnung mit dem Küchenmesser in der Form von Strichen am runden Laib durchgeführt;

(///) drei Einkerbungen auf länglichem Laib.

Tabelle 2

Die Frauen und ihre Backöfen

Nr.	Heiratsjahr	Backofen daheim	Backofen des Hofes, in den die Frau eingeheiratet hat
1	1933	⌓	⌓
2	?	–	□
3	1950	⌓	□
4	1958	⌓	□
5	1980	⌓	□
6	1988	–	□
7	1976	–	△
8	1960	⊟	⌓
9	1983	□	□
10	1981	□	⊟
11	1972	□	⊟
12	1977	–	△
13	1960	–	□
14	1952	–	□
15	1961	□	⊟
16	1978	□	△
17	1971	⌓	▭
18	1941	⌓	⌓
19	1920	⌓	⌓

Zeichenerklärung: ⌓ Ein-Boden-Backofen; □ Elektrischer Backofen; △ Stubenofen; ⊟ Zwei-Etagen-Backofen; ▭ Holzkochherd; – kein Backofen im Besitz

Von Nr. 1 bis 17: Die Frauen lernten bei der Schwiegermutter Brotbacken.

Von Nr. 18 bis 19: Die Frauen lernten entweder bei ihrem Mann oder bei der Tante Brotbacken.

Tabelle 3
Backöfen der 41 Frauen, die bei der eigenen Mutter Brotbacken lernten

Nr.	Heiratsjahr	Backofen daheim	Backofen im Haus des Ehemannes	Alter der Schwiegermutter bei der Heirat des jungen Paares
20	1956	◠	□	81
21	1972	◠	◠	keine Schwiegermutter im Haus
22	1970	△	△	59, selten gebacken
23	1972	◠	◠	75
24	1928	◠	◠	keine Schwiegermutter im Haus
25	1960	◠	⊟	55
26	1953	◠	◠	73
27	1982	□	□	60
28	1958	◠	□	53
29	1936	◠	◠	63, krank
30	1958	◠	□	keine Schwiegermutter im Haus
31	1960	◠	□	unbekannt
32	1970	△	□	58
33	1964	◠	□	68
34	1948	⊟	◠	„alt“
35	1947	◠	□	keine Schwiegermutter im Haus
36	1947	◠	◠	keine Schwiegermutter im Haus
37	1985	◠	□	65
38	1971	◠	□	54
39	1969	◠	□	66
40	1959	◠	□	unbekannt
41	1948	◠	◠	keine Schwiegermutter im Haus
42	1983	□	□	59
43	1956	◠	□	62
44	1966	◠	◫	unbekannt
45	1929	◠	◠	keine Schwiegermutter im Haus
46	1927	◠	◠	keine Schwiegermutter im Haus
47	1961	◠	□	59
48	1963	⊟	–	unbekannt
49	1931	◠	△	keine Schwiegermutter im Haus
50	1958	⊟	⊟	67
51	1938	◠	◠	keine Schwiegermutter im Haus
52	1977	□	□	79, krank
53	1946	◠	△	keine Schwiegermutter im Haus
54	1954	◠	□	keine Schwiegermutter im Haus
55	1952	⊟	□	Unbekannt
56	1950	△	◠	„alt“
57	1937	◠	△	keine Schwiegermutter im Haus
58	1955	◠	◫	keine Schwiegermutter im Haus
59	1937	◠	◠	Unbekannt
60	1931	◠	◠	Unbekannt

Zeichenerklärung: ◠ Ein-Boden-Sonderbackofen; □ Elektrischer Backofen; △ Stubenofen; ⊟ Zwei-Etagen-Backofen; ▭ Holzkochherd; ◫ Elektrokochherd; – kein Backofen im Besitz.

Literaturverzeichnis

Asahi Encyclopedia (1984), Die Nahrung auf der Welt (Sinngemäß, Originaltitel: Sekaino Tabemono. Japanisch). Tokyo.

Biblisch-Historisches Handwörterbuch (1979): Reicke, Bo; Rost Leonhard (Hg.), Göttingen.

Der Große Brockhaus (1954): Wiesbaden.
DTWB = Deutsches Wörterbuch von Jacob und Wilhelm Grimm (1984). [Neudruck der Ausgabe von Leipzig 1899]. München.

Duden – Deutsches Universalwörterbuch (2003). In: Die Office-Bibliothek 5.0. Mannheim [CD-ROM].

Handwörterbuch des deutschen Aberglaubens (1927–1942): Bächtold-Stäubli (Hg.), 10 Bde. Berlin, Leipzig.

Kärntisches Wörterbuch. Mit einem Anhange: Weihnacht-Spiele und Lieder aus Kärnten (1998): Lexer, Matthias (Hg.), Leipzig. (Unveränderter Neudruck der Ausgabe: Leipzig 1862. Liechtenstein).

Meyers Konversations Lexikon (1897). Leipzig und Wien.

Mittelhochdeutsches Handwörterbuch (1872–1878): Lexer, Matthias (Hg.), Leipzig. (Nachdruck. Stuttgart 1992).

Neue Jerusalemer Bibel (2000), Einheitsübersetzung mit dem Kommentar der Jerusalemer Bibel. (Herder) Freiburg.

Österreichischer Volkskundeatlas (1959): Burgstaller; Helbock (Hg.), Linz a. d. Donau.

Pladner Wörterbuch. Glossario Sappadino (1995): Hornung, Maria (Hg.), Wien.

Bartz, Wilfried J. (1992): Tribologie und Tradition. In: Tribologie + Schmierungstechnik. 39. Jahrgang, 3, S. 159–162.

Birlinger, Anton (1890): Älteres Küchen- und Kellerdeutsch. In: Birlinger, Anton (Hg.): Alemannia Bd. 18. Bonn.

Brunner, Karl (1981): Zum „Tal der hundert Mühlen". In: Die Kärntner Landesmannschaft. Heft 7.

Burgstaller, Ernst (1959): Festtagsgebäcke. In: Österreichischer Volkskundeatlas, Kommentar, 1. Lieferung, Linz.

Burgstaller, Ernst (1968): Burschenschaftsbrauchtum – das Stehlen. Kommentar zu den Karten von Richard Wolfram. In: Österreichischer Volkskundeatlas, 3. Lieferung, Bl. 45.

Burgstaller, Ernst (1970): Das Allerseelenbrot. Linz.

Burgstaller, Ernst (1983): Österreichisches Festtagsgebäck. Brot und Gebäck im Jahres- und Lebensbrauchtum. Lienz.

Crescentiis, Petrus de (1602): New Feld- und Ackerbau. Lazarus Zetztner, Straßburg. 11120608, Rara–1 (In Besitz: Univ. Bibliothek Graz).

Czeppan, Rudolf und Guggenberger Hans (1991): Die wichtigsten Daten im Lebenslauf von Matthias von Lexer (1830–1892). In: Beiträge zum Lexer-Symposion in Liesing im Lesachtal (14.–16. September 1990). CARINTHIA I, Klagenfurt (181. Jg.).

Ebner, Lois (1982): Kartitsch in Osttirol. Vergangenheit und Gegenwart einer Osttiroler Berggemeinde. Kartitsch.

Feist, Heinrich (2006): Meine Erinnerungen. Siehe unter: www.harryw.de/pageID_1714191.html (Stand 2006).

Funada, Eiko (1998): Die Kulturgeschichte des Brotes. (Asahi-Sensho, Sinngemäß, Originaltitel: Pan no Bunkashi. Japanisch) Tokyo.

Funada, Eiko (1999): Die kulturelle Dokumentation des Brotes. (Sinngemäß, Originaltitel: Pan no Minzokushi. Japanisch) Video-Ausgabe, Atelier Eiko Funada, Tokyo.

Gammerith, Anni (1956): „Hirsch" und „Pfennich". Ein Sonderkapitel zu der Gesamtarbeit „Speise und Trank in südoststeirischem Bauernland". In: Leopold Schmidt (geleitet): Österreichische Zeitschrift für Volkskunde. Neue Serie Bd. 10, Gesamtserie Bd. 59, Wien.

Gammerith, Anni (1958): Ehrfrucht vor Korn und Brot. Wissenschaftliche Untersuchungen und geraffte Überschau zu „Lebendiges Ganzkorn". (Unveränderter Nachdruck der Hauptaufsätze von 1958.) Bad Goisern.

Gaitsch, Erika (1999) Flucht aus Ostpreußen – Kindheitserinnerungen 1943–1952. Unter: www.tilsit-ragnit.de/ragnit/ra_flucht2.html, 1999 (Stand 2006).

Gennep, Arnold van (2005): Übergangsriten (Les rites du passage). Frankfurt/Main, New York Erweiterte Auflage. (Das Original: Les rites du passage. Édition A. et J. Picard, Paris 1981).

Glantschnig, Franz (2007): Aus dem Tagebuch – Santonino 1485 in Oberkärnten. (Ehemaliger Titel: Auf den Spuren des Paulo Santonino, der 1485 Oberkärnten bereiste) DVD-Privatausgabe.

Görzer Urbar (1381): Görzer Urbar vom Jahr 1381, Handschrift B/756 (in Besitz: Haus-, Hof- und Staatsarchiv in Wien).

Graber, Georg (1934): Volksleben in Kärnten (1. Aufl.) Graz.

Graber, Georg (1941): Volksleben in Kärnten (2. Aufl.) Graz. Digitale Version © www.SAGEN.at.

Grafinger, Jakob: Diarium (in Besitz: Stiftsarchiv Marienberg).

Hajek, Hans (Hg.) (1958): Das buoch von guoter spise. Aus der Würzburg-Münchener Handschrift (Stammler, Wolfgang und Philippson, Ernst. A. (Hg.): Texte des späten Mittelalters. Hf. 8) Berlin.

Hans Sachs Werke. hrsg. v. Adelbert v. Keller u. Edmund Goetze (1964): 26 Bde. Stuttgart 1870–1908. (Nachdruck: Hildesheim 1964).

Herrschaft Porcia, Handschrift 176. In Besitz des Kärntner Landesarchives Klagenfurt.

Heyne, Moriz (1901): Fünf Bücher deutscher Hausaltertümer von den ältesten geschichtlichen Zeiten bis zum 16. Jahrhundert. Bd. 2: Das Deutsche Nahrungswesen. Leipzig.

Höfler, Max (1901): Das Spendebrot bei Sterbefällen. In: Globus. Illustrierte Zeitschrift für Länder- und Völkerkunde. 80. Bd. (1901), S. 91–97. Braunschweig.

Höfler, Max (1907): Allerseelengebäcke. Eine vergleichende Studie der Gebildbrote zur Zeit des Allerseelentages. In: Zeitschrift für Österreichische Volkskunde. 13. Jg. 3. Hf. Wien.

Hundsbichler, Helmut (1979): Reise, Gastlichkeit und Nahrung im Spiegel der Reisetagebücher des Paolo Santonina (1485–1487). Wien 1979 (Diss. masch.).

Hundsbichler, Helmut: Brot und „Prestige" im Spätmittelalter – Eine Skizze mit Überlegungen zur Aussage von Bildzeugnissen. O. J., ungedruckt. [Original: Hundsbichler, Helmut (1995): Pane e „prestigio" nel tardo medioevo. Con un excursus sul valore della tradizione figurativa. In: Nel nome del pane. Trento 1995, 79–106].

Kärntner Bauernkalender (1993). Klagenfurt.

Kirchhoff, Hermann (1995): Christliches Brauchtum. Feste und Bräuche im Jahreskreis. München.

Körber-Grohne, Udelgard (1988): Nutzpflanzen in Deutschland. Stuttgart.

Koren, Hanns (1954): Die Spende. Eine volkskundliche Studie über die Beziehung „Arme Seelen – arme Leute". Graz, Wien, Köln.

Graber, Georg (1949): Kärntner Bauernkost und ihre Geschichte. Eine kulturhistorische Studie. In: Carinthia I, 139. Jg. (1949), Klagenfurt, S. 446–462.

Küster, Hansjörg u. a. (1999): Korn. Kulturgeschichte des Getreides. Salzburg, München.

Maierbrugger, Mathias (1978): Lebendiges Brauchtum in Kärnten. Klagenfurt.

Neumann, Dieter (1997): Das Kärntner Lesachtal. Werden und Wandlungen einer bergbäuerlichen Kultur- und Wirtschaftslandschaft. Klagenfurt (3. unveränderte Aufl. 1977).

Neumann, Dieter (1985): Von Mühlen und Mehl. Zur Geschichte der Villacher Mühlen. In: Neues aus Alt-Villach, 22. Jahrbuch des Stadtmuseums. Villach.

Rumpolt, Marxen (1980): Ein new Kochbuch. Franckfort am Mayn 1581. (Nachdruck: Olms Presse Hildesheim, New York).

Sagen und Geschichten aus dem Lesachtal (2001): Schüler der 2. Klasse der Hauptschule Lesachtal (gesammelt u. niedergeschrieben unter den Anleitungen v. Hans Guggenberger u. Edith Unterguggenberger.): Lesachtal Schuljahr 2000/2001. Siehe unter: http://sagen.at/text/sagen/schulprojekte/lesachtal/lesachtal/.html (Stand 2006).

Sakamoto, Sadao (1999): Ethnologisch-Botanische Dokument über Getreide (Sinngemäß, Originaltitel: Mugino Minzoku Shokubutushi. Japanisch). Gakkai-Shuppann-Center, Tokio.

Santonino, Paolo (1988): Die Reisetagebücher des Polo Santonino 1485–1487. Rudolf Egger (übers.). Klagenfurt 1947. (Nachdruck: Magnet, Klagenfurt).

Sartori, Paul (1910; 1911; 1914): Sitte und Brauch. 1. Teil, 2. Teil, 3. Teil. Leipzig.

Schabus, Wilfried (1971): Dialektgeographie des Lesachtals (Kärnten). Wien (Diss. masch.).

Seywald, Karoline / Matouch, Simone / Strohmeier, Gerhard (2004): Gose, Nifitze & Mogntalle. Sprachlandschaft im Lesachtal. Lesachtal, Wien.

Sint, Oswald (1986): Biubm und Gitschn beinåndo is ka Zoig! Jugend in Osttirol 1900–1930. (Von Michael Mitterauer [Hg.], Damit es nicht verloren geht … [Nr. 9]). Wien, Köln, Graz.

Tiefenbacher, Tomas (1964): Die Geschichte der lesachtaler Straße. In: Kärntner Volksblatt. Nr. 39, Klagenfurt.

Tiefenbacher, Tomas (1967): Allerheiligen im Lesachtale. In: Kärntner Landsmannschaft, Nov. 1967. Klagenfurt.

Turner, Victor (1979): Frame, Flow and Reflection: Ritual and Drama as Public Liminality. In: *Japanese Journal of Religious Studies* 6/4 December 1979. (Reproduced by permission of the author and of the publischer from *Performance in postmodern culture.* Coda Press, Inc., Madison, Wisconsin 1977).

Währen, Max (1984): Brote und Getreidebrei von Twann aus dem 4. Jahrtausend vor Christus. In: archäologie der schweiz. 7-1984-1.

Valvasor, Johann Weichard (1975): Topographia Archiducatus Carinthiae. Nürnberg 1688 (Nachdruck: Verlag Heyn, Klagenfurt).

Wopfner, Hermann (1995): Bergbauernbuch. Von Arbeit und Leben des Tiroler Bergbauern in Vergangenheit und Gegenwart. Innsbruck (unveränderter Nachdruck von 1960).

Wopfner, Hermann (1939): Das Brot des Bergbauern. In: Zeitschrift des deutschen Alpenvereins. 70. Bd. S. 113–131. München.

Wolfram, Richard (1968): Burschenschaftsbrauchtum – das Stehlen. In: Kommentar zu den Karten des Österreichischen Volkskundeatlas. 3. Lieferung, Bl. 45, Linz.

Zingerle, Ignaz-Vincenz (1871): Sitten, Bräuche und Meinungen des Tiroler Volkes. (2. Aufl.) Innsbruck.

Etymologisches Glossar zum Buch von Wilfried Schabus

abhinschliefen: *oachnschliäfn*, hinunterrutschen (z. B. Speisen in den Magen); – mhd. *sliefen* schlüpfen; „schlüpfen" ist eine Intensivform zu „schliefen", vgl. > *Schlüpfkrapfen*.

allweil: ***ållm***, Adverb, immer, auf jeden Fall; verkürzt aus „alleweil".

Ähre, s. > *Echer*

Amale: *Nummale*, Fem., Getreidehülsen, Spreu, oberes Lesachtal (LT); mhd. *ome* Spreu; das *N-* ist wohl aus dem unbestimmten Artikel „ein" angewachsen, s. Hornung Osttirol 28, Fn. 94; Haferspreu s. > *Haberfläuen*.

anrüeschen: *uunriäschn*, Verb, die Glut im Backofen mit der > *Krucke* verteilen; ähnlich auch im Pustertal (PT), s. Tir.Wb. 495.

aushertüen: *außatiän*, Verb, „heraustun" (z. B. die Laibe aus dem Backofen); s. > *tüen*.

Baacht: *Poocht*, Neutr; mhd. *bâcht* „Unrat, Kehricht", s. Schabus 455; vgl. > *Baachtgrutte*.

Baachtgrutte: *Poochtgrutte*, Fem., große altertümliche Kehrichtschaufel aus Holz mit einem langen senkrechten Stiel, Schabus 172; s. *Baacht*.

Backgrutte: *Påchgrutte*, Fem., im LT war dies das übliche Wort für den Backtrog beim Brotbacken, nur in Maria Luggau (ML) konnte man daneben auch > *Backtrog* hören, s. Schabus 213. Im LT und in Osttirol bezeichnet „Grutte" auch eine kistenartige Vorrichtung, z. B. die mit einem Rad versehene „Mist-" oder „Rädleingrutte" (Schiebetruhe) oder die mit einem Schneideblech bestückte „Strohgrutte" zum Schneiden von Stroh, s. Schabus 230, 237. Wohl aus romanisch *grutta*, s. Schilling-Thöne 147; wurzelverwandt mit „Grotte", vgl. aber > *Gratte*. Davon zu unterscheiden ist die > *Bachtgrutte*.

Backmuolter: *Påchmuälto*, Fem., im LT ein aus einem Stamm ausgehöhlter kleiner Backtrog mit 6–8 Litern Fassungsvermögen (für Weizenmehl), Backmulde, in ML dafür auch > *Backmütte*, s. Schabus 213; ahd. *muoltra*, mhd. *muolter, mulde*; entlehnt aus romanisch *mulctra* Melkgefäß, s. Schilling-Thöne 30. Anderswo gilt das romanische Lehnwort *Muolter* bzw. „Mulde" auch für den normalen Backtrog (im LT gilt dafür aber das ebenfalls romanische Lehnwort > *Backgrutte*): „Mulde" ist vom Südwesten des deutschen Sprachraums her bis an das Niederdeutsche vorgedrungen, es gilt auch in der Schweiz und in Luxemburg, s. Schilling-Thöne 23 ff. sowie die Karte „Backtrog" in DWA 12. S. auch > *Backtrog*.

Backmütte: *Påchmitte*, Fem., dasselbe wie > *Backmuolter*; dieses Wort war auch früher nur in ML zu hören, und auch hier nur neben dem sonst im LT üblichen > *Backmuolter*, s. Schabus 213; nach Schilling-Thöne 132 ein Synonym für > *Backtrog*, das in Südtirol vorherrscht; ahd. *mutti*, mhd. *mütte*; entlehnt aus lat. *modius* Trockenmaß.

Backtrog: *Påchtrok*, Mask., in ML vereinzelt neben dem im LT sonst üblichen > *Backgrutte* zu hören, Schabus 213. „(Back)Trog" ist das germanische Wort. Zu den romanischen Entsprechungen s. > *Backgrutte, Backmulde, Backmütte*.

bald, 1) ***påll***, Konjunktion „sobald, wenn"; 2) ***påld***, Adverb „bald", s. Schabus 68, 92; hat sich aus dem alten Adjektiv *bald* kühn, mutig (vgl. den Vornamen *Willibald*) von „kühn" über „schnell" zu „sogleich, sobald, wenn" entwickelt, vgl. Kluge[24] 84.

Brot: *Proat*, Neutr., „Brot"; mhd. *brôt*; das altlange *ô* wird im LT wie im PT in südbairischer Weise diphthongiert; desgleichen im LT auch *roat* rot, *toat* tot, *hoach* hoch usw.; vgl. auch > *gehen, schön*.

Brotflecke: *Proatflekke,* Fem., Pl. *Proatflekkn*, Bretter, auf welche vor und nach dem Backvorgang die Brotlaibe aufgelegt werden; s. > *Flecke*.

Brotgramel: *Proatgråmbl*, Fem., auf einem Brett befestigtes Hackmesser für hartes Brot; Hornung Osttirol 27 stellt das Wort zu ital. *gramola* Hanfbrechel und weist auf die Ähnlichkeit zwischen den beiden Geräten hin, s. Schabus 460.

Brotgrutte, s. > Backgrutte

Brotrahme: *Proatruume*, Fem., rahmenartiges Gestell zum Aufbewahren von Brotlaiben; mhd. *rame* Stütze, Gestell; im oberen LT werden (gelängte) *a*-Laute wie im PT vor *m* oder *n* zu *uu*, s. > *Same*.

Bütte s. > Pütterer

Christfilge: > *Khrischtfilge*, Fem., Heiliger Abend, der Abend vor dem Christtag; „Filge" bedeutet „Vorabend eines Festtages", s. Tir.Wb. 172; zu lat. *vigilia* „Nachtwache".

Dämpfel: *Tampfl*, ML, sonst im LT *Tampftl*, Mask. (s. Schabus 213), Sauerteig; zu „Dampf", s. WBÖ 4, 539; wegen des mask. Genus nicht Diminutivform, sondern wohl Nomen-agentis-Bildung („der Dampfmacher"); vgl. > *Hefel*.

Daxen (Nadelbaumzweige), s. > Täsen

derweil: *dowail*, Konjunktion, während, während dessen; vgl. > *Derweile*.

Derweile: *Dowail(e)*, Fem., Zeit, Muße; in Fügungen wie *keine Derweile haben*, keine Zeit haben; – aus dem (partitiven) Genitiv, mhd. *dër wîle*; s. auch > *derweil, derweillang*.

derweillang: *dowaillång* (mit Betonung auf der 2. Silbe), Adjektiv, von Heimweh geplagt sein, z. B.: *Isch do woll et dowailånkh giwään?!* „Ist dir wohl nicht *derweillang* gewesen?" (Du hast doch hoffentlich nicht Heimweh gehabt?). Da früher viele Kinder im Sommer in die Fremde geschickt wurden, war dies eine häufig gestellte Frage. Vgl. > *Derweile*.

Diele: *Dille*, Fem., im oberen LT neben dem sonst üblichen „Heustock" vereinzelt für die Heuabteile auf dem Stadel, vgl. > *Schupfe* 2; mhd. *dille* Bretterwand.

Echer: *Äächa*, Mask., Ähre, (meist pluralisch gebraucht); mhd. *eher*, Kluge[24] 23.

einschießen: *ínschiäßn*, Verb., mit dem > *Schüssler* die Brotlaibe in den Backofen hineinstoßen; die auch im oberen LT übliche Lautform der Vorsilbe (*in-* statt *ain-*) ist pustertalerisch, s. Schabus (1993), 563.

eintüen: *íntiän*, Verb, „hineintun" (z. B. die Laibe in den Backofen); s. > *tüen*.

Egerde: *Ärgate*, oberes LT, ***Äigate*** unteres LT (beide mit Betonung af der ersten Silbe), Fem., Brachfeld, s. Schabus 348; mhd. *egerde*; nach Grimm 3, 34 vielleicht aus *âgartia* (nicht umzäuntes Ackerland) oder aus *âgierida* (nicht gepflügtes Land).

ein- (als Vorsilbe), s. > *in-*

-er (Endsilbe), s. > *Sommer*

Ergate, s. > *Egerde*

et, s. > *nicht*

Farfel: *Pfårfl* (nur als Pl.), meist ***Pfarfilan*** (Dim.Pl.), in heißes Wasser oder heiße Milch eingetropftes Mehl; auch für die Suppe selbst; zu ital. *farfalle* Suppennudeln, s. Pohl 70.

Flecke: ***Flekke***, Fem., Brett, Bohle; wegen der Lautqualität des *-e-* (geschlossen) ist das Wort nicht zu „Fleck“, sondern vermutlich zu „flach“ zu stellen, s. Schweiz.Wb. 1/1191.

Fleuen (Haferspreu), s. > Haberfläuen

Fochenze: ***Fochantze***, Fem., Weihnachtsbrot aus Mischmehl mit Rosinen und anderen gedörrten Früchten (Rezept s. Buch); Syn. > *Zelten*. Etymologie: Im alten Rom wurde auf dem *focus* (Herd) die *focatia* gebacken (mittellateinisch *focantia*); dieses Gebäck unterschied sich wesentlich vom *panis*, dem im Backofen gebackenen römischen Brot. Kulturgeschichtliches: Das altrömische „Kulturlehnwort“ *foca(n)tia* breitete sich mit der lateinischen Umgangssprache über die ganze Romania aus und über Gallien bis an den Rhein. Von dort gelangte das Wort zu den germanischen Stämmen am rechten Rheinufer, zusammen mit anderen Begriffen aus der römischen Kochkultur, wie z. B. „kochen, Küche, Pfanne, Kessel, Kirsche, Wein“ usw., s. Kranzmayer, Bauernkost 457. Durch die hochdeutsche Lautverschiebung wurde aus *focantia* ein *vóchanza*. In dieser Lautgestalt wanderte das Wort weiter nach Osten bis ins Tschechische und Slowakische. – Über friaulische Vermittlung gelangte das Wort vor 800 in der Lautgestalt *pogača* in die südslawischen Sprachen und ins Griechische sowie ins Russische und Ungarische (aus letzterem hat das Wienerische später seine „Pogatsche“ entlehnt). Über russische und griechische Vermittlung wanderte das Wort schließlich bis nach Asien.

Freise: ***Fraas***, Fem., vor allem bei Säuglingen plötzlich auftretende Krankheit mit krampfartigen Zuständen, Spasmophilie; nach Höfler, Krankheitsnamenbuch 165 vielleicht aus *ver-eissen* entstanden; dieses zu *Eisse*, Fem., ahd. *egison*, mhd. *egese*, *eissen* schrecklicher Dämon, Schrecken; danach wäre die Grundbedeutung von *Freise* also „ganz und gar bzw. zu Tode erschrecken“.

Fußeisen: ***Fuäßaisn***, Neutr., vierzackiges kurzes Steigeisen, das man sich mit einem Riemen um den Schuh schnallt.

Galfe: ***Golfe***, Fem., Pl. *Golfn*, altes Getreidemaß mit 12,5 Liter Inhalt (kommt in Urkunden vor, ist aber im LT heute kaum bekannt, vielleicht deshalb wie „Golfe“ ausgesprochen); mhd. *galvei*; nach Schneider 607 zu zentralladinisch *tšalvia*. s. > *Mäßlein, Viertel*.

gehen: ***geahn***, Verb, „gehen“; mhd. *gên*; das altlange *ê* wird im oberen LT wie im PT in südbairischer Weise diphthongiert; desgleichen im LT auch *schteahn* stehen, *Schnea* Schnee, *Khlea* Klee, *Sea* See usw.; vgl. auch > *schön, Brot*.

Geiß: ***Gaaß***, Fem., Ziege; mhd. *geiß;* zu *-aa-* s. > *Teig*.

Geißer: ***Gaaßa***, Mask., Ziegenhirte (er brachte die Tiere täglich von ML auf die Hochalm und wieder zurück); zu > *Geiß*.

Germ: ***Gärm***, Fem., bairisch-österreichisch für die Backhefe; mhd. *gërwe*; wurzelverwandt mit „gären“, s. Kluge[24] 349.

Gestötze: ***Gschtetz***, Neutr., der aus starken Balken gezimmerte Holzrahmen des Mühlengetriebes (sozusagen das „Chassis“ für alle beweglichen Teile desselben); zu „Stotzen“ (Baumstumpf, gestutzter Stamm usw.), s. Kluge[24] 888.

Getreideharfe, s. > Härpfe, Kese

Gitsche: ***Ggiitsche***, Fem., Pl. *di Gitschn*, Mädchen (heute oft schon als etwas abfällig empfunden); ursprünglich wohl als Koseform aus dem Romanischen entlehnt, vgl. friaulisch *chiccia* Hündin.

Gosse: ***Gosse***, Fem., der Aufschüttkasten der Mühle, ein trichterförmig-eckiger Behälter aus Holz für das zu mahlende Getreide; wohl zu „gießen“.

Grant: ***Grånt***, Mask., Pl. *Grente*, Getreide- oder Mehltruhe (mit Deckel); ahd., mhd. *grant* Behälter, Schrank, Trog; Wort germanischer Herkunft, Etymologie aber nicht eindeutig geklärt, s. Schilling-Thöne 113; vielleicht zu *grinden* in der Bedeutung „mahlen“, s. Schmeller 1,1003; s. auch > *Korngrant*.

Granten: ***Grantn***, Pl., (Sg. ***Grante***, Fem.), Preiselbeeren; zu lat. *granitta* (dieses zu *granum* Korn), s. Pohl 73.

Gratte: ***Gråtte***, Mask., Karren; mhd. *gratte* Korb, zu lat. *crātis* Flechtwerk, s. Schneider 551; die zweirädrigen Karren hatten einen geflochtenen Aufsatz zum Transportieren von Mist, Erde und dergleichen, s. Schabus 470; etymologisch zu unterscheiden von „Grutte“ in > *Backgrutte*.

Grummet, s. > *Gruenmahd*

Grutte, s. > *Backgrutte*

Gruenmahd: ***Grúämat***, Neutr., die zweite Heuernte, Grummet; entstanden aus mhd. *gruonmât* „Grünmahd“, s. Grimm 4, 1, 6, 637.

Haber: ***Hoowo***, Mask., Hafer; mhd. *habere*.

Haberfläuen: ***Hoowoflaibm***, Pl. Haferspreu, Liesing; wohl zu mhd. *vliuwen* fliehen, s. Schabus 465; s. auch > *Amale*.

Habermus: ***hawra Múäs,*** Neutr., aus der Fügung „das häberne Mus“; mhd. *muos* „Mus“, *häberen* „aus Hafer“; vgl. > *Haberplente*.

Haberplente: ***hawrana Plénte,*** Fem., aus der Fügung „eine häberne Polenta“ (eine Polenta aus Hafermehl); normalerweise ist eine Polenta aus Maismehl, s. > *Polenta*. Die Form *háwran* ist ein Stoffadjektiv („aus Hafer“, s. Haber), vgl. *gülden* (mhd. *guldîn* „aus Gold“), *hülzen* („aus Holz“); vgl. > *Habermus*.

Hader (Lappen), s. > Huder

Hafen: ***Hoofn***, Mask., Kochtopf, Pl. *Haffne*, Dim. *Haffile*; mhd. *haven*; vgl. „Glückshafen“ (Topf für die Lose), Kluge[24] 382.

Hafer, s. *Haber*

Härpfe: ***Harpfe***, Fem., Getreideharfe; im LT gilt dafür > *Kese*, s. Schabus (1993) 561, 564; Hornung, Osttirol K. 24; oberdeutsche Form von „Harfe“.

Hefe, s. > *Germ* und vgl. > *Dämpfel, Hefel*

Hefel: ***Häifl***, Mask., der mit dem > *Dämpfel* durchwirkte Teig beim Brotbacken, den man über Nacht > *gehen* lässt, s. Schabus 213; wie „Hefe“ eine Ableitung von „heben“; zum mask. Genus vgl. > *Dämpfel*.

heraus, s. > *ausher*

Herbest: ***Hirwischt***, Mask., Herbst; ahd. *herbisto*; ursprüngliche Bedeutung wohl „Ernte“, vgl. das wurzelverwandte engl. *harvest*.

Herbst, s. > Herbest

herum, s. > umher

Heuschupfe: ***Haischupfe***, Fem., 1) kleine Blockhütte zur Unterbringung von Heu; vgl. auch > *Hüllelein, Zuhäuslein*; 2) im oberen LT als „Heuschupfe“ vereinzelt auch für die Heuabteile auf dem Stadel, s. > *Diele*; „Schupfe“ ist die oberdeutsche Entsprechung für „Schuppen“.

hinein- (als Vorsilbe), s. > *in-*

hinunter, s. > *abhin*

hocken, s. > *hucken*

hucken: ***hukhn***, Verb, kauern, sitzen; die oberdeutsche Entsprechung für „hocken“.

Huder: ***Huudo***, Fem., Lappen (z. B. zum Boden-Aufwischen); Syn. „Fetzen“; abfällig auch für ein schlechtes Kleidungsstück; vgl. „hudeln“ für schlampiges Arbeiten; mhd. *hader, huder* „Lappen, Lumpen“; s. auch > *Läutredehuder*.

Hülle, 1) ***Hillile***, Neutr. (Dim.), in Maria Luggau ein kleines > *Zuhäuslein*; es hat einen > *Solder*, aber keinen Stall; 2) ***Hilde***, Fem.; in St. Lorenzen und Liesing für einen Anbau an die Stadelwand (für Geräte).

in-, s. > *ein-, hinein-*

Jause: ***Jausn***, Fem.; 1) früher im LT für das Mittagessen, s. Schabus 177; 2) heute im LT häufig für die

Zwischenmahlzeit am Vormittag (meist als „Vorjause"), vgl. > *neunern*; aus slowenisch *južina* Mittagessen, dieses zu slawisch *jug* Süden bzw. Mittag, s. Kranzmayer, Bauernkost 448 ff. „Zusammen mit *Jausenstation* ist dieses Wort zu einem Parade-Austriazismus geworden", Pohl, Kärntner Küche 72.

Kalbe: ***Khålwe***, Fem., *Khålwile* Dim., noch nicht zuchtfähiges weibliches Rind, Schabus 270.

Kammrad: ***Khåmpråt***, Neutr., das mit Zähnen („Kämmen") aus Holz versehene Antriebsrad des Mühlengetriebes; vgl. > *Wellbaum*.

Käserblümlein: ***Khåssåpliämlan*** Dem. Pl., Krokusse; vermutlich zu fem. „Käser", das ist in ML und im PT der alte Ausdruck für die Sennhütte, s. Tir.Wb. 327. Da die Krokusse nur auf ungedüngten Wiesen wachsen, ist die Verbindung mit der Almhütte wahrscheinlich.

Kasten: ***Khåschte***, Pl. ***Khåschtn*** „Kästen", Mask., 1) Kleiderkasten; 2) Getreide- bzw. Speicherkasten als separates kleines Gebäude; aus Brandschutzgründen meist gemauert und mit einer Eisentüre versehen; mhd. *kaste* „Behälter, Kornspeicher".

kauen, s. > *keien*

Kehricht, s. > *Baacht*

Kehrichtschaufel, s. > *Baachtgrutte*

Kese: ***Khäisn***, Fem., im Freien stehendes Trockengerüst für Getreidegarben, Getreideharfe (vgl. auch > *Pürl*); – diese Bezeichnung gilt im Gailtal und im LT bis Obertilliach sowie in der Sprachinsel Pladen, s. Hornung, Pladen 240; PT und Osttirol haben hingegen > *Härpfe*, s. Schabus (1993) 561, 564 sowie Hornung Osttirol, K. 24; – zu slowenisch *koza* Ziege.

keuen: *khoi-in*, Verb, kauen: – mhd. *kiuwen*.

Klezen (Dörrbirnen), s. > Klozen

Klost*(er)*: ***Khloascht***, Mask., jünger ***Khloaschto***, Neutr., (Pl. *Khleaschto*, Dem.Sg. *Khleaschtl*, Dim.Pl. *Khleaschtolan*), Abteil bzw. Fach im > *Korngrant*; – die Bezeichnung nimmt Bezug auf die Abgeschlossenheit der Unterteilung und ist verwandt mit „Kloster", s. Schabus 239, 241.

Kofel: ***Khoufl***, Mask., felsiger Berggipfel; – nach Pohl, Bergnamen, ein romanisches Lehnwort.

Kopper: ***Khoppa***, Mask., vorderes Rüttelsieb an der Getreidemühle; aus dem Romanischen, vgl. ital. *coppa* Becher.

Korngrant: ***Khorngrånt***, Mask., Getreidetruhe mit Deckel und Unterteilungen (> *Kloster*), s. Schabus 239, 241; s. auch > *Grant*.

kösten: ***khäischtn***, Verb, die Almleute mit Essen versorgen; s. > *Kost-tragen*.

Kost-tragen: ***khóschtrågn***, Verb, (täglich) das Essen zu den Hirten auf die Alm bringen; das wurde meist von Kindern geleistet; zum Transport von größeren Mengen mit einem Lasttier s. > *saumen*.

Krucke: ***Khrukhe***, Fem., Brettchen oder Blech mit langem Stiel zum Verteilen der Glut im Backofen, vgl. > *anrüeschen*; oberdeutsch für „Krücke".

Küche: ***Khuchl***, Fem., Küche; mittellat. *cocina*; die Form „Kuchel" anstatt „Kuche" oder „Küche" ist eine Besonderheit der bairischen Dialekte, s. Kranzmayer, Kennwörter 16.

Kumpf: ***Khumpf***, Mask; 1) Behälter für den Wetzstein beim Mähen.; 2) Wasserfach beim oberschlächtig angetriebenen Mühlrad; mhd. *kumpf*, s. Kluge[24] 546.

Laib: ***Laap***, Mask., meist als Dim. *Laawl*; mhd. *leip*; zur Aussprache des alten *-ei-* s. > *Teig*.

Langes: ***Långas***, Mask., Frühling; wurzelverwandt mit „Lenz"; eine Bildung zum Adjektiv „lang"; das Wort nimmt Bezug auf die im Frühling länger werdenden Tage, vgl. Grimm 6,751.

Laube: ***Laawe***, Fem., Vorraum im bäuerlichen Wohnhaus; abgeleitet von „Laub"; das Wort bezeichnete ursprünglich ein aus Ästen errichtetes kleineres bzw. schlichteres Bauwerk im Gegensatz zu dem aus Bohlen gezimmerten Haupthaus, vgl. Grimm 6,290.

Läuterede: ***Laitrat***, Fem., Stange mit einem daran befestigten Lappen zum Reinigen des Backofens, s. Schabus 478; – aus einer alten Abstraktbildung zu „lauter" (sauber, rein), vgl. ahd. *reinida* „Reinheit"; heute meist > *Läutredehuder*, vgl. > *Täse*.

Läutredehuder: ***Laitrathuudo***, Fem., dieselbe Bedeutung wie > *Läutrede*, s. auch > *Huder* und vgl. > *Täse*.

lei: ***lai***, Adv., nur, bloß; dieses Wort gilt als Kärntner „Spezialität", ist aber auch in Ost- und Südtirol häufig; vielleicht romanischen Ursprungs, s. Pohl 74.

Luck: ***Lukh***, Neutr., Deckel; verwandt mit „Loch, Lücke"; vgl. > *zulucken*.

Machede: ***Måchate***, Neutr., Eingemachtes; ursprünglich zerkleinertes eingepökeltes Fleisch, „womit im Winter die gewöhnlich zum Frühstück aufgetragene Wassersuppe gewürzt" wurde, s. Lexer 183; – Ableitung von „machen".

Mädchen, s. > *Gitsche*

Mais, s. > *Türke*

Mämme: ***Mamme***, Fem., kindersprachlich für „Mutter"; älter als das aus dem Franz. entlehnte standardsprachliche „Mama"; vgl. > *Tätte*.

Mäßlein: ***Maaßl***, Dim., Hohlmaß (in ML ein kleines Schäffchen mit parallelen Wänden; der Boden teilt es in zwei ungleiche Hälften: eine mit 3–4 Litern, die andere mit 1,5 bis 2 Litern Inhalt); man verwendete es bei der Schüttabgabe für das Kloster sowie bei der Naturalentlohnung für den > *Geißer*, den „Küher" oder den „Wetterläuter"; s. auch > *Viertel*.

Merende: ***Moréndе***, Fem., Zwischenmahlzeit am Nachmittag, oberes LT, s. Schabus 173, 178, 180; Hauptverbreitungsgebiet Tirol und Schweiz; aus mittellat. *merenda*; zu den mit dieser Bezeichnung verbundenen kulturgeschichtlichen Aspekten s. Kranzmayer, Bauernkost 450; s. auch > *Jause* und vgl. > *Neunern*.

Maria, s. > *Moidl*

Moidl, Fem., Koseform von „Maria"; Dim. *Moidile*; s. auch Hornung, Pladen 285.

Mühle: ***Miile***, Fem., mit Wasserkraft betriebene Getreidemühle; zu Etymologie und Funktionsweise der wichtigsten Teile s. > *Gestötze, Gosse, Kammrad, Rüggel, Schnellstecken, Schussuosch, Stegebaum, Stellschraube, Wellbaum*.

Mulde, s. > Backmuolter

Mutt, historisches Getreidemaß (300 Liter), s. Tir.Wb. 440; verwandt mit > *Backmütte*.

Mutter s. > Mämme

Natsch(e): ***Nåtsch, Nåtscha***, Mask., Dim. *Nåtschale* ML; wohl lautmalend, s. Schabus 481 und vgl. „natschen wie ein Schwein" (grunzen, fressen) bei Lexer 196.

Neunern: ***Nainan***, Neutr., in ML für die Zwischenmahlzeit um etwa 9 Uhr vormittags, s. Schabus 180; Synonym „Vorjause", s. > *Jause*; vgl. > *Merende*. Zum kulturgeschichtlichen Zusammenhang mit dem Läuten der „Nona" s. Kranzmayer, Bauernkost 451.

nicht: ***et***, „nicht"; Negationspartikel in Verbindung mit dem unpersönlichen Objekt „es", z. B. „er sagt es *et*", s. Schabus 115; vgl. > *nichts*.

nichts: ***nicht, nichte***, „nichts"; in Satzverneinungen als Objekt, z. B. „er sagt *nicht*" oder „wir haben selber *nichte*"; als Wortverneinung, z. B. „*nicht* Schweres" (nichts Schweres), s. Schabus 114 und vgl. > *nicht*.

Nigelein, Dim., fast nur pluralisch gebraucht: *Niggilan* ML (mit kurzem *i* und stimmhaftem *g*), *Niigilan* Liesing (mit langem *i*-Laut), in Fett herausgebackene kleine runde Gebäcke aus Weizengermteig; wohl zu „Igel", vgl. *Niigl* „Igel, kleiner

Bub, Schmalzgebackenes, kleine Törtchen" Tir.Wb. 452.

Nummale (Spreu), s. > *Amale*

Ochsner*: Oxna*, Mask., der Betreuer der Ochsenalm.

Palmkätzlein*: Pålmkhatzlan*, Dim. Pl., die Blüten der Salweide (bzw. deren blühende Zweige), Weidenkätzchen; die Blüten werden wegen ihres pelzartigen Aussehens mit Kätzchen verglichen; da die Salweide sehr früh zu blühen beginnt, wird von ihren Zweigen am > *Palmsonntag* der > *Palmbuschen* gemacht.

Palmsonntag*: Pålmsunntakh*, Mask., der Sonntag vor dem Ostersonntag; Tag der Palmenweihe, vgl. > *Palmbuschen.*

Palmbuschen*: Pålmpuschn*, Mask., Gebinde aus > *Palmkätzlein*, das am > *Palmsonntag* zur > *Weihe* in die Kirche getragen wird; Stückchen der geweihten Zweige werden an verschiedenen Stellen von Haus und Hof sowie auf den Ackerfluren zum Schutz und Segen von Mensch, Tier und Saat angebracht.

Pfarfilan (Mehleintopf), s. > Farfel

Pitsche*: Piitsche, Piitschn*, Mask.; 1) Gebäck, im LT nur als > *Pitschelein*; Bedeutungen von *Pitsche* laut Tir.Wb. 82 f. (alle Belege stammen aus Süd- und Osttirol): länglicher Brotlaib vom Bäcker, Pustertal; Bauernwecken, Jaufental (hier als „Brotpitsche"); Mohnbrot, Antholzertal; runde feine Semmel, Bozen; 2) Totentrunk, nicht im LT; Burggrafenamt Meran, Südtirol, Zingerle (1871) 50 f.: „… nach dem Begräbnis wird ein Todtentrunk gehalten … Im Burggrafenamt wird ein solcher Trunk Pitschen genannt, von den Broten gleichen Namens die dabei aufgetischt werden." Die von Höfler (1909) 95 erwogene Übertragung von dem Gefäß > *Pütsche* auf das Brot ist aus zwei Gründen unwahrscheinlich: erstens, weil es die „Pütsche" in Südtirol nicht gibt (dafür > *Pütterich*), und zweites, weil die „Pütsche" (Gefäß) ein Femininum und der „Pitsche" (Brot) ein Maskulinum ist. Etymologie: Das Wort ist verwandt mit dem ital. "Pizza" und vielleicht auch mit dem aus dem Venezianischen stammenden „Pinze"; es gehört zur romanischen Wurzel *pīts-* mit der Grundbedeutung „Spitze, Kante", vgl. z. B. friaulisch *pits* Berg-, Fingerspitze oder sardisch *pittsa* längliches Weizenbrot, s. Meyer-Lübke 6545 sowie WBÖ 3, 233; vgl. auch > *pitschen* (mit den Fingerspitzen) kneifen.

Pitschelein*: Pitschile*, Neutr., Spendebrot zu Allerheiligen (und früher auch bei Leichenbegängnissen); Genaueres s. im Buch und Schabus 208, 457; vgl. auch Hornung, Pladen 362. Diminutivform zu > *Pitsche* (Etymologisches s. dort).

pitschen*: pitschn*, Verb, (mit den Fingerspitzen) zwicken, kneifen; das Drücken von zu engen Schuhen, s. Schabus 102; in Ost- und Südtirol auch: „Teigblätter zu Krapfen zusammenzwicken", s. Tir.Wb. 83. Zur Etymologie vgl. > *Pitsche.*

Pittra (Trinkfässchen), s. > Pütterer

Polenta*: Plénte*, Polenta aus Maismehl; da man früher auch aus Hafermehl eine „Polenta" kochte (s. > *Haberplente*), hört man auch *tírkana Plente* (Polenta aus dem Mehl von > *Türke*).

Preiselbeeren, s. > *Granten*

Pürl*: Piirl*, Fem.; 1) unteres LT: der obere Heuboden (im oberen LT dafür „Oberdille", „Dillentenne", s. Schabus 159); 2) oberes LT: ursprünglich für das Trockengebälk am > *Solder*, s. Schabus 164, 166, 235 sowie Schabus (1993) 654; zu mhd. *bor*, Fem., „Höhle, oberer Raum", s. WBÖ 3, 1444.

Putsch(e)*: Putsch*, Mask., Liesing, ein kleines Trag- bzw. Trinkfässchen; *Putsche* (als „Milchputsche"), Fem., ML, die auf einer „Kraxe" zu tragende Milchkanne, s. Schabus 275, 294, 322, 461; Hornung, Pladen 385; im PT und in Südtirol fehlt dieses Wort, dafür > *Pütterer*; mhd. *butsche* „Gefäß, Salzkufe"; zu romanisch **buttia* Gefäß, s. WBÖ 3, 1527.

Pütsche*: Piitschn*, Fem., Gefäß, laut Tir.Wb. 83 im Unterinntal verbreitet; im LT fehlt dieses Wort ebenso wie in Ost- und Südtirol (dafür > *Pütterer*), es soll hier aber im Zusammenhang mit > *Pitsche* und *Pitschelein* erwähnt werden; zur Etymologie s. > *Putsch(e).*

Pütterer*: Pittra*, Mask., Handfässchen für Trinkwasser mit Tragegriff und Auslassröhrchen, mit 5 bis 7 Litern Inhalt; – zu mhd. *büterich*; dieses zu romanisch *buttis* Fass, s. WBÖ 3,1561; wurzelverwandt mit „Bütte" und „Böttcher". Im LT sind zwei Formtypen in Gebrauch, vgl. die Abbildung 35 bei Hornung, Pladen 362.

Pütterich, s. > *Pütterer*

Quark, s. > *Schotten*

Raachgabile, s. > *Reichgabel*

Raggel*: Råkkl*, Fem., Pl. *Råkkln*, Pfahl mit eingesetzten Querhölzern, um die herum das Heu aufgeschichtet wird (bei unstetem Wetter, um das Heu vor Regen zu schützen, s. > *Schober*); zu slowenisch *rakla* Pfahl, s. Pohl 80; im Gailtal dafür „Hüfler".

Reichgabel: ***Raachgabile (Dim.),*** zweizinkige Gabel mit langem Stiel zum Hinaufreichen der Garben auf die > Kese; zu -aa- für -ei-, s. > Teig.

Rein(e)*: Raine, Rain*, Fem., flache runde Schüssel aus Blech oder Email; ahd. *rîna* Becken, Tiegel, s. Grimm 8, 699.

Reinling*: Raindling*, Mask., eine Art Topfkuchen (genaue Bed. s. Buch); nach der > *Rein(e)*, einer flachen Schüssel, in der er herausgebacken wird, s. Kranzmayer, Bauernkost 454.

riäschen, s. > anrüeschen

Rosinen, s. > *Weinbeeren, Zibeben*

Rodler*: Roudla*, Mask., aus einem Ästchen gefertigtes Kochutensil zum Umrühren von Speisen; – zu lat. *rotulus* Rädchen Röllchen; wurzelverwandt mit „Rolle", s. Kluge[24] 768.

Rudrer (eine Art Quirl), s. > Rodler

Rüggel*: Rikkl*, Mask., der vom > *Kammrad* angetriebene zylindrische Zahnkranz an dem den Mühlstein bewegenden „Langeisen". In den *Rikkl* greift auch das „Beutelmännlein" ein und überträgt die dabei erhaltenen Rüttelimpulse auf den Mehlbeutel im „Beutelgrant". Entweder zu *Rukke* für „Rücken" oder zu *rikkln* für „rütteln, lockern".

Samen*: Suume*, Mask. Samen; mhd. *sâme* Samen(korn); im oberen LT werden (gelängte) *a*-Laute wie auch im PT vor *m* oder *n* zu *uu*, vgl. > *Brotrahme*; s. auch > *samegehen.*

samegehen*: suumegeahn*, Verb, bei der Aussaat von Hand bis zu den am weitesten hinaus geschleuderten Samenkörnern vorauseilen, um dem Säenden eine Orientierung zu geben (Näheres s. Buch); eine Zusammensetzung aus > *Samen* und > *gehen.*

saumen*: saamin*, Verb, Befördern von Lasten mittels Tragtieren (auf die Alm); vgl. > *Kost-tragen.*

Schaberlein*: Schoowale*, Dim., der aus dem > *Zusammenschabach* geformte letzte (kleinere) Brotlaib, s. auch > *Zelte.*

Schiebetruhe, s. unter > Backgrutte

Schlüpfkrapfen*: Schlipfkhråpfn*, Mask. (immer pluralisch gebraucht), mit Stampfkartoffeln oder Dörrbirnen gefüllte Taschen aus Nudelteig in Sichelform, die in Salzwasser gekocht werden; vgl. > *abhinschliefen.*

Schnellstecken*: Schnéllschtäkhe*, Mask., elastisch fixierte Holzleiste, die in den gezackten „Schnellring" in der Innenöffnung des angetriebenen Mühlsteins eingreift und das „Schnellen" der so empfangenen Rüttelimpulse an die > *Gosse* weitergibt, s. Schabus 260.

Schober*: Schouwo*, Mask., *Schäiwole*, Dim., das um die > *Raggel* herum aufgeschichtete Heu; mhd. *schober* Haufen; Herkunft unklar, vielleicht wurzelverwandt mit „schieben".

schön: ***schean***, Adjektiv, „schön"; mhd. *schœne*; das altlange *œ* wurde zu *ê* entrundet und wie dieses diphthongiert, vgl. > *gehen*; folgerichtig im LT auch *greaßa* größer, *heacha* höher, *peas* böse usw.; vgl. auch > *gehen, Brot.*

Schotten: ***Schotte***, Mask., Speisetopfen, Quark; mhd. *schotte*; entlehnt aus dem Romanischen, vgl. lat. *excocta (matēria)* ausgekochte Substanz, s. Kluge[22] 652.

Schussuosch: ***Schussuäsch***, Mask., der steil abfallende Teil der Wasserzuleitung beim oberschlächtigen Mühlenrad, s. > *Uosch.*

Schüssler: ***Schissla***, Mask., Ofenschaufel mit langem Stiel zum > *Einschießen* der Brotlaibe; Ableitung von „schießen", vgl. „Schuss".

Schuppen, s. > *Heuschupfe*

Schweindl: ***Schwaindl***, Dim., Ferkel; die LT Entsprechung für diese verkehrssprachliche Form ist > *Natsch(e).*

schwenden: ***schwentn***, schw. Verb, eine Wiese von nachwachsendem Gehölz befreien (Grundbedeutung: „etwas zum Verschwinden bringen"); Ableitung vom st. Verb „schwinden"; vgl. „verschwenden".

sobald, s. > *bald*

Solder: ***Soldo***, Mask.; 1) unteres LT: (der Sonne zugekehrter) Trockensöller am Wirtschaftsgebäude, mit einem Gebälk für die hier zum Nachreifen aufgehängten Garben; (den Balkon am Wohnhaus nennt man hier „Gang"); 2) oberes LT: ursprünglich nur für den Boden bzw. den „Gang" der > *Pürl* und, als Dim. *Seldole*, auch für den Balkon am Haus gebraucht, s. Schabus 166; heute wie Bedeutung 1; zu lat. *sōl* Sonne bzw. *solārium*, s. Kluge[24] unter „Söller".

Söller, s. > *Solder*

Sommer: ***Summo***, Mask., Sommer; mhd. *sumer*; auch die Lautung *-o* für die Endsilbe „-er" verbindet das LT sprachlich mit dem Pustertal; (*-o* gilt auch für das „-er" in Pluralformen oder in Verwandtschaftsnamen wie „Vater, Mutter"; hingegen *-a* in Berufsbezeichnungen wie *Pfårra* Pfarrer, *Lehra* Lehrer usw.).

Spreu, s. > *Amale, Haberfläuen*

Stegebaum: ***Schtäägepaam***, Mask., der mit der > *Stellschraube* verstellbare Balken, auf dem das „Langeisen" ruht; dieses wird vom > *Rüggel* angetrieben und dreht den an seinem oberen Ende aufliegenden Mühlstein („Laufer"); über den *Stegebaum* kann die Spaltbreite zwischen „Laufer" und dem ruhenden „Lieger" reguliert werden.

Stellschraube: ***Schtellschraufe***, Fem., Spindel, mit welcher der > *Stegebaum* gehoben oder gesenkt werden kann.

Straube: ***Schtraubm***, (nur Pl.), Schmalzgebäck aus feinem (Spritz) Teig, s. Pohl 146, Tir.Wb. 610; mhd. *strûbe*, Fem.; wurzelverwandt mit „sträuben".

Stube: ***Schtuuwe***, Fem., bäuerliches Wohnzimmer (mit Kachelofen); ursprünglich „beheizbarer Raum, Baderaum", vgl. ital. *stufa* Badestube, engl. *stove* Ofen.

Täse: ***Taase***, Fem.; 1) Nadelbaumast (meist Pl. *Taasn*); diese Lautform gilt auch im oberen Gail- sowie im Pustertal und in Südtirol; sonst gilt die Form *Taksn*, s. TSA 3, 21; nach Schneider 545 gehen beide Grundformen auf ein gallisches **dagisia* zurück;
2) Besen aus Fichtenzweigen zum Auskehren des Backofens, s. auch > *Läutrede.*

Tätte: ***Tatte***, Mask., kindersprachlich für „Vater"; ursprünglich ein Lallwort; in sehr vielen Sprachen verbreitet, s. WBÖ 4,963; vgl. auch > *Mämme.*

Teig: ***Taak***, Mask., Teig; – mhd. *teic*; der alte Diphthong *-ei-* wird sowohl in Kärnten als auch im PT als *-aa-* ausgesprochen und nicht als *-oa-* wie in den meisten anderen bairischen Mundarten; desgleichen im LT *praat* breit, *haazn* heizen, *i waaß* ich weiß usw.

Topf, s. > *Hafen*

Topfen, s. > *Schotten*

Türkenplente, s. > *Polenta*

tüen, 1) Infinitv *tiän*, „tun", mit Umlaut, wie auch im PT (hier Umlaut oft auch im Pl.: *mo tiän* „wir tun"); s. auch BWÖ 5, 943 ff.; 2) Partizip Perfekt *gituun*, „getan"; zu dieser Lautform vgl. > *Same.*

tun, s. > *tüen*

Türke: ***Tirkke***, Mask., Mais; der aus Südamerika (vermutlich Peru) stammende Mais hat sich in Österreich 1733 zuerst bei den Bauern in der Untersteiermark unter der Bezeichnung „Türkischer Weizen" durchgesetzt, s. Martin 133; hierher vermutlich aus Ländern der damals noch osmanischen Balkanhalbinsel eingeführt.

umher: ***umha, umma***, Adverb, herum.

umma, s. > *umher*

Unterdach, vgl. > *Pürl*

Uosch: ***Uäsch***, Mask., aus Holz gezimmerte Wasserzuleitung; mhd. *nuosch* Rinne, Röhre, Trog; vgl. > *Schussuosch.*

Vater, s. auch > *Tätte*

Viertel: ***Fiärtl***, Neutr., das im LT übliche Getreidemaß mit 20 Litern Inhalt; der Form nach ein Schäffchen mit 42 cm in der Diagonale; im LT fasst 1 Viertel ca. 14 kg Weizen oder Gerste, 12 kg Roggen oder 10 kg Hafer, s. Schabus 358; schon das mhd. *vierteil* bezeichnet neben dem „vierten Teil von etwas" sowohl Trocken- als auch Flüssigkeits- und Flächenmaße; vgl. > *Mäßlein.*

Weihe: ***Waiche***, Fem., Speisensegnung am Ostersamstag in der Kirche; durch das „Weihen" werden die Speisen als Träger des Heiligen gegenüber den profanen Dingen hervorgehoben.

Weinbeeren: ***Waimpalan***, Dim.Pl., getrocknete Weinbeeren, Rosinen; die ursprüngliche Bezeichnung im LT ist > *Zibeben.*

Weizen: ***Waaze, Mask., Weizen; mhd.*** *weize;* ***zu*** *-aa-* ***für*** *-ei-*, ***s.*** > **Teig.**

Weizenmus: watza Múäs, *muos Habermus*

Wellbaum: ***Wellpaam***, Mask., die aus einem starken Stamm gefertigte und quer durch die ganze Anlage führende Haupt-Antriebswelle der Mühle. Der Wellbaum wird außen per Wasserkraft von dem an ihm befestigten Mühlrad angetrieben. Das am Wellbaum montierte > *Kammrad* im Inneren des Mühlengebäudes treibt seinerseits über den > *Rüggel* den Mühlstein und die Rüttelvorrichtungen an. Am anderen Ende des Wellbaums wird häufig noch ein Stampfwerk mit Energie versorgt.

Zeit (haben), s. > *Derweile*

Zelten: ***Zelte, Zeltn***, Mask., meist *Zeltlan (Dim.Pl.),* Weihnachtsbrot aus Mischmehl mit Rosinen und anderen gedörrten Früchten; Etymologie ungeklärt. Das im LT übliche Wort ist > *Fochenze.*

Zibeben: ***Tsiwäibm*** (Betonung auf der 2. Silbe), Pl., getrocknete (große) Weinbeeren (heute veraltet); aus arabisch *zibība* Rosine, s. Grimm 15,876.

Zuhäuslein: ***Zuähaisl***, Neutr. (Dim.), nur im oberen LT, Heuschuppen, jedoch größer als die > Schupfe und zusätzlich mit einem > *Solder* und einem kleinen Stall versehen; hier wurde im Herbst das Galtvieh so lange gefüttert, bis der Heuvorrat aufgebraucht war; mit dem Mist wurden die Wiesen gedüngt, s. Schabus 257; vgl. > *Hüllelein.*

zulucken: ***zuälukhn***, (mit einem Deckel ein > *Luck*) zudecken.

Zusammenschabach: ***Zåmmeschoowach***, Neutr., die mit dem > *Muoser* im Backtrog zusammengeschabten Teigreste; daraus macht man > *Zelten* (Schabus 214) bzw. > *Schaberlein.*

Literatur zum Glossar

DWA = Mitzka, Walther (1951–1980): Deutscher Wortatlas, Gießen.

Grimm, Jacob und Wilhelm (1854–1971): Deutsches Wörterbuch. Leipzig.

Höfler, Max (1901): Das Spendebrot bei Sterbefällen. In: Globus. Illustrierte Zeitschrift für Länder- und Völkerkunde. 80. Bd. (1901), S. 91–97. Braunschweig.

Höfler, Max (1899): Deutsches Krankheitsnamen-Buch. Hildesheim/New York 1970 [= Nachdruck der Ausgabe von München].

Hornung, Maria (1964): Mundartkunde Osttirols. Eine dialektgeographische Darstellung mit volkskundlichen Einblicken in die altbäuerliche Lebenswelt. Wien.

Hornung, Maria (1995): Pladner Wörterbuch – Glossario Sappadino. Wien.

Kluge, Friedrich (2002): Etymologisches Wörterbuch der deutschen Sprache. 24. Aufl., bearb. Von Elmar Seebold. Berlin / New York.

Kranzmayer, Eberhard (1949): Kärntner Bauernkost und ihre Geschichte. In: Carinthia I, 139, S. 446–462.

Kranzmayer, Eberhard (1960): Die bairischen Kennwörter und ihre Geschichte. Wien.

Lexer, Matthias (1862): Kärntisches Wörterbuch. Leipzig.

Martin, Bernhard (1963): Die Namengebung einiger aus Amerika eingeführter Kulturpflanzen in den deutschen Mundarten […]. Gießen. In: Deutsche Wortforschung in europäischen Bezügen, Bd. 2, S. 1–58.

Meyer-Luebke, Wilhelm (1930–1935): Romanisches etymologisches Wörterbuch. 3. Aufl., Heidelberg.

Pohl, Heinz-Dieter: Bergnamen, http://members.chello.at/heinz.pohl/Bergnamen.htm

Pohl, Heinz-Dieter (1989): Kleine Kärntner Mundartkunde mit Wörterbuch. Klagenfurt.

Pohl, Heinz-Dieter (2004): Die Sprache der Kärntner Küche. Klagenfurt: Hermagoras.

Schabus, Wilfried (1971): Dialektgeographie des Lesachtals (Kärnten). Wien. [Diss.masch.]

Schabus, Wilfried (1993): Die Mundart des Lesachtals. In: Carinthia I, 183, S. 543–564.

Schilling-Thöne, Anneliese (1964): Wort- und sachkundliche Untersuchung zur Synonymik des Backtrogs. Ein Beitrag zur Typologie der Gefäßbezeichnungen. In: Deutsche Wortforschung in europäischen Bezügen, Bd. 4, S. 1–200.

Schmeller, Johann Andreas (1872–1877): Bayerisches Wörterbuch. 2. Aufl., München.

Schneider, Elmar (1963): Romanische Entlehnungen in den Mundarten Tirols. In: Deutsche Wortforschung in europäischen Bezügen, Bd. 3, S. 443–679.

Schweiz.Wb. = Schweizerisches Idiotikon […]. (1881–laufend). Begonnen von Friedrich Staub und Ludwig Tobler, fortgesetzt von Albert Bachmann u. a. Frauenfeld.

Tir.Wb. = Schatz, Josef (1955–1956): Wörterbuch der Tiroler Mundarten. Innsbruck.

TSA = Tirolischer Sprachatlas. Bearbeitet von Egon Kühebacher. (1965–1971) Innsbruck / Marburg.

WBÖ = Wörterbuch der bairischen Mundarten in Österreich (1963–laufend). Wien.

Zingerle, Ignaz Vincenz (1871): Sitten, Bräuche und Meinungen des Tiroler Volkes. 2. Aufl. Innsbruck.

Bibliografische Information der Deutschen Nationalbibliothek

Die Deutsche Nationalbibliothek registriert diese Publikation in der Deutschen Nationalbibliografie; detaillierte bibliografische Daten im Internet unter http://d-nb.de.

Mit herzlichem Dank der Gemeinde Lesachtal und dem Land Kärnten.

Abbildungsverzeichnis

Topographia Archiducatus Carinthiae, Nürnberg 1688: S. 13 / Maria Guggenberger: S. 20 (oben) / Hans Guggenberger: S. 57, 89 (mitte), 91 (3), 112 (2), 113 (oben), 115 (mitte), 147 / Joachim Lugger: S. 31 (2), 124 / Schloss Bruck, Museum der Stadt Lienz, Inv. Nr. 1157: S. 23 / © Museum Schloss Bruck, Lienz. Foto: Vaverka: S. 28 / Michael Oberluggauer im Gasthof Luggau: S. 37 / Erwin Soukup: S. 52 / Gerald Seywald: S. 67 / Maler unbekannt: S. 72 / Fotograf unbekannt, im Besitz Michael Oberluggauer, Gasthof Luggau: S. 92 (links) / Gerd Schröder (Zeichnung): S. 94 / Klaus Steinringer (Zeichnung): S. 94, 98 / Fotograf der Verfasserin unbekannt: S. 73, 74 / Willi Esser: S. 92 (rechts), 93 / Fotograf unbekannt, Foto im Besitz des Hofes Mooser Amide: S. 131 (Nr. 1) / Fotograf unbekannt, Foto im Besitz des Hofes Promegger: S. 131 (Nr. 2, Nr. 4) / Jörg Breuer (Zeichung): S. 132, 134 ff. / Wilfried Schabus: Klappe

Alle weiteren Fotos von Eiko Funada.

Autorin und Verlag bedanken sich bei allen, die Ihre Fotos und Abbildungen für die Veröffentlichung in diesem Buch zur Verfügung gestellt haben.

Umschlagfotos: Eiko Funada

2009

www.mitteldeutscherverlag.de

ISBN 978-3-89812-609-0

Printed in the EU